JN222778

白戸満喜子
Shiroto Makiko

紙が語る幕末出版史

『開版指針』から解き明かす

文学通信

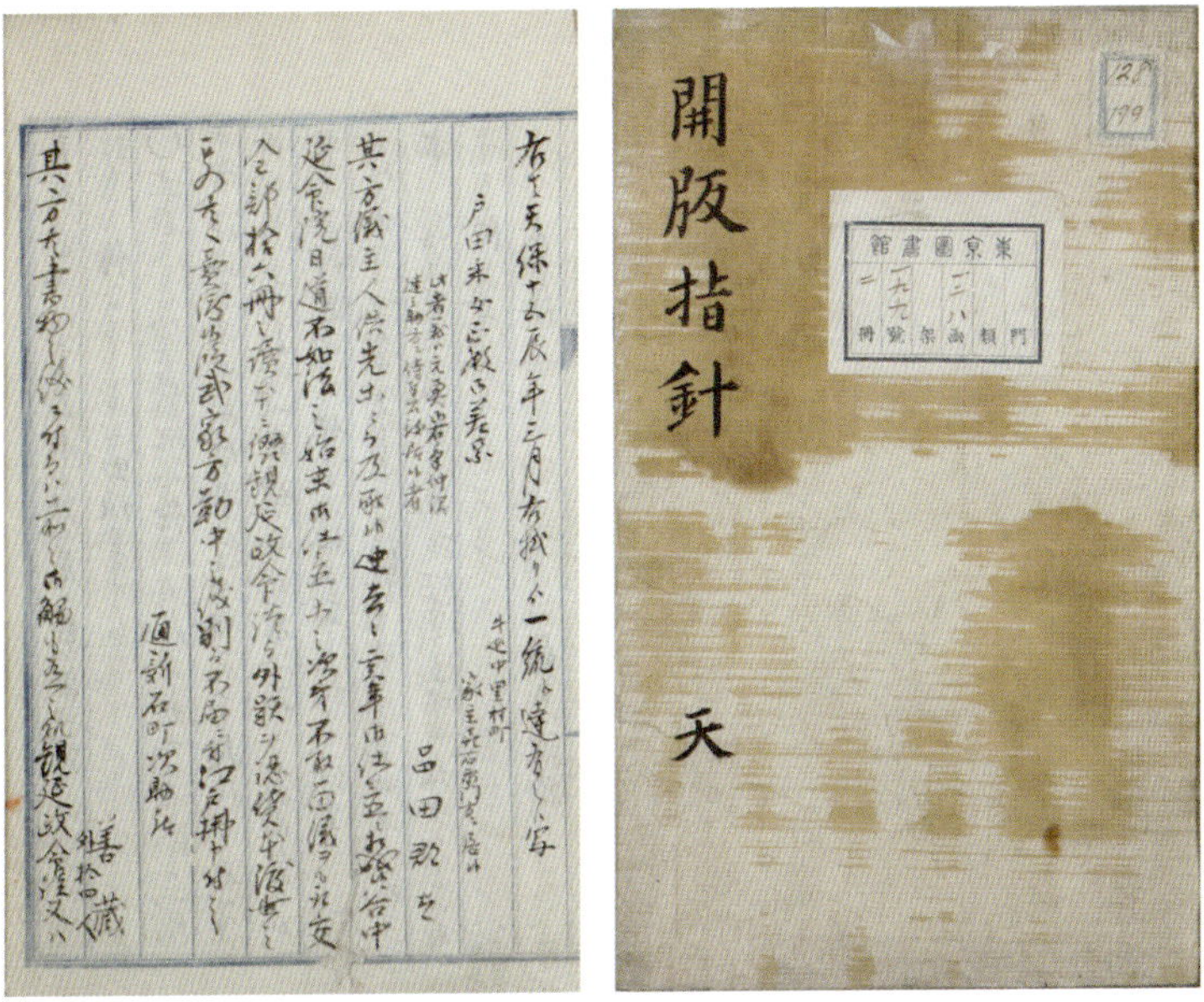

『開版指針』（国立国会図書館蔵）右：表紙　左：巻末

図五　⑬の蘭書（国立国会図書館蔵）の料紙繊維　デジタルマイクロスコープ　AD4113TL にて撮影

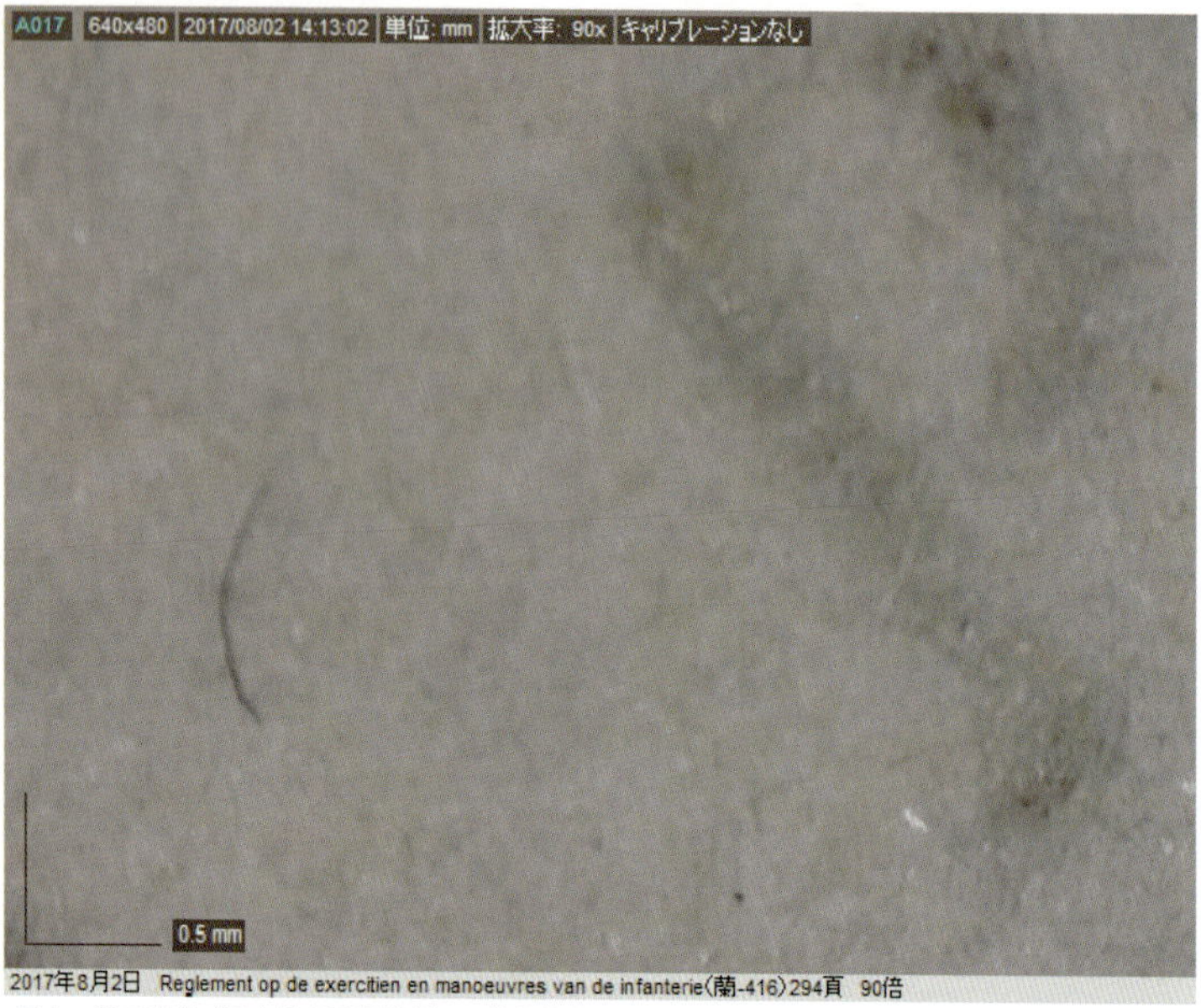

図六 ⑰の蘭書（国立国会図書館蔵）の料紙繊維 デジタルマイクロスコープ AD4113TL にて撮影

図七 『紅毛雑話』（国立国会図書館蔵）料紙繊維 デジタルマイクロスコープ AD4113TL にて撮影

図八 『漢畫指南』（国立国会図書館蔵）料紙繊維　デジタルマイクロスコープ　AD4113TL にて撮影

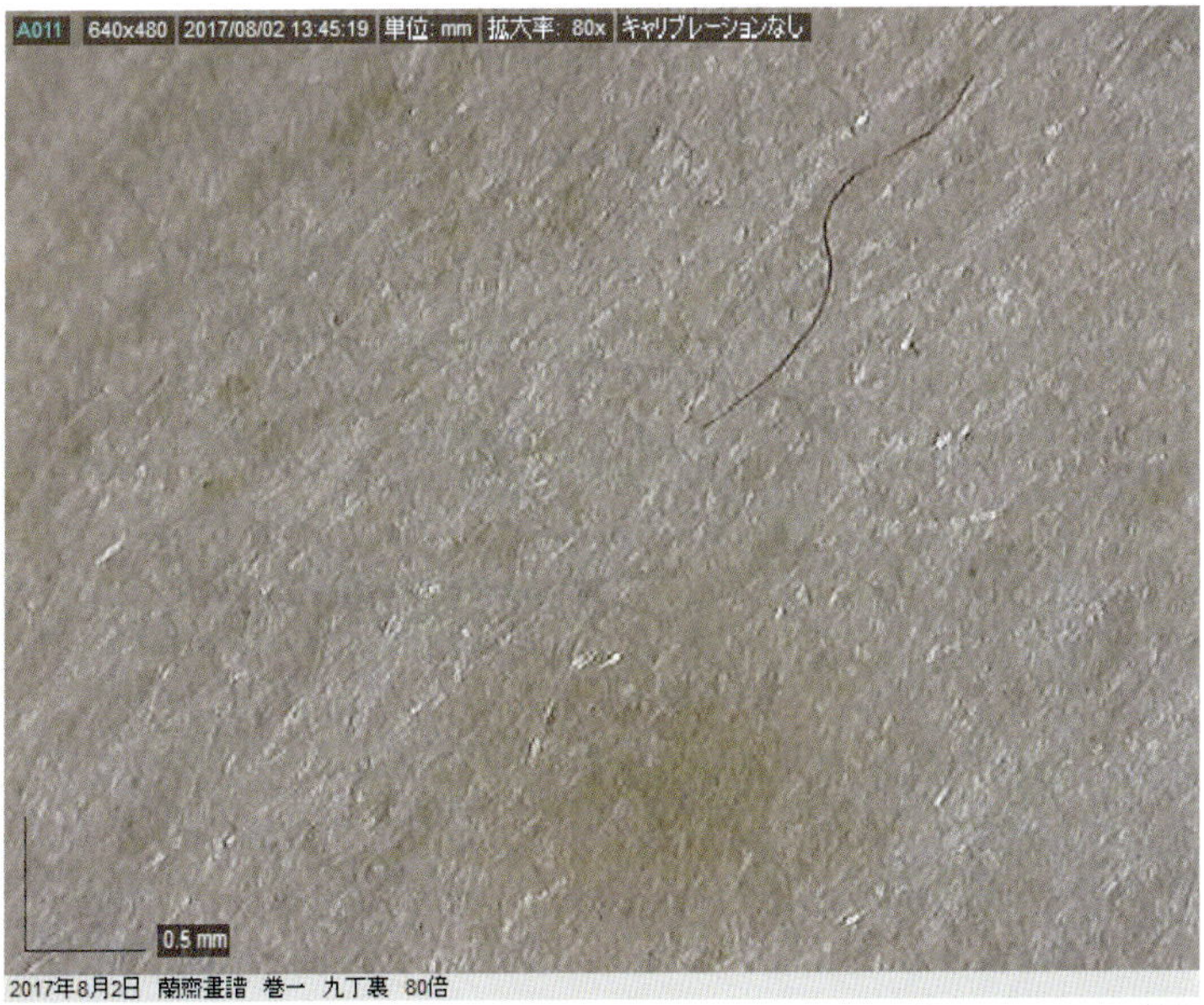

図九 『蘭齋畫譜』（国立国会図書館蔵）料紙繊維　デジタルマイクロスコープ　AD4113TL にて撮影

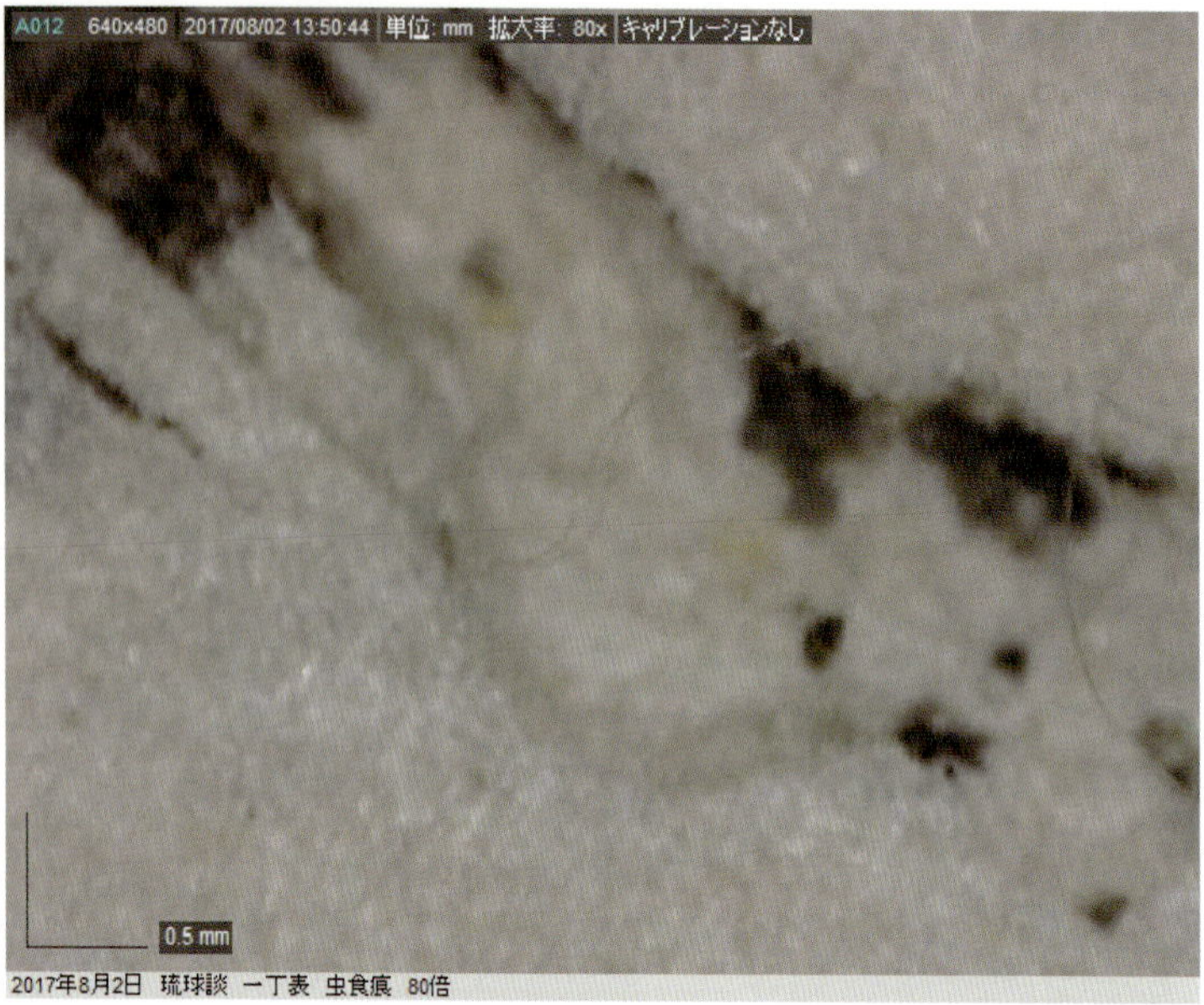

図十 『琉球談』（国立国会図書館蔵）料紙繊維　デジタルマイクロスコープ　AD4113TL にて撮影
虫食痕部分を 80 倍に拡大　中央から右へ楮の繊維がみえる。白い粒子は填料。

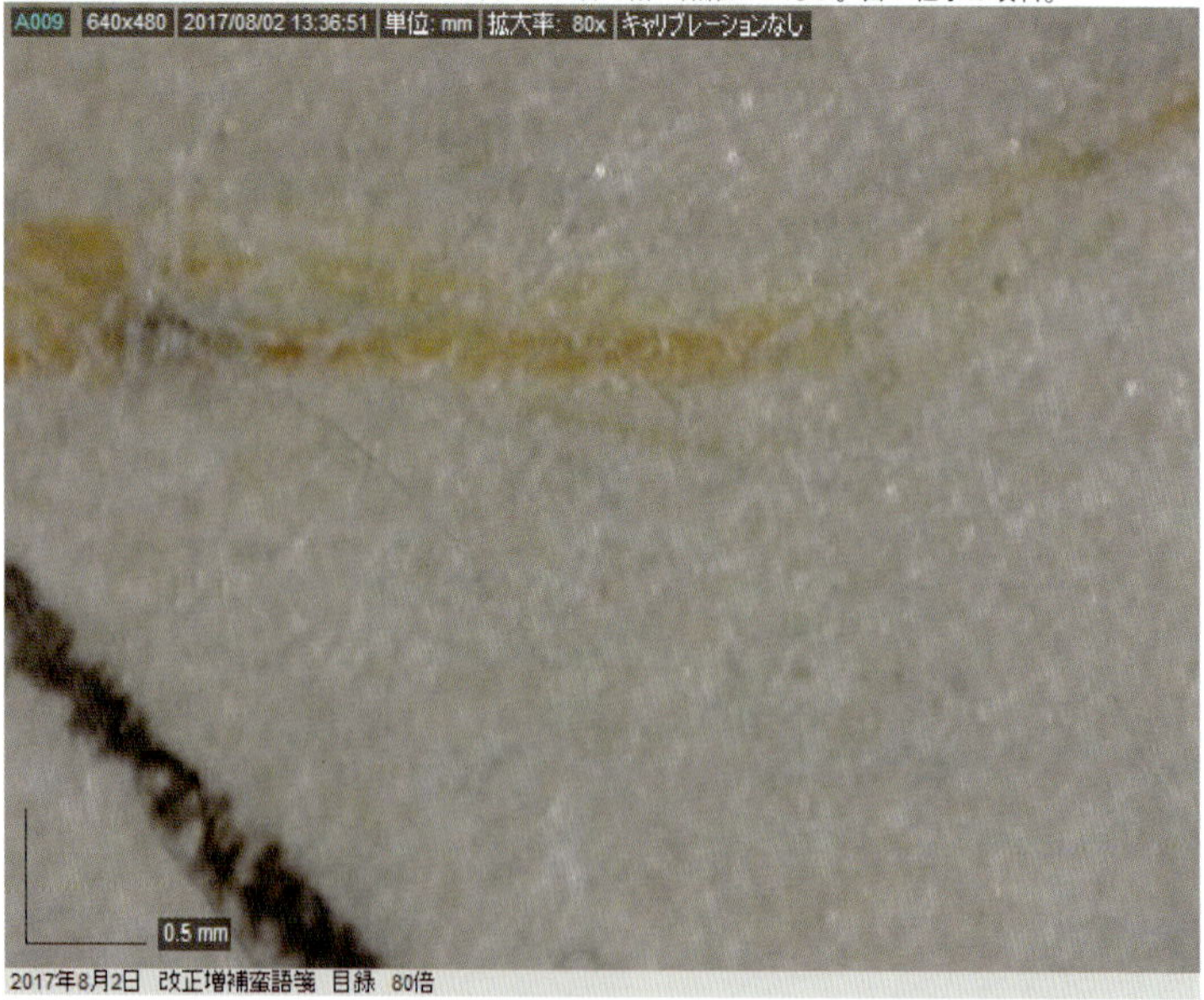

図十一 『改正増補蛮語箋』（国立国会図書館蔵）料紙繊維　デジタルマイクロスコープ　AD4113TL にて撮影

『紙が語る幕末出版史』目次

序論　新たな書誌学的方法で〝蔭〟の幕末出版史を解き明かす　8

第一章　『開版指針』にみる幕末の書物事情　17

序論　新たな書誌学的方法で〝蔭〟の幕末出版史を解き明かす

現在我々が経験している、書物の形態が紙媒体から電子媒体へ変化している状況は、明治期の追体験といってもよい。江戸期から明治期にかけて生じた和装本から洋装本への装訂形態の変化、あるいは和紙から洋紙への紙質の変化は、新しい書物の形態と新素材から作られた紙は文化の豊かさを示すものである一方、それになじむことのできない人々もいたのではないだろうか。政権の交代と時期が近かったがために、一般的には明治期における西洋技術の流入に伴い、書籍の洋装本化あるいは洋紙の製造が行なわれたように捉えられがちである。しかしながら、文化は政権ほど容易に替わるものではない。変化はあれどもその変容は地続きであり、新技術導入による変容に比べて緩やかである。何よりも、出版と紙の西洋化は、近世にその萌芽が存在していたことをこれから述べたい。

本書は十九世紀、江戸末期から明治期にかけての日本における書物の変容について、書誌学的に考察することを主意としている。日本の書物は、和本もしくは和装本と呼ばれる形態から、洋本あるいは洋装本といわれる、現在ほぼすべての書物にみられる装訂形態へと変化した。その過程に対して、書物を研究対象とする書誌学という視点を軸とし、書誌学としては新たな研究手法を用いた結果から検討する。考察の中核となる対象は、国立国会図書館所蔵の『開版指針《かいはんししん》』という資料である。出版統制に関する記事を集めた江戸期の写本である『開版指針』の記述内容を、同時期の公的文書資料と照合・比較しつつ、既存の書誌学的手法だけではなく、新しい調査方法で得た結果を併せて検証することにより、『開版指針』という資料の全体像と資料の意義を明らかにする。『開版指針』は、書物の近代化の兆候が幕末に存在したことを示す資料であり、本書をその根拠としたい。特に、書物を構成する紙という物質に対してマイクロスコープ（顕微鏡）などの機器を用い、原料となる繊維を拡大し、その観察結果を根拠とする新しい方法で考察する。紙に関連する製造技術史をはじめ、多種多様な製紙方法や加工、そして製紙原料の変遷に着目し、文明の発展に寄与した媒介すなわちメディアという捉え方のみではない、紙に対する新しい知見を提唱することを主意に添えたい。

研究動機

本研究の主軸は原典調査をきっかけに生じた疑問からである。第一章で取り上げる社会環境と出版に関する問題は、修士論文で扱った見立絵本が天保の改革を諷刺する内容であったことから、江戸幕府と出版というテーマに関心を抱くに至った。修士論文では浮世絵師の出版活動、特に文章における創作活動を画像情報と文字情報のメディアミックスという視点から考察した。その後の調査において『開版指針』という資料に辿り着き、これを研究の中心となる考察対象とした。

次に、紙という素材への関心は、修士論文作成時に引用あるいは参考とした江戸期の板本と浮世絵の触感が全く異なっていたこと、そして触感のみならず、一枚当たりの紙の重量も全く異なることに対して抱いた違和感に由来する。その理由を黙過することができず、紙に関する先行研究調査を行った。板本や浮世絵に用いられる紙に関する総合的な研究は今なお途上である。一方、最近では客観的な紙質情報を簡易に得ることが可能な状況となっている。現在はデジタル技術や機器の普及に伴い、研究目的で使用する以外に、ミクロの世界への興味を満たす需要からデジタルマイクロスコープなどが普及してきている。一般家庭では自由研究のため、また、美容業界では肌質や毛根などの状態を確認するため、デジタルマイクロスコープの需要および市場が拡大している。こうした機器を用いることで、顕微鏡と同じ倍率の画像が以前より容易に撮影できる。このような現況が、製紙法の歴史的・地域的差異や料紙の原料や加工に関する知識を背景とし、顕微鏡などの機器を活用して客観的な紙質情報を得るという新たな研究方法を可能としている。この方法を既存の書誌学研究へ応用することによって、書誌学研究の更なる発展を可能にするという判断に至り、料紙観察という新しい方法を本書では用いることとした。

記録媒体として情報を伝達してきたさまざまな書写材料は、それぞれの地域に存在する、生活に密着した材料を加工したものである。ローター・ミューラーは紙のことを、

自然界にもともと存在するものではなく、生産技術を必要とするもの[1]

と定義している。自然界に存在する物質の多くは、情報伝達を目的とする記録媒体に求められるさまざまな条件、耐久・保存性、経済性、携行適性、情報の正確性の保持（改竄されにくいこと）、そして多くの情報を伝えられること等、多様な機能を兼ね備えてはいなかった。このような状況下で、製紙技術の登場は安定的に高品質の書写材を供給しうる画期的な出来事であり、製紙は自然環境や地理的状況、そして紙の誕生以前から存在する、書写に用いるペンやインクなどの文房具という条件・制限を常に抱えながら発展し変化している。書物の材料となる紙は自然の産出物であり、その自然環境的制限こそが世界各地の紙を特徴づけている側面がある。その影響は少なからず

書物というメディアへも影響している。

清水茂は『中国目録学』において、

> 人文科学のように物質の支配を一見受けにくいようなものでも、技術の発展によって影響されることもあることに常に注意をはらわねばならない[2]

と説いている。本書では、第三章において清水の説に対する具体的検証例をあげた。近年、史学の分野でも紙に対する報告[3]がみられ、またヨーロッパでも紙の歴史研究者国際協会（International Association of Paper Histrians）において、紙料調査が報告されている。アレクサンダー・モンローは紙を「いちばんの個性は「個性がない」ところといえよう」[4]と評しているが、紙の表面を拡大して原料繊維を可視化することで確認できる情報は、時として紙上に記された文字や画像よりも雄弁に事実を語ることがある。

松田修は「江戸は近代を孕んだか」において、

> 口承は古代にそのもっとも本質的な時間を生きたが、中世にも、また近世にも受けつがれた。書写は、古代・中世をその本質的な時代とするが、近世にも受けつがれた。出版（木版）は、近世をその本質的時代とし、近代の活字印刷に吸収された[5]。

と述べている。出版の本質とは、言い換えれば紙上に表現され記録された情報である。近代の活字印刷は、木版印刷のそれとは比べ物にならない速度で書物を世に送り出し、和装本は洋装本に吸収されていった、あるいは駆逐されていったといえる。本書は、その変容を文献上の記録情報と、書籍を構成する紙を分析することで捉えるものである。

先行研究

『開版指針』を初めて引用したのは、宮武外骨《みやたけがいこつ》『筆禍史《ひっかし》』[6]である。その後『徳川文芸類聚』[7]などの解説に引かれている。西山松之助は『開版指針』を「当時の江戸の名主のメモ」であるとし、「この『開版指針』は当時の風評ですから、全くの第一級史料です。たいへんおもしろいです」と評している。[8]「第一級の史料」とされながら、参考資料として現在まで公刊されなかった理由の一つは、西山が書き表しているように記述が「メモ」的であり、何らかの目的で集められた複数の手控と考えられる状態である点、そして、未整理の文書を順不同で書き写したと推測される部分が多く存在する点があげられる。『開版指針』の内容は、天保の改革期に江戸幕府が主導して実施した、出版統制といえる改《あらため》に関する記事を含んでおり、また出版に関する法令、出版手続、出版技術に関する問題、更に幕末の海外情報にまつわる事項が記載されている。この時期の出版事情に対して、前田愛は「天保改革における作者と書肆」で、

これまでの近世文学史では、天保の改革は、春水・種彦の筆禍事件を焦点にしてとりあげられてきた傾きがあるけれども、そのような扱いは水野越前守の個人的役割を重視して、改革の社会的・経済的意義を二の次にするような歴史観に通ずるものを持っている。たとえば、水野の政治的生命が終った天保十四年閏九月を改革の終わりと考えると、筆禍事件と出版検閲令とのアウトラインをほぼ辿り得ることにはなる。しかし、改革の要《かなめ》ともいうべき株仲間解散令は水野の罷免後、株仲間再興令が嘉永四年三月発せられるまで、その効力を持続しているのである。いうまでもなく江戸後期戯作の性格は商業主義化した出版機構によって、強く制約されていたのであって、その変質を促進させる外圧として働いた天保の改革の文学史的意義を明らかにするためには、書物問屋・地本問屋の解散・再興の経過にまで考察の範囲を拡げる必要があると思う。その

ような操作を経ることによって、筆禍事件の持つ意味も一層深まるのではないだろうか。この試論では、二つの方向―はじめ書肆の側から、つぎに作者の側から―を軸として、改革前後の戯作の動向を跡付けてみようと思う[9]。

という視点から論じている。本書で扱う『開版指針』は、天保の改革期以前から安政度までの内容を含んでおり、戯作以外の作品を対象としていることから、幕末の出版状況に新たな側面を発見する上で看過できない資料といえる。

本書の構成

第一章では、『開版指針』の書誌事項を紹介し、全体を項目分けした後、各項目に対してそれぞれ検討を加えて全体の内容を考察する。

第二章では、書名に〈指針〉とあることに注目し、『開版指針』がいつ、どこで、誰が、どのような目的に使用するための〈指針〉であったのか、という点を考察する。『開版指針』の成立に関しては、『市中取締類集』『市中取締続類集』『撰要類集』等、同時期に作成された公的文書資料と比較した結果、昌平坂学問所の内部記録に基づいていることが判明し、幕臣で学問所御用を務めた筒井《つつい》政憲《まさのり》が成立に携わった可能性を示した。これまで、「江戸時代の名主のメモ」とされてきた『開版指針』に対して、武家である筒井政憲が成立に関連していると初めて本書が指摘することとなる。また、筒井政憲の経歴から、幕府にとって内容・形式・流通を含めた、模範的な書物を世に送り出すための「指針」を検討するための資料であることを示した。

第三章ではこれまでの書誌学研究上、検討される機会が少なかった紙質に注目する。料紙観察という新たな手法を用い、江戸期・明治期そして外国の資料から紙質に関する検討し、『開版指針』と筒井政憲の関連性をさらに検証しつつ考察する。具体的には、書物に使用された料紙をデジタルマイクロスコープやルーペで観察することにより、文字や画像という紙面に記された情報以外に、紙という素材そのものが持つ情報を読み取る方法である。製紙法の差異と書物の関係、そして製紙原料の歴史的変遷に基づく書物の変化、紙を産出する環境という視点からも考察を加える。第三章の料紙観察では、江戸期と明治期における資料を調査し、有効な結果を得られたことを報告する。

「書誌学」への問題提起

日本の書籍文化について、川瀬一馬は「日本文化史より見たる古書籍[10]」で

> 本来書物を尊重することは文字を発明した漢民族の文化から教えられたことではあるが、すべての形ある文化を漢民族から求め、書物を通じてもろもろの知識を得ていた点から、なおさら書物を尊重する精神が養われたと思われる

と述べ、更に

> その書籍の形の上には、その時代の社会の生活が直接反映しているのであるから、書籍の変遷・発達は即ち社会の生活の変遷・文化の発達を伺い知ることができることになるのである

としている。本書の出発点はこの一文、特に「書籍の変遷・発達は即ち社会の生活の変遷・文化の発達」という部分にある。川瀬が言及している「書物」あるいは「書籍」に関する書誌学的研究は既に多種多岐にわたっており、装訂に関わる研究や本文研究は川瀬以前から、今なお続いている。本書では、新たな調査手段をもって紙質

に関する情報を加えることにより、文献上の情報を裏付ける根拠とする方法を用いる。

本書で提起したい書誌学上の新たなる問題は、書物・書籍という物質がどのような要因・条件をもって作り上げられてきたのかという点である。近年、書籍は電子媒体という新たな形態を加えたが、電子媒体以前の書籍は二千年近くにおよぶ長い期間にわたり、紙という物質で構成されている。

現行の書誌学研究では、本文研究が潮流の主体であり、本文を携帯し保存する容器といえる書物の形態への研究的関心は高まっているものの、書物を構成する原料・材料という物質は看過されている。紙への研究的興味が少ないことは、紙という物質自体がこれまで文字情報として表記あるいは表現することが難しいものであったこと、特に書写材料としての紙に対する知識が一般的ではなかったことに由来すると考えられる。紙は、その原初より布に似た、おおよそ白色の薄い膜状の物質であり、色・形態において歴史上劇的な変化が生じた物質ではない。しかしながら、紙は地域や時代により特徴を呈する物質であり、田中敬が装訂形態と用紙の関係性に言及している以上に[11]、印刷技術や植生と密接な相互関連性がある。本書では、書物を構成する紙に注目することで、文字資料により明らかにされる事実の客観的裏付けとなる証拠とした。以上が本書の趣旨である。

［1］ローター・ミューラー　三谷武司訳『メディアとしての紙の文化史』東洋書林　二〇一三年　一〇～一一頁

［2］清水茂『中国目録学』筑摩書房　一九九一年　一八一頁

［3］米沢市上杉博物館編集『コレクション展　上杉家文書国宝への道―修復と紙の世界―』米沢市上杉博物館　二〇一三年、湯山賢一編集『古文書料紙論叢』勉誠出版　二〇一七年など。

［4］アレクサンダー・モンロー　御船由美子・加藤晶訳『紙と人との歴史　世界を動かしたメディアの物語』　原書房　二〇一七年

［5］松田修「江戸は近代を孕んだか」『国文学』一九八二年六月号　学燈社　一九八二年　六〜一一頁

［6］宮武外骨『筆禍史』（改訂増補再版　朝香屋書店　大正十五年）中、「三國通覧圖説と海國兵談」「観延政命談」「青標紙と殿居嚢」「源頼光公館土蜘蛛作妖怪圖」「責而者草」「海外新話」に引用されている。

［7］国書刊行会編集・発行『徳川文芸類聚』（大正三年発行　一巻　事実小説「例言」三三頁）に『観延政命談』の解題として『開版指針』が引用されている。同様に『近世實録全書』貳巻（早稲田大学編輯部編・早稲田大学出版部発行　大正六年）の「緒言」（一六頁）で『延命院實記』の解説として、小山松吉『名判官物語　徳川時代の法制と大事件の裁判』（中央公論社、昭和十六年）の「延命院事件」解説（三六三頁）に引用されている。

［8］西山松之助・原田伴彦・小木新造「近世の総括」　西山松之助・原田伴彦・小木新造編『歴史の視点』中巻　日本放送出版協会　昭和五十年　四五一〜四七九頁

［9］前田愛「天保改革における作者と書肆」　守随憲治編『近世国文学―研究と資料―』　三省堂　昭和三十五年　二五八頁

［10］静岡英和女学院短期大学紀要編集委員会編『静岡英和女学院短期大学紀要』九号　静岡英和女学院短期大学　一九七七年

［11］田中敬『粘葉考』　巌松堂書店古典部　昭和七年

第一章　『開版指針』にみる幕末の書物事情

本章では、『開版指針』の内容に対して考察する。第一項では『開版指針』の書誌事項を、第二項では、項目分けした『開版指針』の各項目を詳しく検討し、第三項では『開版指針』各項目の構成から全体を考察する。

以下への前提として、江戸幕府が主導した出版統制である、学問所改《あらため》について述べておく。『開版指針』の特質である昌平坂学問所による改は、天保十三年以降実施された出版草稿の事前検閲体制であり、日本において政権が出版に直接かかわった嚆矢である。昌平黌とも称された昌平坂学問所の役割は、将軍や世子への進講をはじめとし、幕臣子弟への教育施設であり、また朝鮮人来聘や外国からの国書を取り扱う外交的機能も有していた。書物に関しては、歴史書や地誌・外交文書などを編纂していた。[1]天保の改革に際し、先述した「改」という新たな任務が加わっている。

天保の改革以前、書物の「改」は町方中心の職掌であり、その出版手続は一般的に、①書肆が草稿を本屋仲間の行事に提出、②本屋仲間行事は草稿を廻覧して重版・類版の有無を確認、③本屋仲間行事から草稿を添えて町年寄へ提出、④町年寄から町奉行に差出す、⑤本屋仲間行事と板元の書肆は新板願出印形帳に捺印、⑥奉行所から許可が下りる、⑦許可が下り次第、書肆は印刷にとりかかる、⑧書物が出来上ると、本屋仲間行事を経て町年寄と奉行所に献本する、⑨本屋仲間は板元の書肆から白板歩銀（出版賦課金）を徴集し、添章（販売許可書）を下付する、という流れであった。[2]この「改」による最終判断は、江戸・京都・大坂など、書物を出版する書肆が居住する各地の奉行所が担っていたが、実質的には本屋仲間による自主規制であり、また国内全体で統一された出版基準が存在したわけではない。

「学問所改」と称された、[3]出版原稿の事前提出を求めた学問所による出版統制は、天保十三年六月の觸《ふれ》[4]以降実施された。各地域の奉行所あるいは代官所を出版統制の最終判断機関とする従来の手続に対して、学問所の儒者

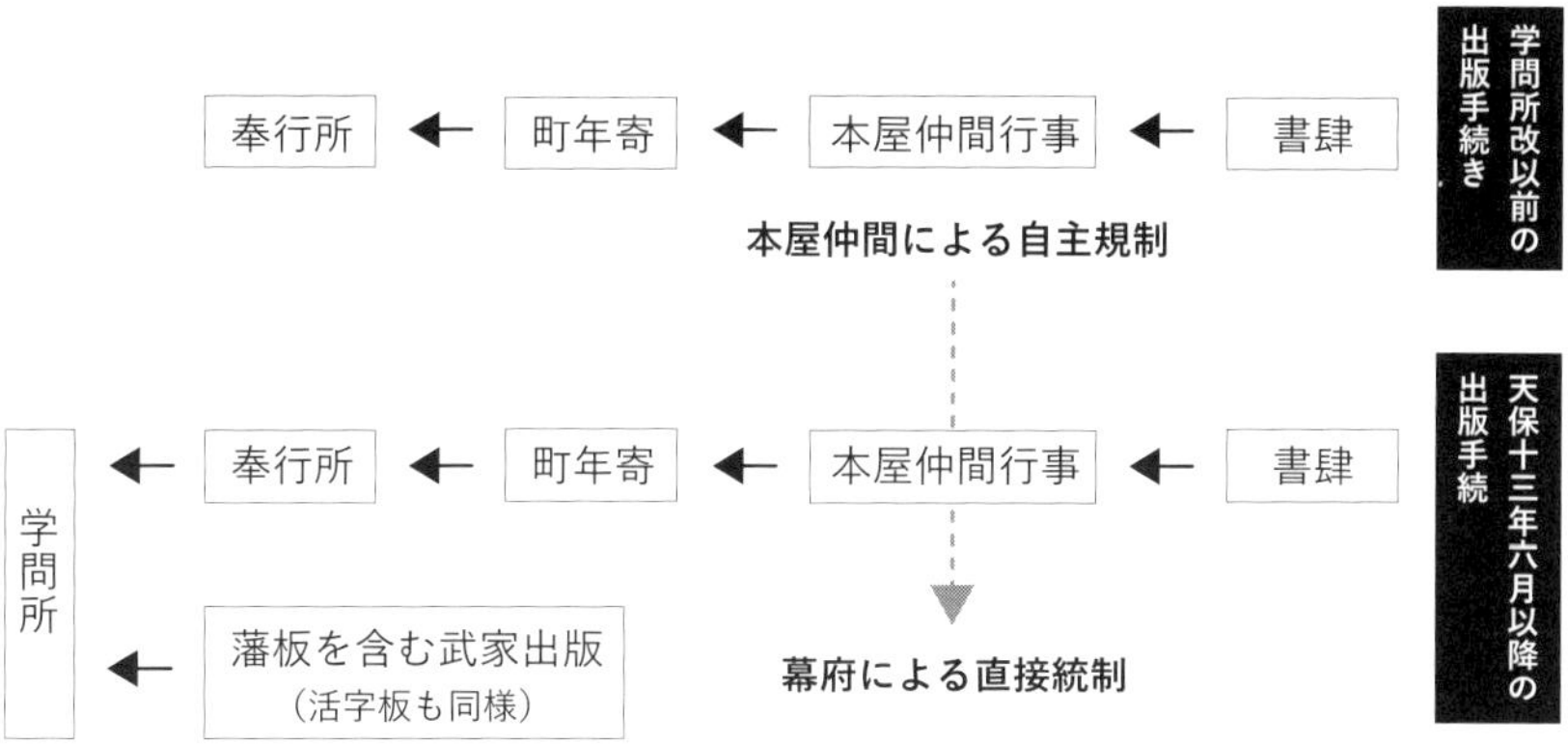

が書物の内容を直接吟味した後に許可するという、更に詳細かつ日本の全地域を対象として統一判断を加えたのが天保十三年六月以降の出版手続である（ただし、觸条文中にあるよう「輕キかな本等之類」は従来通り奉行所の判断による）。以後、日本各地の奉行所あるいは代官所は、新規書物の出版可否を学問所に仰ぐこととなった。『開版指針』の記述によれば、甲府などの天領にも適用されている。また、販売許可は各奉行所などが下すように変更された。具体的な例を示すと、京都の書肆が新たな書物を出版する場合、京町奉行から学問所へ書物の草稿が送られ、学問所の許可が下りてから印刷が可能となる。出来上がった書物を京都で販売（売弘）する際は京町奉行の許可が必要となり、江戸で販売する場合は、更に江戸町奉行からの販売許可が必要となる制度である。他の変更点は、以前には対象に含まれなかった藩版を含む武家による出版も学問所改の対象となったこと、そして同年九月からは整板のみならず木活字によって作成される書物も対象となったことである[5]。

　天保の改革における出版統制は、本屋仲間による自主規制から、幕府による直接統制へと制度が変化したのみならず、対象を武家出版へ拡大することと、整板以外の技術、つまり活字板による書物へも範囲を広げ、規模を拡張していることが特色といえる。また、出版の可否に関して幕府の機関である学問所が集約的に判断した事実は、国内における出版の指針を幕府が示したことを意味し、本書はこの点で注目すべき資料であるといえる。

第一節　『開版指針』書誌事項

『開版指針』は国立国会図書館所蔵の写本である。天地二冊の半紙本（縦二三・五×横一五・八㎝）で丁付はなく、天冊六十一丁、地冊五十三丁で合冊されいる。原表紙に「開版指針　天」「開版指針　地」と墨書されている。書名は天冊の第一丁表巻頭「開版指針」による。印記は「群庶軒印」[6]および「明治二十七・四・七購求」が押印されている。項目別となっている冒頭の部分に朱墨で丸印が付されており、他にも数ヶ所朱線や朱墨の書入れがある。原本の筆跡からは、複数名による筆写であることがわかるが、書写した人物の氏名などは明記されておらず、また作成意図も不明である。

本書の内容は四十項目に分けられ、天冊は主として出版にまつわるやりとりであり、そのほとんどに天保の改革以来、出版の事前草稿調査の任に当たっていた昌平坂学問所が関係している。各項目で扱っている書物・浮世絵・事項は次ページに表として掲げる（第一表参照）。最後となる項目番号四〇「『観延政命談《かんえんせいめいだん》』について」の本文が途切れていることから、本来は天・地・人の三冊と考えられるが、第三冊目にあたる「人」の所在および存在に関しては未詳である。[7]

第一表　『開版指針』の内容項目

項目番号	冊／丁付	書画・内容
一	天／1丁表	享保七年十一月の触「書物之儀ニ付町触」
二	天／2丁表	禁制の『堅觚集』
三	天／2丁裏	遠国出版に関する甲府徽典館と大学頭とのやりとり
四	天／5丁表	手蔓で改を受ける書肆
五	天／6丁表	売弘（販売）に関して、大学頭から儒者への達
六	天／6丁裏	『御教諭謹守録』の丁数変更
七	天／7丁裏	御三家御城附への回答様式
八	天／7丁裏	「官許」の書物の売弘（販売）
九	天／8丁裏	儒者の著述と『大学問答』の売弘（販売）
一〇	天／10丁表	尾張殿御城附と学問所とのやりとり
一一	天／13丁表	会津藩板『四書輯疏』の書肆開板
一二	天／13丁裏	『貫之集類題』の納本重複
一三	天／14丁表	大坂開板の漢籍『曝書亭文集』『清名家古文所見集』に関して
一四	天／26丁裏	『清名家古文所見集』の江戸における売弘（販売）
一五	天／28丁裏	『日本外史』『日本政記』の出板
一六	天／30丁表	『唐詩正声箋注』の開板と売弘（販売）
一七	天／35丁裏	『明律国字解』の京都開板
一八	天／36丁裏	学問所の改について
一九	天／37丁裏	活字版『せめては草』
二〇	天／47丁裏	写本『後三年軍記画巻』の売買
二一	天／51丁表	新刻伺と売弘伺
二二	天／53丁裏	『聖武記採要』が開刻伺なく売弘（販売）
二三	天／55丁裏	学問所から天文方への依頼
二四	天／56丁裏	『海外新話』が改を受けずに開刻
二五	天／61丁表	『五経』重板問題
二六	地／32丁裏	『紀伊国名所図絵後編』について
二七	地／33丁裏	『黄中詠草』について
二八	地／36丁表	『鉏雨亭随筆』について
二九	地／37丁裏	『正学指要』が改を受けずに売弘（販売）
三〇	地／39丁裏	『信州善光寺如来之縁記』について
三一	地／41丁表	『満清紀事』について
三二	地／41丁表	唐本の活字版作成・所持・販売について
三三	地／42丁裏	『類従三代格　残編』について
三四	地／45丁表	『三国通覧』出板に関連する処分
三五	地／47丁裏	文化元年五月　絵双紙問屋行事への町触
三六	地／48丁表	禁制の『泰平年表』『殿居囊』『青標紙』に関連する処分
三七	地／49丁裏	錦絵起源金六説
三八	地／49丁裏	流行錦絵之聞書（歌川国芳画「源頼光公館土蜘蛛作妖怪図」他）
三九	地／53丁表	貸本統制
四〇	地／53丁裏	『観延政命談』について

第二節　『開版指針』翻刻と解説

以下、本項では、第一表の『開版指針』項目番号順に、本文の内容を他資料と比較・検討し考察する。（原文の翻字および句読点は論者による。改行・字下げは原文に基づく。／は同じ行での改行を示す。）

項目番号一　享保七年十一月の触「書物之儀ニ付町触」（天冊　一丁オモテ～一丁ウラ）

開版指針
享保七寅年十一月御觸　書物之儀に付町觸　大岡越前守殿
○自今、新板書物之儀、儒書・仏書・神書・歌書都て書物類、其筋一通り之事は、格別猥成義、異説等取交作出候儀、堅可為無用事　○只今迄有来候板行物之内、好色本之類は風俗之為にもよろしからざる義に候間、段々相改絶板可仕候事。　○人々家筋先祖之事抔を彼是相違之儀ども、新作の書物書顕、世上致流布候儀有之候。右之段、自今御停止候。若右之類有之は、其子孫より訴出候におゐては、急度吟味可有之筈に候事。○何書物によらす、此以後新判之物、作者並板元之実名奥書為致可申候事。　○権現様之御儀は勿論、惣て御当家之御事板行書本、自今無用可仕候。無拠子細も有之は、奉行所え訴出指図受可申事。

右之趣を以、自今新作書物出候とも、遂吟味可致商賣候。若右定に背候もの有之は、奉行所へ可訴出候。経数年相知候共、其板元問屋共は急度可申付候。仲ヶ間吟味違犯無之様可相心得候。

寅十一月

項目番号一は享保七（一七二二）年に発せられた出版令で、『御触書寛保集成』三十五に収載されている条文[8]と比較すると細部に異なる点がある。「書物之儀に付町触　大岡越前守殿」という記述から、江戸南町奉行・大岡越前守（忠相）[9]から江戸市中に発せられたことがうかがえる。この項目は近世出版の基本法で、中野三敏により、（一）は典拠不明の勝手な憶説、（二）は好色本、（三）は他人の家系や先祖に関する臆説、（四）は作者や出版者の明記されぬもの、（五）は徳川家に関する事柄の五項目の禁止と分類されている。[10]この觸が冒頭に配されていることは、本書が出版に関する文書であることを明確にし、かつ本書が成立した幕末においても、享保期の觸が基本指針として効力を持っていたことを示すと考えられる。

項目番号二　禁制の『堅瓠集』（天冊　二丁オモテ～二丁ウラ）

○林大學頭殿　　　鳥居甲斐守

堅瓠集、右者先年御制禁被　仰出候書籍之処、久世伊勢守長崎在勤中、賣物取出不苦旨申渡候儀も有之由、

同所書物改向井雅次郎申出候間相改候処、天主之事を記し候迄にて、教化之文句相見不申、則附紙いたし置候。御制禁之書物に付、伊勢守より御懸合等致し候儀も有之哉、猶又、此上商賣差免し不苦哉否、一両日中に早々被仰越候様いたし度、依之及御掛合候。

卯三月

下ヶ札

御書面堅瓠集、久世伊勢守より問合之儀、書留無之候。附紙有之候処、御中越之通天主之事を記し候迄にて、教化之儀は相見不申候間、此儘賣買致し差支無之候。尤新刻にも相成候節は、右一条相除き、黒木に致置候方可然、御儒者共申聞候。此段及御挨拶候。

林　大學頭

『堅瓠集』売買に関して江戸南町奉行・鳥居甲斐守（耀蔵《ようぞう》）と林大学頭（檉宇《ていう》）との間で天保十四（一八四四）年に交わされたやりとりである。キリストに関する記述が問題となっており、教化目的ではなくキリストという人物自体のみが記されているという学問所側の判断により出版が許可されているが、該当部分は「黒木に致」すことを条件としている。『堅觚集』こと『堅瓠集』[11]は清代の作家・褚人獲《ちょじんかく》[12]の随筆的な小説であり、正集が十集あり各四巻、補集六巻、餘集四巻、續集四巻、廣集六巻、秘集六巻で全六十六巻構成である。『堅瓠秘集』巻四「大西國三主」の記事中に「天守」[13]という語がみられ、これが本項目で問題となっている部分である。

本項目での林大学頭は第九代の林檉宇[14]で、天保九年より大学頭となった。鳥居耀蔵は第八代大学頭・林述斎の三男として江戸に生まれ、文政三年に旗本・鳥居成純《なおずみ》の智養子となり、天保十二年十二月町奉行就任、天保十五年九月に辞している。[15]本項目の「卯三月」は両者の任期より天保十四年三月といえる。

第一章の冒頭で述べたように、『開版指針』には天保の改革以降幕末まで幕府主導で実施された出版統制である学問所改に関する内容がみられ、『開版指針』における学問所改の最初が本項目である。天保の改革での出版統制に関しては、藤田覚が

天保の改革では、書物仲間の自主規制による統制から幕府の直接統制へと出版統制を強化したが、その書物の内容を検討して出版の可否を決定する役割は、おもに学問所に任されていたのである。

としている。[16]これは幕府が天保十二年十二月に問屋仲間を解散し、翌十三年六月に発した觸[17]に基づくものである。

項目番号三　遠国出版に関する甲府徽典館と大学頭とのやりとり（天冊　二丁ウラ～五丁オモテ）

○以切紙致啓上候。然は於其御地、先儒其外之撰述、或は当時之人著述致し候書籍、印行相願候書肆或は書肆之外に蔵板致度段相願候もの共、右書籍昌平学校にて

御儒者衆鑑閲之上押切致し、其上上木流布相成候由承知罷在候。近頃於当地も書肆其外之者共、上木相願候類も有之、其内には學術之正邪論述之当否品々可有之候間、鑑閲之儀無之候ては難相叶儀は存候。然処遠国之儀、御地え差出御儒者衆之鑑閲相受、其上にて上木流布相成候との儀にては、品に寄差支之筋可有とも難斗、就ては当地之儀者文字為御引立学頭両人被差遣在役致候上は、右之書類上木相願候者有之節は、學頭両人之者え鑑閲申付、綱常に不戻世道に裨益有之候書種にも有之候は、拙者共方にて押切致し、上木流布差許し候様致度存候。尤外遠国振合も可有之候間、此段及御問合候否、早々御報被御申越候様致度存候。右可得御意、如此御座候。以上

三月十九日　　浅野中務少輔㊞

酒井安房守㊞

林　大學頭様

御切紙致拝見候。然は於江戸表書肆其外より新古書籍共印行、又は蔵板等之儀相願候節は、於学問所御儒者

鑑閲之上押切致し、上木流布相成候由、御承知有之、近頃於其御地書肆其外より、上木相願候類有之、是又鑑閲無之候ては、難叶訳に可有之処、遠国之儀当表鑑閲被請候上、上木流布相成候ては品に寄差支之筋も可有之哉に付、御地在役之學頭両人え右書類鑑閲御申付、不苦品は貴様方御手切にて被致押切、上木流布差許有之候様被致度、外遠国振合も可有之間、被及御掛合旨、御紙面之趣具に致承知候。書籍開板改方之儀者、一昨年中より追々取極、先は御申越之通り綱常世道之上を第一といたし候儀には有之候得共、右之外にも種々取捨之意味合有之、開板願出候節は毎一部拙者林式部並惣御儒者一同評儀いたし、差許差留メ等夫々申渡候事に有之。尤京都大坂等にても開板願出次第、其町奉行より右書籍当表え差越候間、是又一同評議之上不苦品えは改押切遣し申候。遠地不便利之儀可有之候得共、左様無之候得は、後年に至り自然改方区々相成候ては不足候間、当表遠国之差別無之、何れも一様取扱申候。右に付、御地学頭之見究而已にて開板御差

許被成度との儀は及御挨拶兼申候。可然御承知可被成候。右御報、可得御意如此御座候。以上

四月　　　　　　　　　　林　大學頭㊞

酒井安房守様

浅野中務少輔様

学問所改に関する、甲府勤番頭である浅野中務少輔（長祚《ながよし》）[18]および酒井安房守（忠誨《ただみち》）[19]と林大学頭（檉宇）の間で交わされたやりとりである。遠隔地であるという理由により、学問所から派遣されている、甲府在役の学頭の鑑閲をもって学問所改として欲しいという甲府勤番頭からの依頼に対して、林大学頭からは他の遠隔地である京都・大坂に対しても甲府と同様の手続・状況であるため、甲府学頭の見究では出版の許可はできないという判断が下されている。

本項目におけるやりとりの背景には、寛政年間に幕府により設置された徽典館の存在がある。甲府学問所とも呼ばれた徽典館には昌平坂学問所から儒者が二名ずつ派遣され、交替で学頭の任を務めている。事務は甲府勤番の職掌であり、浅野長祚と酒井忠誨は徽典館を運営する側であった。『日本教育史資料』[20]七所載の徽典館「沿革要畧」に、

本舘ハ寛政年間舊幕府ノ創建スル所ニ〆當時甲府城勤番與力富田富五郎ナル者教授方ヲ勤ム天保十四年甲府勤番支配浅野中務少輔酒井安房守幕命ヲ奉シ學舘ヲ再築シ其規模ヲ擴張ス爾後江戸湯島學問所教授方ノ内二名／目見以上一名／目見以下一名／各年交代シテ學頭ヲ勤ム

とあり、昌平坂学問所の甲府学問所への教授派遣という運営形式が、浅野・酒井両名により設けられたことがわかる。本項目は、徽典館での教授人材確保に続いて、浅野長祚・酒井忠誨が教科書作成に関係する手続きの簡略化を図ろうとして、学問所へ掛合したものと推測できる。

項目番号四　手蔓で改を受ける書肆（天冊　五丁オモテ〜）

○林　大學頭殿　　鳥居甲斐守

惣て開板書籍を売弘度段、掛り町年寄館市右衛門より申立、拙者共より御掛合之上、學問所改印相済賣弘為致候儀ニ御座候処、近来外ニ手蔓を以改受候上、申出候も有之、不都合之事ニ有之候。右躰外手蔓を以、下方より直に學問所改請候上差出候ても、何れ及御懸合候儀ニ付、二重之手数ニも有之、且は往々不取締之儀も出来可申候ニ付、以来月番拙者共方え願出次第否及御問合候節、賣弘不苦候品は御改印有之候様致し度候。且掛り市右衛門方にて、書肆共より賣弘伺出候書物類、拙者共方え差出方及延引候儀有之候趣ニ付、以来無遅滞、其時々早々可差出旨申付置候。依之、此段及御掛合候。

卯五月

下ヶ札

御書面御掛合之趣致承知候。

御儒者中えも可申達置候。此

段及御挨拶候。

五月　　林　大學頭

学問所改に関する、江戸南町奉行・鳥居甲斐守（耀蔵）から林大学頭（檉宇）へ天保十四（一八四三）年五月の掛合である。本来は奉行所を経由して学問所改を受けることになっているにもかかわらず、「手蔓」つまり学問所関係者とのつてによって直接学問所改を受ける書肆が存在する。奉行所では学問所への改が済んでいるかを確認してから売弘（販売）を許可しているため、学問所が直接書肆に改印を与えることで手続きが二重になる。直接改を書肆に渡すことを止めさせて欲しいという依頼である。依頼に対して林大学頭は学問所内へ通達することを伝えている。

項目番号五　売弘（販売）に関して、大学頭から儒者への達（天冊　六丁オモテ〜六丁ウラ）

○御儒者中

以来、蔵板限之品は是迄之通り御取斗、蔵板にても直

ニ書肆え賣弘相成候品は、其書肆より町奉行え願出候

間、町奉行より掛合有之候筈に候。依ては、外手寄にて改印相済候ても書肆賣弘相成候節は、又々町奉行より掛合有之、弐度手間相懸テ候間、其積御心得御取調可有之候。此段申進候。以上

五月十二日

前項を受け、林大学頭（檉宇）から学問所内の儒者へ「二度手間となるので直に書肆へ改をしない」という旨の達である。

項目番号六　『御教諭謹守録』の丁数変更（天冊　六丁ウラ～七丁オモテ）

○林大學頭殿　　鳥居甲斐守

一　御教諭謹守録　　壱冊

右之書物、南傳馬一丁目太右衛門店本屋文助彫刻賣弘之儀相願候処、願之通申渡候ても御差支之筋無御座候哉、御見極否被仰聞候様致し度存候。此段及御掛合候。

卯閏九月

下ヶ札

御書面御差越之書物致吟味候処上
木不苦と存候得共元ト在丁等御制
度之訳に候間此注釈にて御趣意取
違ひ無之候へば上木可然候右取違
等は其御役所にて御調之上にて御
取立可被成候本書壱冊致返進候
閏九月　　林　大學頭

『御教諭謹守録』の売弘（販売）に関して、江戸南町奉行・鳥居甲斐守（耀蔵）から林大学頭（檉宇）へ天保十四（一八四三）年九月の掛合である。記載内容に趣意違いがなければ販売可能であるという回答である。『御教諭謹守録』という書物が実際に刊行されたか否かは現在のところ確認できていない。

項目番号七　御三家御城附への回答様式（天冊　七丁ウラ）

○御儒者中　　林　大學頭
御三家方　御城附之問合は下ヶ札之廉にて、附札にては格合違ひ候間、以後共其御心得可有之候。仍て下ヶ札は張替相違申候。都て附札下ヶ札本紙え張付候は、本紙之裏え粘付て表え折返し候事、諸向

之通例ニ候。是又、向後御心得可有之候。以上

十月十一日

林大学頭から学問所内の儒者へ「御城附からの問合せには下ヶ札で返すべきで附札は格違い」という、やりとりの様式に関する達である。下ヶ札・附札の添付様式も再確認事項としてここに記されている。本項目における大学頭に関しては不明である。

項目番号八　「官許」の書物の売弘（販売）（天冊　七丁ウラ〜八丁ウラ）

○鳥居甲斐守殿

林　大學頭

林　式部

開板書物改不苦候品は、改印押切相渡候ニ付、書物屋開板之上、表題又は巻末抔ニ官許と題し候類折々有之候。右開板物、先年之振合にては諸家蔵板・書物屋賣弘弐様相成居、開板物一々書肆より伺も無之候ニ付、伺済の物は官許二字附候迚も、其通たるべく候得共、當時之振合にては諸家蔵板・書肆賣弘之差別なく、一々學問所改を請候事ニ候得は、官許無之品は無之候。左候得は、官許文字開板物一統附候ニハ及申間敷候。先

年　御免抔と題し候も見掛ヶ候。後来は同様ヶ様之
題無用可致方と存候。御異存も無之候ハヽ、其筋え御
達有之候様に存候。依之及御掛合候。以上

　卯十月下ヶ札

　御書面之趣致承知候。御改済書物類、
以来官許又は　御免抔と記し候儀
可為無用旨、夫々申渡候。此段及御挨
拶候。

　卯十月　　鳥居甲斐守

学問所改が終了した「改済」の書物の表記に関する、学問所の林大学頭（檉宇）と林式部（復斎）から江戸南町奉行・鳥居甲斐守（耀蔵）へ天保十四（一八四三）年十月の掛合である。学問所の改を受けて「官許」あるいは「御免」と表題や巻末に記している書物があるが、諸家の蔵板であっても、書物屋の販売用であっても、開板する場合は学問所改を受けることとなっているので、以後は「官許」の文字表記を無用とする旨の確認である。『市中取締類集　十八』「第二八件」[21]に同じ記載があるが細部において異なる。『市中取締類集　十八』と『天保撰要類集』[22]にはこの掛合の後に発せられたであろう、天保十四年十月十三日付の町年寄・舘市右衛門より書物掛名主への申渡[23]がある。申渡の内容は（一）書物板行の節は舘市右衛門へ申し出るという、天保十三年の触を堅守する（二）狂歌・発句・怪談・游話之類・香・茶・挿花・碁・将棋・庖丁料理などは奉行所で押切印を捺すが、書物掛が下

改めをして草稿の大意を申し立てる（三）奉行所や学問所の改が済んでいる書物は、以後「官許」または「御免」と記すことを無用とする、となっている。

林式部（式部少輔）は林述斎の四男であり[24]、後に第十一代大学頭となる林復斎[25]である。

項目番号九　儒者の著述と『大学問答』の売弘（販売）（天冊　八丁ウラ～十丁オモテ）

○林大學頭殿　　　　鳥居甲斐守

新刻もの、是迄都て及御問合、御改印被成候仕来に有之候処、貴様並學問所御儒者中著述之儀は、兼て御改メ済、開板致し候儀ニ可有之候間、拙者共え相廻候節、猶又及御問合候ては、二重之儀も有之候間、直ニ御改印開板相成候段、御達有之候様致度、左候得は別段不不《（ママ）》及御問合、拙者共限承り届置候様可致と存候。右にて御差支無之候哉、此段御相談旁、及御掛合候。

卯十月

下ヶ札

御書面御掛合之趣、致承知候。

御儒者中えも可申通置候。

此段及御挨拶候。

卯十一月　林大学頭

右之通、懸合済ニ付、御儒者・古賀謹一郎、父・小太郎著述開板之節、奉行所え左之懸合差遣置。

筒井紀伊守

林式部少輔

林　大学頭

町奉行衆

一大學問答　四本

右は御儒者・古賀謹一郎、父・小太郎著述之処、此度學問所改済之上、活字蔵板ニ致し候ニ付、書物屋共賣弘之儀願出候ハヽ、兼て御掛合之通御手切にて御聞届可被成候此段得御意置候。

以上

酉　月

江戸南町奉行・鳥居甲斐守（耀蔵）と学問所の林大学頭（檉宇）および林式部少輔（復斎）との間で天保十四年十月に交わされた、学問所の儒者による著述の開板に関する掛合を前半に示し、後半は古賀侗庵《こがとうあん》（通称・小太郎）の著作『大学問答』を活字板で販売したいという書物屋の願出に対して、許可するという町奉行衆へ、学問所御用である筒井紀伊守（政憲）、林式部少輔（復斎）および林大学頭（壮軒）からの掛合である。『大学問答』は準漢籍で、伝本は写本及び嘉永二年刊と嘉永三年刊の木活字本が存在する。天保十四年の掛合は『市中取締類集　十八』「第二四件」[26]および『天保撰要類集』[27]に確認できる。後半、学問所の三名から町奉行衆への掛合は『市中取締類集　二十一』「第二七七件」[28]に同じ記載があり、ここで「町奉行衆」となっている部分は「遠山左衛門尉」と「井戸對馬守」となっている。またこの掛合は『市中取締類集　二十一』の注では「嘉永元年カ」としているが、井戸對馬守（覚弘）の江戸北町奉行着任は嘉永二年[29]であり、また『大学問答』[30]に「嘉永二年己酉暮秋刻成」とあるところから、後半のやりとりは嘉永二年と考えられる。

古賀侗庵[31]は昌平黌《しょうへいこう》で教授していた儒者であり、本文記載の通り、古賀謹一郎[32]の父である。筒井政憲に関しては第二章第二節で詳述する。後半の掛合における大学頭は第十代の林壮軒《そうけん》[33]である。

項目番号一〇　尾張殿御城附と学問所とのやりとり（天冊　十丁オモテ～十三丁オモテ）

○林大學頭殿　　／尾張殿／御城附／

類聚三代格之儀、写本にて誤脱多、是迄板本無之候ニ付、相訂活板にて摺立善本拵度旨、御家中之内相願候者有之候。右は新規著述品出板方之儀ニ付、一昨年大目付より達之趣有之候。就夫、遠国之者著述致し候節は、書銘等を以及御問合可然哉之事。

一尾州名所歌集、此節出板致度旨、御家中之内相願候

者有之候。右は歌書之儀ニも有之候ニ付、分ケて書名等を以及御問合候ニ者不及儀ニ候哉、矢張前同様及御問合候方可然哉之事。

八月

尾張殿　　　　　林　大學頭

御城附衆

類聚三代格之儀は、是迄板本無之ても古来流布之書ニ付、書名而已御申聞にて不苦候。尤右之書え序跋被加候はヽ、序跋斗御認越可有之候。右之外遠国にても、新規著述之書改め無之分は開板難相成、たとひ翻刻ニ候共、古来流布之品ニ無之候はヽ、書物相添掛合可有之候事。

但、流布之書物、書名斗にて懸合不苦候。尤体ニ寄其書物御差越有之候様、御達申候儀も可有之候事。

一尾張名所歌集は新規撰者之書ニ付、前文之通り書物相添御掛合可有之候。

但誹諧・發句・碁・将棊・茶事等之類は學問所にて改

め不申、書物屋新刻之節、町奉行所え伺差出候事、
為御心得申述置候。
一惣て開板出来之上、壱部ツヽ學問所え扣本として
可被相納候事。
九月

巳三月再掛合如左

林大学頭殿　／尾張殿／御城附／

類聚三代格之儀、写本にて誤脱多、是迄板本無之候ニ付、相訂活板にて摺立善本拵度旨、御家中之内相願候者有之候ニ付、先達て及御問合候処、是迄板本無之候ても、古来流布之書ニ付書銘而已申達不苦、尤右之書え新規序跋加へ候ハヽ、序跋斗認可差出旨、御申聞有之候。右は序跋相加へ候釈には無之、今般相訂活板にて摺立善本拵置、書銘校訂類聚三代格と致し、巻末ニ校合致し候者共名前相認候儀ニ有之候。右にては御差支之筋等無之哉、猶又及御問合候事。

下ヶ札

御書面之趣致承知候。開板不苦、尤

出来之上一部学問所ゑ可被相納候事。

巳四月再掛合如左

林大學頭殿　　／尾張殿／御城附／

類聚三代格之儀、今般相訂活板にて摺立方の儀ニ付、頃日及御問合候処、御差支之儀無之候間、出来之上學問所ゑ一部相納候様御申聞有之候。就夫、出板方之儀ニ付、兼て御觸之趣も有之候ニ付、御差支無之上は最早分ケて御老中方ゑは不被申達候ニ付、御心得迄ニ相達候事。

下ヶ札

御書面之趣致承知候。

四月　　林大學頭

『類聚三代格』、『尾張名所歌集』(もしくは『尾州名所歌集』)出版に関して、学問所の林大學頭(檉宇)と尾張殿御城附との間で交わされた掛合である。原文中の「新規著述品出板方之儀に付、一昨年大目付より達之趣有之候」は天保十三年六月の觸[34]の内容であることから、この掛合は天保十五(十二月二日に弘化へ改元)年から翌弘化二年に交わされたとわかる。『類聚三代格』の出版に関しては、序跋などがなければそのまま活字版で開版してよいが、『尾張名所歌集』は改を受ける必要がある、という学問所の見解が示されている。

『類聚三代格』は編者不明、一〇〇二（長保四）年から一〇八九（寛治三）年の間に成立、十二巻本と二十巻本の二系統の写本がある。『国史大辞典』「類聚三代格」[35]の項目には「尾張藩の植松茂岳や神谷元平らが校訂し嘉永・安政年間（一八四八―六〇）に刊行した印本が早く」とあり、『日本古典文学大辞典』「類聚三代格」の項目には、「刊本には、弘化・嘉永年間（一八四四―一八五四）刊行の植松蔵板」と記載されており、本項目の内容は『類聚三代格』刊行の準備段階と推定できる。また本項目は項目番号三三「『類従三代格　残編』について」と関連していると考えられる。

『尾張名所歌集』は未詳。

項目番号一一　会津藩板『四書輯疏』の書肆開板（天冊　十三丁オモテ〜十三丁ウラ）

○肥後守家来・安部弁之助え著述被申付候四書輯疏と題号仕候書物開板之儀、當春中草稿を以相伺候処、右書物開板不苦候、追て出来之節學問所え壱部相納候様、御附札にて御指図相済候処、追て出来上りニ相成候ハヽ、諸家並書肆共より望有之候節、差遣ても不苦儀ニ可有御座候哉、此段相伺候。以上

松平肥後守内

四月廿八日

荒井善蔵

附札　五月二日返達

> 書面四書輯疏之儀、開板出来學問所え納相済候上、諸家並書肆共より望有之節、被差遣て不苦候事。

松平肥後守（会津藩主・松平容敬）用人・荒井（『大成武鑑』では荒川）善蔵[36]から学問所改済にて開板した『四書輯疏』を諸家・書肆に遣わしてよいかという問合せに対し、学問所からは、出来あがった書物を納本後に諸家ならびに書肆へ渡すことを許可する、というやりとりである。安部弁之助こと安部井帽山[37]は江戸後期の儒者で会津藩藩士、『四書輯疏《ししょしゅうそ》』は安部井帽山の著作『四書訓蒙輯疏《ししょくんもうしゅうそ》』で嘉永元（一八四八）年会津藩蔵版である。笠井助治『近世藩校に於ける出版書の研究』[38]によれば『四書訓蒙輯疏』は、

> 八代藩主容敬の命を受けて、安部井褧が撰述したもので、天保十三年に編纂成り、嘉永二（ママ）年に上梓、幕府に献納せられた。漢朝以下六十六家の説を蒐集し、文政の中頃、稿を起してから十八年の歳月をかけて完成したものである。古賀精里は本書を見て、「本朝未だ曾て斯の如き明備の撰述あらず、今余が稿する所は無用なり」として筆をおいたという。従って、嘉永元年出版の後、四方の学士、これを購求し、読修するものが多かったといわれる。

と、著者・安部井帽山の師である古賀精里から高い評価を受けていたことがわかる。また小川渉『会津藩教育考』[39]には、

> すべて何書によらず、國中に賣却するは薄利にして、中には毫も利なきものありしと、また四書輯疏は江戸に出る最も多く、書肆は幾百部にても多きを辭せずして引受け、純益も多かりしといふ

と、『四書訓蒙輯疏』の売れ行きに関する記述がある。『四書訓蒙輯疏』は嘉永元年刊行の会津藩蔵板以外に京都の出雲寺文次郎・勝村治右衛門、大坂の河内屋喜兵衛・秋田屋太右衛門、江戸の須原屋茂兵衛・出雲寺萬次郎・岡田屋嘉七の合板も確認できる。[40]また『大日本近世史料　市中取締類集　十九』「第一三一件」[41]には嘉永三年に書物屋・英屋大助が『四書訓蒙輯疏』の売弘願を町年寄に伺い出ている記録があり、『四書訓蒙輯疏』がテキストとして需要が高かったことがうかがえる。

項目番号一二　『貫之集類題』の納本重複（天冊　十三丁ウラ〜十四丁オモテ）

○御儒者中　　　林　大學頭

町奉行・遠山左衛門尉より之別紙問合書面え答下ヶ札、且返書等御取調御差越一覧いたし候。然処、貫之集類題之儀は、先達て改済にて彫刻出来之砌、壱部納本相成居、今又賣弘之廉にて壱部為相納候ては、全重複ニも相成候間、不及其儀候事と存候。且外二種も納本相済居候儀ニ候ハヽ、同様之事にて可然候。依て昨日御差越之返書、並左衛門尉より之来紙共、猶又相廻し申候間、御取調之上、下ヶ札御書替御差越可被成候。以上

九月朔日

猶々、以後之処も納本重複相成不申様、御心得御取扱可被成候。以上

林大学頭（檉宇）から学問所の儒者へ、納本重複問題に関する達である。『貫之集類題』が学問所改を受ける際と販売許可を受ける際の二回納本されていた件で、以後重複して納本させないように、という内容である。『貫之集類題』[42]は鈴木信成編の歌集で、序文は幕臣の海野幸典[43]による。弘化二（一八四五）年に江戸の英屋文蔵が刊行している。

項目番号一三　大坂開板の漢籍『曝書亭文集』『清名家古文所見集』に関して（天冊　十四丁オモテ～二十六丁オモテ）

○鍋嶋内匠頭殿

林　大學頭

林　式部

此節、御府内書物屋にて天保十四年翻刻之奥書有之候曝書亭文集、天保十五年正月　御免開板之奥書有之候清名家古文所見集賣捌候処、二書共學問所改相済不申品にて、右板元ハ何れも大坂表書物屋之趣相聞申候。然処、曝書亭文集之方ニは、御府内書物屋須原屋茂兵衛・山城屋佐兵衛・岡田屋嘉七等名前相記し有

之、所見集之方ニも右茂兵衛名前相記し有之。其外京
都・大坂等之書物屋名前も相見申候。御府内書物屋共
ニおゐても、二書開板之始末不存儀は有之間敷候間、
委細御聞糺之上、御申越有之候様致度存候。猶又、大坂
町奉行衆えも申通候儀も可有之候間、此段及御懸合
候。

巳（辰カ）九月

御書面之趣致承知、舘市右衛門え申渡為
取調候処、別紙之通申立、以来之儀同人
伺之通申渡置候ハヽ、可然と存候。御存寄被御
申聞候様致度、別紙市右衛門差出候書付
三通・書物二部相添、此段御挨拶旁及御
相談候。

辰十月　　　　　　鍋島内匠頭

再下ヶ札

御答之趣致承知候。御別紙舘市右衛門差出候
書面之通り、被御申付置可然存候。京・大坂
其外にて開板之書、御府内書物屋共賣弘候段、

市右衛門より申出候ハヽ、右書名並冊数・板元名前御認メ御廻し有之候様存候。依之、御別紙三通・書物弐部返進、此段及御再答候。

辰十一月　　　／林大學頭／林式部／

曝書亭文集外壱部之儀、取調申上候書付　舘市右衛門

此節、御府内にて天保十四年十月翻刻之奥書有之候曝書亭文集、天保十五年正月　御免開板之奥書有之候清名家古文所見集賣捌候処、二書共學問所改相済不申品にて、右板元ハ何れも大坂表書物屋之趣相聞候。然ル處、曝書亭文集之方は御府内書物屋須原屋茂兵衛・山城屋佐兵衛・岡田屋嘉七等名前相記し有之、其外京都・大坂等之書物屋名前も相見候。御府内書物屋共ニおゐても、二書開板之始末不存儀は有之間敷、委細御聞糺之上被仰聞度、猶又、大坂町奉行衆え申通候儀も可有之旨、林大学頭殿・林式部殿より御懸合ニ付、取調被仰渡候間左ニ申上候。

通壱丁目久兵衛店

書物屋茂兵衛
紀州住宅ニ付店預り／人
文吉
同弐丁目仙助店
書物屋
佐兵衛
神明町家持
同
嘉七

一天保十四年十月翻刻之奥書有之候
曝書亭文集　四冊
此品、奥書右三人名前有之趣ヲ以、開板御尋御座候得共、上方板ニ有之、未一切取扱不申候段申之。
但、右書物、此節品見及候処、大坂表出板ニ有之。尤是迄江戸・京・大坂三都書物屋共、相互ニ渡世之為見合ニ付、奥書え名前書入取遣り致し、右ニ付、前以懸合等致合候儀無之、依之、三人名前書入有之候得共、未右品取捌不申、且開板之儀は大坂表取斗ニ付、始末相弁不申候。幸此節大坂書物屋河内屋茂兵衛下代之者、外商賣用ニて罷下り、右品所持仕候ニ付、則壱部借寄、奉入御覧候旨申之候。

一天保十五正月　御免開板之奥書有之

　清名家古文所見集　五冊

此書物之儀は大坂書物屋秋田屋太右衛門・河内屋喜兵衛より、當七月中、私共之内、茂兵衛・佐兵衛方え十部ツヽ、嘉七方え五部積下し、夫々賣捌、嘉七方ニ壱部相残り候得共、開板之儀ハ、是亦大坂表々（ママ）ニ付、始末相弁不申候。右、賣捌候儀は、私共心得方、前々京・大坂出板物之儀は、彼地其筋え伺済相成候品、奥書ニ御當地書物屋名前書入、差下し候仕来ニ付、両地出来候書物之儀は、寅年御觸後とても伺出不申候。乍去、去卯年書物類　御免抔と記候儀、可為無用被仰渡候処、右品奥書　御免刻成と有之、御當地茂兵衛名前も入候を其侭賣捌候段、不念至極奉恐入候。則、嘉七方え相残り候壱部奉入御覧候段、御憐愍ヲ以御聞済被成下候様、奉願候旨申之候。

右、取調候処、書面之通り、書物懸り名主麻布谷町太一郎差添申立之候。右次第ニ候得は、送り状等ニ彼地伺済等之儀申越候哉と相尋候処、送り状之儀は書物表題・直段書計ニ有之、都度々伺済と断越候儀は無之、前々より心得方ニ有之旨、尤、去ル寅年大坂表同商賣之者写越候、彼地書物御取締御觸之由、別紙写差出申候。二書之内、曝書亭文集之方ハ、三人名前有之候得共、此書入は御當地上方共相互ニ渡世筋致し合候仕来之類にて、右品三人方え引受不申段、偽り無之奉存候。

此度林家にて御見留御座候上は、曝書亭文集之儀は、三人之外、御當地書物屋共手ニ渡り取捌候儀ニも可有之哉、乍去、三人之余ハ目當無之ニ付、糺方仕兼候。

所見集之方は、上方出板仕来りニ泥ミ送越候品、茂兵衛外貳人共、取捌候得共、開板取計之儀は右二書共、全ク御當地之者始末相弁不申儀ニ相聞申候。尤、所

見集奥書　御免と認入候儀、不心付其侭賣捌之趣、恐入御憐愍相願之、彼是勘弁仕候処、一体之儀彼等申立候旨を以、京・大坂書物、其地にて御改可有之哉にも仕、御當地ニおゐて、別派ニ申渡等之儀も無之、畢竟、三人之者心得方、並近年、彼地御觸書写同、渡世より写越候迄ニ有之、聢と可申上廉ニは不相成、且又、當時、御當地書籍取扱之儀は武家蔵板ニて、學問所御改済相成候品にても、書物屋共引受賣弘相願候節は、猶又、其書物屋より私方え申立、御奉行所御指圖奉伺候儀ニ有之、たとへ京・大坂之儀、其地御改有之候とも、御當地書物屋共引受候はゝ、一應私方え申立伺之上、賣弘仕可然儀ニ奉存候。是迄心取違、過去り候は、御宥免被成下、以後京・大坂開板物たりとも、新刻賣弘之儀、不洩様可伺出旨、此砌、書物懸り名主、並組々世話懸り名主え被仰付、其筋渡世之者觸達申渡候はゝ、取締可然哉。

但、當時仲間無御座候間、此度調無之書物屋共心得方は如何可有之哉ニ候得共、不同無之様右様一般ニ申上候。
右則、別紙申渡案、並両品合九冊、相添御渡被成候御懸合書返上仕、依之此段申上候。以上
辰十月　　　　　　　舘　市右衛門

申渡案

書物掛
名主
組々世話掛
名主

去ル寅六月、新板書物之儀ニ付町觸以後、新規開板、亦は素人蔵板もの引受賣弘願共、舘市右衛門方申出候儀有之候処、京・大坂にて出板致候類ハ、不伺出哉ニ相聞、心得違ニ候。以来、京・大坂開板たりとも、御當地之者引受候新刻之儀、不洩様市右衛門方え可伺出候。勿論、京・大坂に不限、何れにて出来候共、御當地之者引受候ハヽ、前同様たるべく候。

右之趣、書物・繪双紙商賣人共、不洩様可申付もの

也。
右之通、従御町奉行所被仰渡候間、早々其筋商賣
人共え觸達可致候。
辰十月
大坂町奉行両名え初て掛合申遣
以　切紙致啓上候。然は、此節御府内書物屋にて、天
保十四年翻刻之奥書有之候、曝書亭文集、並天保十
五年正月　御免開板之奥書有之候、清名家古文所
見集、賣捌候由、右二書ハ學問所改相済不申品にて、
尤、江戸書物屋之名面も有之候間、當表町奉行え及
懸合申候処、何れも板元は其表書物屋之趣相聞申
候。書物屋共一了簡にて、及開板候事ニ候哉、又は、其
御役所え伺書差出候上にて、致開板候事ニ候哉、全
躰、開板並翻刻物等ニ及迄、去ル寅年御觸面も有之
候通、何之書ニ不寄、學問所之改ヲ受、開板いたし候儀
は、書物屋共ニおゐても不存候儀は有之間敷と被
存候。右二書、及開板候之始末、御聞糺之上、委細御申
越有之候様致度存候。此段、及御懸合候。以上

十二月

林　式部　㊞

林　大学頭　㊞

水野若狭守様

猶以、仮名書・游戯・鄙野之品は兼て伺済元極り有之候間、右伺書御附札共写別紙壱通、為御心得差進申候。以上

以　切紙致啓上候。其御地書物屋、清古文所見集・曝書亭文集、學問所改受不申、致開板候ニ付、先達て御問合得其意候事ニ候。然処、右之内、清古文所見集賣弘之儀、爰元書物屋より差出候間、相改候処、開板不苦物ニ付、此度は致改印候得共、一躰開板前改受可申筈ニ付、向後心得違無之様、書物屋共え御申付被置度、尤、翻刻物は原本にて差出不苦候。此段、可得御意、如此御座候。以上

巳三月

林　大學頭　㊞

水野若狭守様

永井能登守様

御切紙致拝見候。然は、旧冬中、御府内書物屋にて、天保十四年十月翻刻之奥書有之候、曝書亭文集、並天保十

五年正月　御免開板之奥書有之候、清名家古文所見集、賣捌候由、右二書は、學問所御改相済不申品にて、尤、御地書物屋之名面も有之候間、町奉行えも被及御懸合候処、何れも板元當表書物屋之趣相聞、書物屋共一了簡にて、及開板候事ニ候哉、又は、當御役所え伺書差出候上にて、及開板候事ニ候哉、全躰、新規開板並翻刻物等ニ及迄、去ル寅年御觸面も有之候通、何之書ニ不寄、學問所之改ヲ請、致開板候儀は、書物屋共ニおゐても不存候儀は有之間敷間、右二書、及開板候始末、相糺委細可得御意旨、御紙面之趣、致承知、則、取調候処、曝書亭文集之儀は、去ル天保二卯年中、先役曽根大隈守勤役中、開板之儀、其筋之者伺出承り届候書留相見候得共、其後、當御役所え出来立賣弘之届申出候儀無之候ニ付、被御申聞候右書奥ニ記有之名前之者共之内、呼出相糺候処、去ル寅年彫刻全部相揃候ニ付、同年十月翻刻之奥書いたし、賣弘候事之由申立、仍ては先前申渡置候趣ニ相振候次第も有之候間、猶相糺候積御座候。且、清名家古文所見集之儀は、去ル卯年八月、久須美佐渡守御役所え、開板之儀、其筋之者伺出承届候之上、及開板候儀有之。尤、被御申聞候、去ル寅年町奉行より差越候御地町觸之儀は、學問所改ヲ請、開板可致との儀無之、何之書ニ不寄、舘市右衛門かたへ差出、同人より奉行所え可伺出旨之御觸面ニ付、當表之儀も右ニ準し、其筋之者より奉行所え可伺出旨、觸渡置候儀ニ付、書物屋共ニおゐてハ、何之書ニ不寄、學問所改を請、開板可致との儀は不相成弁儀ニ有之。乍併、御地寅年町觸之節、諸家蔵板之儀も、右御觸面ニ準し、當人より學問所え草稿差出、任差図彫刻出来之上、一部宛學問所え可相納、萬一私ニ刻板いたし候輩も有之候ハヽ、急度可有御沙汰条、兼々向々え相觸可置との御達有之候之間、右に見合、前文、清古文所見集、開板書冊差進、賣弘差支之有無御問合可申処、無其義掛合違之儀と存候間、右之趣可得御意処、今般、清古文所見集賣弘之儀、御地書物屋より願出候間、御改有之候処、開板不苦物ニ付、此度は御改印被成候得共、一躰、開板之前、改受可申筈ニ付、向後心得違無之様ニ、書物屋共へ申渡、尤、翻刻物は原

本ニテ改受、差出不苦趣、大學頭殿御一名之御紙面、去月廿九日相達致承知候。則、前文之次第ニ付、可然御承知有之候様致し度、且、曝書亭文集之儀は最前願済ニは候得共、改て為御問合、全部四冊差進、右等之御報相来、此段可得御意、如此御座候。以上

就在府無印形

四月十一日

永井能登守

水野若狭守㊞

林大學頭様

林　式部様

追て假名書・遊戲・鄙野之品は、兼て御伺済御取極有之候間、右御伺書御附札とも写壱通、為心得御差越一覧承知いたし候。以来、取斗方心得ニも相成忝存候。右別紙は写之義ニ付留置申候。以上

町奉行え之再返書

御　切紙致拝見候。然は、先達て中より及御懸合候、曝書亭文集全部四冊、此度改て為御問合被差遣、則、相改候処、差支無之候ニ付、改印押切致返進候。且、右曝書

亭文集、並清名家古文所見集、開板之始末御取調之
上、委細被御申越、曝書亭文集之方ハ、猶御糺も可被
成種之由、且書物彫刻之節は、都て開板前改受可申
儀ニ付、向後心得違無之様、書物屋共え御申渡有之
度旨、及御懸合候趣、御承知被成候等御答之趣、具ニ
致承知候。以来書物屋共、開板改差出行違無之様、御
取斗候得共、當地改ニおゐても差支無之事ニ御座候。
右再御答可得御意、如此御座候。以上
四月　　　　　　　　　　　　　　　林　式部㊞
林大学頭㊞
永井能登守様
水野若狭守様
猶以、游戯・鄙野之書等、取扱伺書、並御附札写一通
御留置被成候段、致承知、猶御挨拶之御紙面入御
念候儀ニ存候。以上

本項目でのやりとりでは、冒頭日付の誤記が推定され、また配列が時系列ではないためにやりとりの内容が通らない。次の項目一四「『清名家古文所見集』の江戸における売弘(販売)」は本項目に密接に関連する内容であり、

両項目を合わせて時系列に並べ替えることで、やりとり全体の構造が判明する。項目番号一四の後に時系列に並べ替えた本文を掲げて、両項目をまとめることとする。

項目番号一四『清名家古文所見集』の江戸における売弘（販売）（天冊　二十六丁ウラ～二十八丁オモテ）

○／林大學頭殿／林式部殿／　　鍋島内匠頭

一清名家古文所見集　五冊

右は、大坂表書物屋善七開板之書にて、神明前家持書物屋嘉七儀、此度引受賣弘之儀願出候段、舘市右衛門申聞候。然ル処、京・大坂其外にて開板之書、御府内書物屋共賣弘之儀願出候ハヽ、右書名、並冊数・板元名前認メ、御達可申旨、先達て被御申聞候趣も有之候間、右書冊御廻し申候。賣弘申付不苦候ハヽ、手限にて可承届と存候。此段及御問合候。

巳二月

下ヶ札

御書面御問合書物賣弘不苦候壱部學問所え相納候様御申渡可被成候事

鍋嶋内匠頭殿　　／林大學頭／林　式部

一清名家古文所見集　　五冊

右は、此度大坂書物屋善七開板にて、神明丁書物屋嘉七、引受賣弘之儀願出候ニ付、書物御廻し被成御問合之趣、致承知候。御儒者共申談取調候処、右は賣買不苦書物ニは候得共、開板始末之儀ニ付、先達て大坂町奉行え及懸合候処、于今返書無之候間、賣弘之儀置様難及御答、依之書物留置、此段得御意候。以上

二月

右之通り申遣、書物留置候処、大坂町奉行え掛合済ニ付、先達て内匠頭より差越候書面え下ヶ札いたし、左之懸合書相添候て書物とも返却。

鍋嶋内匠頭殿　　御両名

一清名家古文所見集　　五冊

右は、大坂表書物屋開板物、御當地書物屋引受賣弘之儀願出候ニ付、先達て御問合之節、及御答置候大坂町奉行え掛合相済候ニ付、御掛合書え下ヶ札いたし、書物え改印、返却いたし候。左様御承知可被下

候。此段得御意候。以上

巳四月

巳四月十九日納本相済

項目一三・項目一四で問題となっている二書のうち、一方の『曝書亭文集』は、中国の明末から清初にかけての文人・朱彝尊の著作『曝書亭集』の和刻漢籍であり、天保十四（一八四三）年に三都版として刊行されている。もう一方の『清名家古文所見集』は、陳兆麒の著作であり、道光二（一八二二）年に刊行された『國朝古文所見集』の和刻漢籍である。（陳兆麒に関しては未詳。）

項目一三・項目一四を合わせて時系列に並べ替えると次のようになる。内容ごとに丸括弧付の数字を付す。

（1）

此節、御府内書物屋にて天保十四年翻刻之奥書有之候曝書亭文集、天保十五年正月　御免開板之奥書有之候清名家古文所見集賣捌候処、二書共學問所改相済不申品にて、右板元ハ何れも大坂表書物屋之趣相

林　大學頭

林　式部

○鍋嶋内匠頭殿

聞申候。然処、曝書亭文集之方ニは、御府内書物屋須原屋茂兵衛・山城屋佐兵衛・岡田屋嘉七等名前相記し有之、所見集之方ニも右茂兵衛名前相記し有之。其外京都・大坂等之書物屋名前も相見申候。御府内書物屋共ニおゐても、二書開板之始末不存儀は有之間敷候間、委細御聞糺之上、御申越有之候様致度存候。猶又、大坂町奉行衆えも申通候儀も可有之候間、此段及御懸合候。

巳《(辰カ)》九月

(2)

御書面之趣致承知、舘市右衛門え申渡為取調候処、別紙之通申立、以来之儀同人伺之通申渡置候ハヽ、可然と存候。御存寄被御申聞候様致度、別紙市右衛門差出候書付三通・書物二部相添、此段御挨拶旁及御相談候。

辰十月　　　　鍋島内匠頭

(3)

曝書亭文集外壱部之儀、取調申上候書付　舘市右衛門

此節、御府内にて天保十四年十月翻刻之奥書有之候曝書亭文集、天保十五年正月　御免開板之奥書有之候清名家古文所見集賣捌候処、二書共學問所改相済不申品にて、右板元ハ何れも大坂表書物屋之趣相聞候。然ル處、曝書亭文集之方は御府内書物屋須原屋茂兵衛・山城屋佐兵衛・岡田屋嘉七等名前相記し有之、其外京都・大坂等之書物屋名前も相見候。御府内書物屋共ニおゐても、二書開板之始末不存儀は有之間敷、委細御聞糺之上被仰聞度、猶又、大坂町奉行衆え申通候儀も可有之旨、林大学頭殿・林式部殿より御懸合ニ付、取調被仰渡候間左ニ申上候。

通壱丁目久兵衛店

書物屋茂兵衛

紀州住宅ニ付店預り／人

文吉

同弐丁目仙助店

書物屋
佐兵衛
神明町家持
同
嘉七

一天保十四年十月翻刻之奥書有之候
曝書亭文集　四冊
此品、奥書右三人名前有之趣ヲ以、開板御尋御座候得共、上方板ニ有之、未一切取扱不申候段申之。
但、右書物、此節品見及候処、大坂表出板ニ有之。尤是迄江戸・京・大坂三都書物屋共、相互ニ渡世之為見合ニ付、奥書え名前書入取遣り致し、右ニ付、前以懸合等致合候儀無之、依之、三人名前書入有之候得共、未右品取捌不申、且開板之儀は大坂表取斗ニ付、始末相弁不申候。幸此節大坂書物屋河内屋茂兵衛下代之者、外商賣用ニて罷下り、右品所持仕候ニ付、則壱部借寄、奉入御覧候旨申之候。
一天保十五正月　御免開板之奥書有之

清名家古文所見集　五冊

此書物之儀は大坂書物屋秋田屋太右衛門・河内屋喜兵衛より、當七月中、私共之内、茂兵衛・佐兵衛方え十部ツヽ、嘉七方え五部積下し、夫々賣捌、嘉七方ニ壱部相残り候得共、開板之儀ハ、是亦大坂表々(ママ)ニ付、始末相弁不申候。右、賣捌候儀は、私共心得方、前々京・大坂出板物之儀は、彼地其筋え伺済相成候品、奥書ニ御當地書物屋名前書入、差下し候仕来ニ付、両地出来候書物之儀は、寅年御觸後とても伺出不申候。乍去、去卯年書物類　御免抔と記候儀、可為無用被仰渡候処、右品奥書　御免刻成と有之、御當地茂兵衛名前も入候を其侭賣捌候段、不念至極奉恐入候。則、嘉七方え相残り候壱部奉入御覧候段、御憐愍ヲ以御聞済被成下候様、奉願候旨申之候。

右、取調候処、書面之通り、書物懸り名主麻布谷町太一郎差添申立之候。右次第ニ候得は、送り状等ニ彼地伺済等之儀申越候哉と相尋候処、送り状之儀は書物表題・直段書計ニ有之、都度々伺済と断越候儀は無之、前々より心得方ニ有之旨、尤、去ル寅年大坂表同商賣之者写越候、彼地書物御取締御觸之由、別紙写差出申候。二書之内、曝書亭文集之方ハ、三人名前有之候得共、此書入は御當地上方共相互ニ渡世筋致し合候仕来之類にて、右品三人方え引受不申段、偽り無之奉存候。

此度林家にて御見留御座候上は、曝書亭文集之儀は、三人之外、御當地書物屋共手ニ渡り取捌候儀ニも可有之哉、乍去、三人之余ハ目當無之ニ付、糺方仕兼候。

所見集之方は、上方出板仕来りニ泥ミ送越候品、茂兵衛外弐人共、取捌候得共、開板取計之儀は右二書共、全ク御當地之者始末相弁不申儀ニ相聞申候。尤、所見集奥書　御免と認入候儀、不心付其侭賣捌之趣、恐入御憐愍相願之、彼是勘弁仕候処、一体之儀彼等申立候旨を以、京・大坂書物、其地にて御改可有之哉にも仕、御當地ニおゐて、別派ニ申渡等之儀も無之、畢竟、三人之者心得方、並近年、彼地御觸書写同、渡世より写越候迄ニ有之、聢と可申上廉ニは不相成、且又、當時、御當地書籍取扱之儀は武家蔵板ニて、學問所御改済相成候品にても、書物屋共引受賣弘相願候節は、猶又、其書物屋より私方え申立、御奉行所御指圖奉伺候儀ニ有之、たとへ京・大坂之儀、其地御改有之候とも、御當地書物屋共引受候はゝ、一應私方え申立伺之上、賣弘仕可然儀ニ奉存候。是迄心取違、過去り候は、御宥免被成下、以後京・大坂開板物たりとも、新刻賣弘之儀、不洩様可伺出旨、此砌、書物懸り名主、並組々世話懸り名主え被仰付、其筋渡世之者觸達申渡候はゝ、取締可然哉。

但、當時仲間無御座候間、此度調無之書物屋共心得方は如何可有之哉ニ候得共、不同無之様右様一般ニ申上候。

右則、別紙申渡案、並両品合九冊、相添御渡被成候御懸合書返上仕、依之此段申上候。以上

辰十月　　　　　　　　　　舘　市右衛門

(4)

申渡案

書物掛
名主
組々世話掛
名主

去ル寅六月、新板書物之儀ニ付町觸以後、新規開板、亦は素人蔵板もの引受賣弘願共、舘市右衛門方申出候儀有之候処、京・大坂にて出板致候類ハ、不伺出哉ニ相聞、心得違ニ候。以来、京・大坂開板たりとも、御當地之者引受候新刻之儀、不洩様市右衛門方え可伺出候。勿論、京・大坂に不限、何れにて出来候共、御當地之者引受候ハヽ、前同様たるべく候。

右之趣、書物・繪双紙商賣人共、不洩様可申付もの也。

右之通、従御町奉行所被仰渡候間、早々其筋商賣人共え觸達可致候。

辰十月

(5)

再下ヶ札

御答之趣致承知候。御別紙舘市右衛門差出候書面之通り、被御申付置可然存候。京・大坂其外にて開板之書、御府内書物屋共賣弘候段、市右衛門より申出候ハヽ、右書名並冊数・板元名前御認メ御廻し有之候様存候。依之、御別紙三通・書物弐部返進、此段及御再答候。

辰十一月　／林大學頭／林式部／

(6)

大坂町奉行両名え初て掛合申遣

以　切紙致啓上候。然は、此節御府内書物屋にて、天保十四年翻刻之奥書有之候、曝書亭文集、並天保十五年正月　御免開板之奥書有之候、清名家古文所見集、賣捌候由、右二書ハ學問所改相済不申品にて、尤、江戸書物屋之名面も有之候間、當表町奉行え及

懸合申候処、何れも板元は其表書物屋之趣相聞申
候。書物屋共一了簡にて、及開板候事ニ候哉、又は、其
御役所え伺書差出候上にて、致開板候事ニ候哉、全
躰、開板並翻刻物等ニ及迄、去ル寅年御觸面も有之
候通、何之書ニ不寄、學問所之改ヲ受、開板いたし候儀
は、書物屋共ニおゐても不存候儀は有之間敷と被
存候。右二書、及開板候之始末、御聞糺之上、委細御申
越有之候様致度存候。此段、及御懸合候。以上

十二月　　　　　　　　林　式部　㊞

林　大学頭　㊞

水野若狭守様

猶以、仮名書・游戯・鄙野之品は兼て伺済元極り有
之候間、右伺書御附札共写別紙壱通、為御心得差
進申候。以上

(7)

○／林大學頭殿／林式部殿／　　　鍋島内匠頭

一清名家古文所見集　　五冊

右は、大坂表書物屋善七開板之書にて、神明前家持

書物屋嘉七儀、此度引受賣弘之儀願出候段、舘市右衛門申聞候。然ル処、京・大坂其外にて開板之書、御府内書物屋共賣弘之儀願出候ハヽ、右書名、並冊数・板元名前認メ、御達可申旨、先達て被御申聞候趣も有之候間、右書冊御廻し申候。賣弘申付不苦候ハヽ、手限にて可承届と存候。此段及御問合候。

巳二月

下ヶ札

御書面御問合書物賣弘不苦候壱部
學問所え相納候様御申渡可被成候事

（8）

以　切紙致啓上候。其御地書物屋、清古文所見集・曝書亭文集、學問所改受不申、致開板候ニ付、先達て御問合得其意候事ニ候。然処、右之内、清古文所見集賣弘之儀、爰元書物屋より差出候間、相改候処、開板不苦物ニ付、此度は致改印候得共、一躰開板前改受可申筈ニ付、向後心得違無之様、書物屋共え御申付被置度、尤、翻刻物は原本にて差出不苦候。此段、可得御意、如此御座候。以上

巳三月

水野若狭守様
永井能登守様

林　大學頭㊞

(9)

御切紙致拝見候。然は、旧冬中、御府内書物屋にて、天保十四年十月翻刻之奥書有之候、曝書亭文集、並天保十五年正月　御免開板之奥書有之候、清名家古文所見集、賣捌候由、右ニ書は、學問所御改相済不申品にて、尤、御地書物屋之名面も有之候間、町奉行えも被及御懸合候処、何れも板元當表書物屋之趣相聞、書物屋共一了簡にて、及開板候事ニ候哉、又は、當御役所え伺書差出候上にて、及開板候事ニ候哉、全躰、新規開板並翻刻物等ニ及迄、去ル寅年御觸面も有之候通、何之書ニ不寄、學問所之改ヲ請、致開板候儀は、書物屋共ニおゐても不存候儀は有之間敷間、右ニ書、及開板候始末、相糺委細可得御意旨、御紙面之趣、致承知、則、取調候処、曝書亭文集之儀は、去ル天保ニ卯年中、先役曽根大隈守勤役中、開板之儀、其筋之者伺出承り届候書留相見候得共、其後、當御役所ゑ出来立賣弘之届申出候儀無之候ニ付、被御申聞候右書奥ニ記有之名前之者共之内、呼出相糺候処、去ル寅年彫刻全部相揃候ニ付、同年十月翻刻之奥書いたし、賣弘候事之由申立、仍ては先前申渡置候趣ニ相振候次第も有之候間、猶相糺候積御座候。且、清名家古文所見集之儀は、去ル卯年八月、久須美佐渡守御役所ゑ、開板之儀、其筋之者伺出承届候之上、及開板候儀有之。尤、被御申聞候、去ル寅年町奉行より差越候御地町觸之儀は、學問所改ヲ請、開板可致との儀無之、何之書ニ不寄、舘市右衛門かたへ差出、同人より奉行所ゑ可伺出旨之御觸面ニ付、當表之儀も右ニ準し、其筋之者より奉行所ゑ可伺出旨、觸渡置候儀ニ付、書物屋共ニおゐてハ、何之書ニ不寄、學問所改を請、開板可致との儀は不相成弁儀ニ有之。乍併、御地寅年町觸之節、諸家蔵板之儀も、右御觸面ニ準し、當人より學問所ゑ草稿差出、任差図彫刻出来之上、一部宛學問所ゑ可相納、萬一私ニ刻板いたし候輩も有之候ハヽ、急度可有御沙汰条、兼々向々ゑ相觸可置との御達有之候之間、

右に見合、前文、清古文所見集、開板書冊差進、賣弘差文
之有無御問合可申処、無其義掛合違之儀と存候間、右
之趣可得御意処、今般、清古文所見集賣弘之儀、御地書
物屋より願出候間、御改有之候処、開板不苦物ニ付、此度
は御改印被成候得共、一躰、開板之前、改受可申筈ニ付、
向後心得違無之様ニ、書物屋共へ申渡、尤、翻刻物は原
本ニテ改受、差出不苦趣、大學頭殿御一名之御紙面、去
月廿九日相達致承知候。則、前文之次第ニ付、可然御承
知有之候様致し度、且、曝書亭文集之儀は最前願済ニ
は候得共、改て為御問合、全部四冊差進、右等之御報相
来、此段可得御意、如此御座候。以上

就在府無印形

四月十一日

永井能登守

水野若狭守㊞

林大學頭様

林　式部様

追て假名書・遊戯・鄙野之品は、兼て御伺済御取極
有之候間、右御伺書御附札とも写壱通、為心得御

差越一覧承知いたし候。以来、取斗方心得ニも相成忝存候。右別紙は写之義ニ付留置申候。以上

⑩

町奉行え之再返書

御　切紙致拝見候。然は、先達て中より及御懸合候、曝書亭文集全部四冊、此度改て為御問合被差遣、則、相改候処、差支無之候ニ付、改印押切致返進候。且、右曝書亭文集、並清名家古文所見集、開板之始末御取調之上、委細被御申越、曝書亭文集之方ハ、猶御糺も可被成種之由、且書物彫刻之節は、都て開板前改受可申儀ニ付、向後心得違無之様、書物屋共え御申渡有之度旨、及御懸合候趣、御承知被成候等御答之趣、具ニ致承知候。以来書物屋共、開板改差出行違無之様、御取斗候得共、當地改ニおゐても差支無之事ニ御座候。右再御答可得御意、如此御座候。以上

四月

林　式部㊞

林大学頭㊞

永井能登守様

水野若狭守様

猶以、游戯・鄙野之書等、取扱伺書、並御附札写一通御留置被成候段、致承知、猶御挨拶之御紙面入御念候儀ニ存候。以上

⑪

鍋嶋内匠頭殿　　／林大學頭／林　式部

一清名家古文所見集　五冊

右は、此度大坂書物屋善七開板にて、神明丁書物屋嘉七、引受賣弘之儀願出候ニ付、書物御廻し被成御問合之趣、致承知候。御儒者共申談取調候処、右は賣買不苦書物ニは候得共、開板始末之儀ニ付、先達て大坂町奉行え及懸合候処、于今返書無之候間、賣弘之儀置様難及御答、依之書物留置、此段得御意候。以上

二月

右之通り申遣、書物留置候処、大坂町奉行え掛合済ニ付、先達て内匠頭より差越候書面え下ヶ札いたし、左之懸合書相添候て書物とも返却。

鍋嶋内匠頭殿　　　御両名

一清名家古文所見集　五冊

右は、大坂表書物屋開板物、御當地書物屋引受賣弘之儀願出候ニ付、先達て御問合之節、及御答置候大坂町奉行え掛合相済候ニ付、御掛合書え下ヶ札いたし、書物え改印、返却いたし候。左様御承知可被下候。此段得御意候。以上

巳四月

巳四月十九日納本相済

時系列順のやりとりを概略すると以下の内容になる。

（1）学問所改を受けていない大坂開板『曝書亭文集』『清名家古文所見集』が江戸で販売されている件で、大学頭・林檉宇と林式部（復斎）から江戸北町奉行・鍋島内匠頭（直孝）[44]への掛合である。日付は「巳九月」となっているが、『市中取締類集　十八』「第五十五件」[45]では同じ掛合の日付が「天保十五辰年」となっており、また内容的にも冒頭にあたると判断した。

（2）北町奉行・鍋島内匠頭から学問所の林大学頭と林式部へ、（1）の問合せ内容に関して町名主・舘市右衛門に調査させた結果と、『曝書亭文集』『清名家古文所見集』二書を添えて相談したいという旨を、天保十五（一八四四）年十月に回答している。『市中取締類集　十八』「第五十七件」[46]と文面はほぼ一致している。

（3）天保十五（一八四四）年十月付の町年寄・舘市右衛門による上申書で、文面は『市中取締類集　十八』「第五十五件」[47]および『天保撰要類集』「下―十二」[48]とほぼ同内容だが『開版指針』には欠けている部分がある。町年寄の取り調べによると、「『曝書亭文集』奥書に江戸の板元として記載されている須原屋茂兵衛《すばらやもへえ》（町年寄の取調べを受けたのは店預り人の文吉）・山城屋佐兵衛《やましろやさへえ》・岡田屋嘉七《おかだやかしち》は『曝書亭文集』を取り扱っておらず、名前を奥付に記載する件に関しては江戸・京・大坂の三都書物問屋の仕来（書物屋の慣例）によるものであり、その件で書物屋間の掛合はされていないため、開板に関する詳細は不明である。『清名家古文所見集』は大坂の書物屋である秋田屋太右衛門と河内屋喜兵衛から江戸の須原屋以下三書肆に送られてきたものであり、開板に関する詳細は不明である。京・大坂開板の書物に関しては、これも仕来によって伺を出さなかった。（学問所改が済んでいないにもかかわらず）奥書に「御免刻」と記し、かつ自分たちの名前が入っている書物をそのままにしておいたことは気が付かなかった。また京・大坂からの送り状には書物の表題と値段のことしか記載がなく、伺のことは記されてはいない」ということである。町年寄によれば、「本件は中立に偽りはなく、『曝書亭文集』『清名家古文所見集』の開板に関する手続きに関して須原屋など江戸の書物屋は関与していないし、これら三店の書物屋以外に江戸で両書を取り扱った書物屋があるかもしれないが、どこの書物屋かは調べかねる。もっとも、京・大坂開板の書物であっても売弘伺（販売許可）は必要であるので、関係者へ達を申し渡して取り締まるべきである」という意見が提出されている。

（4）天保十五（一八四四）年十月に作成された江戸町奉行所より書物掛名主及び組々世話掛名主宛の申渡案で、（3）の町年寄の上申書を受けて作成されたと考えられる。本文は『市中取締類集　十八』「第五十五件」[49]および『天保撰要類集』「下―十二」[50]とほぼ一致する。京・大坂開板の書物も江戸で引き受ける場合はもれなく舘市右衛門へ伺を出すように、という内容である。『市中取締類集　十八』「第五七件」[51]および『天保撰要類集』「下―十二」[52]によれば、この案文と同年十二月（十二月二日に弘化元年に改元）に、ほぼ同文で江戸町奉行より申し渡されている。

（5）大学頭と林式部より江戸北町奉行・鍋島内匠頭へ、京・大坂その他の江戸以外の地域で開板された書物の売弘伺は、書名・冊数・版元の名前を認めて回して欲しいという依頼である。日付は本項では天保十五（一八四四）年十一月付となっているが、『市中取締類集　十八』「第五七件」[53]では「辰十二月」となっている。

（6）学問所の大学頭と林式部より大坂町奉行・水野若狭守（道一）[54]へ『曝書亭文集』『清名家古文所見集』二書の開板において、書物屋の一了簡（独断）か、大坂町奉行所へ伺があっての開板か、という問合せである。「十二月」という日付は前後から天保十五（一八四四）年と推定される。

（7）北町奉行・鍋島内匠頭より学問所の大学頭と林式部へ、『清名家古文所見集』の売弘伺を岡田屋嘉七が出した件で、弘化二年二月に販売の可否に関する問合せに対し、学問所より北町奉行へ売弘を許可する旨と『清名家古文所見集』を一部納本するように回答している。

（8）学問所の林大学頭より大坂町奉行の水野若狭守および永井能登守（尚徳）[55]への依頼。『清名家古文所見集』の売弘伺が江戸の書物屋から提出されたため内容を改めたところ、開板して差支えがないことになった。今回は改印を捺し許可したが、開板以前に改を受けるべきであるので、以後心得違いがないよう書物屋に申し付けるよう、弘化二年三月に依頼している。

（9）（6）の問合せに対して、大坂町奉行の永井能登守と水野若狭守から、学問所の林大学頭と林式部へ弘化二年四月十一日付で回答している。『曝書亭文集』は天保二年に前任者へ開板伺が出ていたが、その後売弘伺は出ていないので取り調べたところ、寅年（天保十三年）に完成し販売したということで、更に調べるつもりである。

『清名家古文所見集』は卯年（天保十四年）に前任者に開板を伺い出ているが、どのような書物であっても学問所の改を受けることは、江戸町奉行から寅年（天保十三年）に送られてきた町触[56]には記されていないため、書物屋は改を受けるという手続きを知らなかった。開板した書物を納本の上、売弘願を出すべきところは掛合違いであった、という内容である。

（10）学問所の林大学頭と林式部より大坂町奉行の永井能登守と水野若狭守へ、（9）に対する返書で、『曝書亭文集』も内容に問題がないので改を押切する旨と、以後心得違いがないように取り計らうように依頼する内容である。日付は内容から弘化二年四月と推定される。

（11）学問所の林大学頭と林式部より北町奉行・鍋島内匠頭へ、岡田屋嘉七より売弘伺の出ていた『清名家古文所見集』は大坂町奉行との掛合が終了したために改として返却する旨を二月に伝達し、同書の納本が弘化二年四月十九日に済んだことが記されている。

以上の内容から、天保の改革によって実施されることになっていた学問所改は、江戸市中では順守されていたものの、江戸以外の地域では改を受けるという認識がなく、全国的な実効力がなかったことになる。江戸時代に大坂町奉行から発布された御触および口達から出版に関連する事項を抜粋すると次のようになる。[57]

①享保八年　觸　一一八四　三月二十四日　新板書物掟之儀五ヶ條之事　略
②享保八年　觸　一二〇一　十二月廿三日　新作之書物之事
③享保十五年　觸　一三八四　二月十五日　新板普救類方書物賣弘之事　略
④享保十五年　觸　一四〇一　七月五日　新板普救類方書物賣弘之事　略
⑤宝暦十一年　達　六〇一　十一月五日　娘或醫師評判付板行仕間敷事　闕

⑥明和五年　達　六七四　二月二十三日　繪草帋二王門日差留候事　闕
⑦文政二年　觸　四五〇七　十一月廿八日　新作之書物猥ニ致板行候儀、又は有来り候板行物ニテも、其筋へ無斷、再板・彫刻・賣買等致間敷候事
⑧天保十三年　觸　五四七二　四月十六日　追而可及沙汰仲間・組合之外者、株札幷問屋・仲間・組合と相唱候儀差止、素人直売買勝手次第之事
⑨天保十三年　觸　五四八四　五月廿六日　十人材木屋幷本屋仲間差止、以来新規本屋相始候者、且又新作之書物板行之節ハ、奉行所へ可届出事
⑩天保十三年　觸　五四九二　六月廿三日　惣而書物致板行候節、本屋共より本屋掛惣年寄へ可申出事
⑪天保十三年　達　二〇四二　七月七日　新作之書物開板、幷蔵板之書物賣弘等之事
⑫天保十三年　觸　五五二七　十一月十日　新板書物ハ活字板之儀も、以来於學問所相改候事
⑬天保十三年　達　二〇七〇　十一月十日　此度賣買差止候板行物之類、幷前々絶板申付候書物類之板木、所持致し候者早々差出可申事
⑭天保十五（弘化元）年　補達　六九七　八月廿二日　御高札之分段を寫、出板賣弘之儀願人有之、御聞届相成候事
⑮嘉永二年　達　二二三三　五月廿六日　重板類板差別之事
⑯安政四年　觸　六一二六　八月廿五日　惣テ新板之書物猥ニ板行致間敷、有来候板行物ニテも、其筋へ無斷再板・彫刻・賣買等致間敷候事
⑰安政四年　觸　六一三八　十二月十四日　新作書物之事

天保の改革により、本屋仲間差止となった⑻大坂では、「前同様奉行所え下書差出、改請可申候[58]」という出版手続を天保十三年五月二十六日に決定しており⑼[59]、その後六月二十三日に江戸の町触を前文として、以下のように出版手続が改訂⑽された。

觸五四九二　六月廿三日　惣而書物致板行候節、本屋共ゟ本屋掛惣年寄へ可申出事

○前文本年六月三日の江戸令に同じ、右之通於江戸表御觸出有之候、大坂表之儀ハ、最前本屋仲間行事等差止候節、以來新規ニ右商賣相始候もの有之、又ハ新作之書物等致板行候度毎、月番之奉行所へ申出、下書差出、可改請旨等之儀、町觸差出置候得共、此後不及其儀、總而書物致板行候節、本屋共ゟ本屋掛り惣年寄共方え可申出候、右之者共より奉行所え相達、差圖之上可及沙汰候、其余之義も諸事右御觸面之通相心得、彌紛敷儀無之様可致候、

右之趣三郷町中可觸知もの也

寅六月　　石見
　　　　　遠江[60]

ここで問題となっている、江戸での触書[61]は次の通りである。

「第五件」「一五　觸書」

（朱書）「寅六月三日、越前守殿御直渡、左衞門尉取扱ニ付、同所へ廻ス」

町奉行

自今新板書物之儀、儒書・仏書・神書・醫書・歌書、都而書もの類其筋一ト通之事ハ格別、異教・妄説等を取交え作り出し、時之風俗・人之批判等を認候類、好色畫本等堅可爲無用事、

一人々家筋先祖之事抔を、彼是相違之儀共新作之書物ニ書顯し、世上致流布致し候儀、彌可爲停止事、
一何書物ニよらす、新板之もの作者幷板元之實名、奥書ニ爲致可申事、
一唯今迄、諸書物ニ　權現樣御名出候儀相除候得共、向後急度いたしたる諸書物之内、押立候儀は　御名書入不苦候、　御身之上之儀、且御物語等之類は相除、御代々樣御名諸書物ニ出候儀も、右之格ニ相心得可申旨、享保度相觸置候處、都而明白ニ押出し、世上ニ申傳へ、人々存居候儀は、假令　御身之上・御物語たりとも、向後相除候ニハ不及候、
但、輕キかな本等之類は、唯今迄之通可相心得候、
右之外、暦書・天文書・阿蘭陀書籍飜譯物は勿論、何之著述ニ不限、總而書物板行致し候節、本屋共より町年寄舘市右衞門方え可申出候、同人ゟ奉行所え相達、差圖之上及沙汰候筈ニ付、紛敷儀決而無之樣可致候、且又、彫刻出来之上ハ、一部宛奉行所え可差出候、若内證ニテ板行いたすニおゐてハ、何書物ニ不限板木燒捨、かゝり合之もの共一同吟味之上、嚴重之咎可申付候、
右之通、町中不洩可觸知もの也、
六月
(朱書)「右之通、武家方えも出候御書付、此方御役所ニ無之、町年寄方ニも無之由、嘉永三戌年二月中、改不請板本賣買吟味ニ付、牧野河内守家来より差出候御書付寫之末計寫入置」
右之通町觸申付候間、諸家藏板之儀も右ニ准し、其以前當人より學問所え草稿差出任差圖、彫刻出来之上一部つゝ學問所え可相納候、萬一私ニ刻板致し候輩も有之候ハヽ、急度可有　御沙汰條、兼而向々えも相觸可被置候、

六月
この觸書は、後半の朱書部分以降が嘉永三年以降に補足として書き足されている。また、町觸として流布していた、大坂における「本年六月三日の江戸令」は『市中取締類集』「第一七件」にも「四八　町觸」[62]として引用されているが、同様に後半の朱書部分以降の記載はない。つまり、学問所改は周知されていない状態であったと考えられる。天保十三年十一月十日には「新板書物ハ活字板之儀も、以来於學問所相改候事」（⑫）[63]という触があったが、大坂では「六月三日の江戸令」が効力を持っていたことになる。

項目番号一三・一四におけるやりとりからは、近世における出版法が江戸・大坂の各地域に共通して一様に適用されてはいなかったという事実が浮き彫りになる。また、『曝書亭文集』は天保二年に開板伺が出ていた書物であり、学問所改以前に許可を得ていながら、実際に書物が完成して販売されるまでに時間がかかり、その間に改の形式が変更されたという特殊事情により問題を生じていた。『曝書亭文集』『清名家古文所見集』両書に関する問題は、江戸で発せられた觸の解釈に地域差があったこと、改以前に許可を受けた書物の販売に関する対応をどのように処理するか、という点を浮き彫りにしている。

項目番号一五　『日本外史』『日本政記』の出板（天冊　二十八丁ウラ～三十丁オモテ）

○以　切紙致啓上候、然は、去ル卯年三月中日本外史・政
記等活字板賣買差支有無御掛合、御書面御端書中
出板もの之儀ニ付、追て品々寄掛者え御掛合之上
御聞届御取斗被成候ても、此方差支無之哉否、是答

ニ否申進候様被仰越候。其節致承知候趣、及御答候得共、一躰開板之儀は何品ニ抱らす一々學問所え御差越、拙者共幷御儒者中差支有無改之上にて御取斗無之候ては、改方差支有之候間、此段為御心得申進候。尤仮名・怪談・游話之類、開板取極兼て伺済之條も有之候間、則別紙壱通差進し候。右御含、怪談・游話之外は一々學問所え御廻し被成候様存候。右可得御意如此御座候。以上

十二月

林　式部㊞

林大学頭㊞

田村伊豫守殿

松平兵庫頭殿

御切紙致拝見候。然は、去ル卯三月中日本外史・政記等活字板賣買幷出板物之儀ニ付、追て品ニ寄及御掛合候上聞届候積、御差支有無及御問答、委細被仰越候処、一躰開板之儀は不抱何品一々學問所え差進、各様幷御儒者中差支有無御改之上にて取斗不申候ては、御改方御差支有之候間、尤、仮名書・怪談・游

話之類、開板元極兼て御伺済之条も有之候由、則別紙書付壱通被遣之。怪談・游話之外は一々學問所え御廻し可申旨、依之、被御申越候御紙面之趣致承知、以来當表之儀も、右之趣ヲ以取調候様可致候。被遣候別紙書付ハ御写之義ニ付留置申候。右御報可得御意如此御座候。以上

正月十七日　　伊奈遠江守㊞

田村伊豫守㊞

林大學頭様

林　式部様

活字板『日本外史』『日本政記』の出板・売買に関して、京都町奉行から原本と共に問合せがあり、「仮名怪談游話之類」以外の改はすべて学問所で行なうという、学問所の林大学頭・林檉宇および林式部（復斎）と京町奉行間における確認である。本項目で、十二月の学問所からの掛合において京都町奉行は「田村伊豫守」および「松平兵庫頭」となっており、田村伊豫守（顕彰）は『柳営補任《りゅうえいぶにん》』[64]によると天保十三年九月より弘化三年九月まで京都町奉行職に、また松平兵庫頭（松平信敏）は同じく『柳営補任』[65]によると、天保十二年十月より天保十四年五月まで京都町奉行職についている。本項目の「去ル卯三月中」を天保十四年とすれば、本項目は天保十五年のやりとりであり、「松平兵庫頭」という宛先は誤りである。学問所への返答にある伊奈遠江守（斯綏）の京都町奉

行在職期間（天保十四年六月より嘉永元年十二月まで）[66]と、本項目に連続していると考えられる次項目を参考として、本項目は天保十五（十二月に弘化元年に改元）年から弘化二年にかけての掛合と推測される。

『日本外史』は頼山陽が著した、源平二氏から徳川氏に至る武家の漢文体歴史書である。『日本外史』の出版に関して多治比郁夫[67]は、

頼山陽（一七八〇—一八三二）は大阪に生れ、広島に育ち、京都で活躍した。『日本外史』はその広島時代にほぼ完成したが、その後も筆を加えて、ついに生前刊行されていない。最初の刊本は天保六年（一八三五）頃、江戸の中西忠蔵が印行した木活字本（拙修斎叢書）で、次いで弘化元年（一八四四）川越藩が学問所博喩堂蔵版として出版、今回校正本を収蔵した嘉永元年（一八四八）刊頼氏正本は刊本として三番目である。その後、『日本外史』は時代の要求に迎えられて爆発的に盛行し、今日まで百種を越える異版が出ているという。

としている。『日本政記』も同じく頼山陽が著した漢文体歴史書で、神武天皇から後陽成天皇までの編年体である。

項目番号一六　『唐詩正声箋注』の開板と売弘（販売）（天冊　三十丁オモテ～三十五丁ウラ）

以　切紙致啓上候。先達て開板書物之儀ニ付、御掛合

中条御承知之趣、然処、其御地書物屋唐詩正声箋注

致開板、爰元書物屋より賣弘之改差出申候。右は遠

路之事故、先達て御掛合前ニ爰元え差越候事と被

存候。依之、一應相改候処、開板不苦書物ニ付、此度は

改印致候得共、一躰開板前改請可申筈ニ付、猶亦心

得違無之様、書物屋共へ御申付被置度存候。此段得
其意度、如此御座候。以上

巳三月　　　　　　　　　　林　大學頭㊞

田村伊豫守様
伊奈遠江守様

御　切紙致拝見候。然は、先達て開板書物之儀ニ付、御
掛合御座候處、當表書物屋唐詩正声箋注致開板、此
節御地書物屋賈弘之義改て願出候由、右は遠方之
事故、先達て御懸合、前々差越候事哉と被成御心得、
一應御改御座候処、開板不苦ものニ付、此度は御改
印御調被遣候へども、一体開板之前御改受可申筈
ニ付、猶又心得違無之様、書物屋共え被御申付置候
旨、依之、被仰聞候御紙面之趣致承知候。然処、右唐詩
正声箋注開板之儀、是迄拙者共御役所え願出候儀
無之候ニ付、書物屋共相糺候処、右書物開板之儀は
勢州山田神職・東一學と申もの、彼地奉行所え相願、
去々卯年夏比聞済相成候由にて、當地書物屋え賣
弘之儀、右一學より頼越候ニ付、當地にても去秋比

より賣出罷在候儀之旨申立候。右之通にて、拙者共御役所ニテ開板承届候儀ニ無之候間、左様御承知可被下候。右御報可得御意、如此御座候。以上

三月廿九日

伊奈遠江守㊞

田村伊豫守㊞

林　大學頭様

○以　切紙致啓上候。然は、其表神職・東一學と申もの唐詩正声箋注と申候書物致開板候。右賣弘之儀ニ付京都町奉行問合候処、別紙之通申越、去々卯年夏比聞済相成候趣、右聞済と申候てハ其御役所之儀と被存候。尤其比御先役取扱ニも可有之哉、一体開板物之儀、諸国共爰元學問所改無之内、開板不相成事ニ候。此度ハ品柄賣弘不苦ものニ付、開板後改印相調候へ共、以後は右様之手違無之様ニ被存候。御承知之上向後之處、篤と被仰付置候様可然被存候。右可得其意、如此御座候。以上

林　式部㊞

太田志摩守様

林大學頭㊞

猶以、京都町奉行来簡写壱通、御落手可被下候。以上

御　切紙致拝見候。然は、當表神職・東一學と申もの唐詩正声箋注と申書物致開板、右賣弘之儀ニ付、京都町奉行え御問合被成候処、別紙之通り申越、去々卯年夏頃聞済相成候趣、右聞済と申は、當御役所之儀と御心得、尤其頃先役取扱ニも可有之哉、全体開板もの丶儀、諸国共其表學問所改無之内開板不相成候趣、尤此度ハ品物賣弘不苦ものニ付、開板後御改印御調候得共、以後ハ右様之手違無之様、向後之処篤と申付置候様可致旨、御紙面之趣致承知候。依之、此後書物開板之儀、願出候もの有之候ハヽ、其説御掛合可及候。右御報可得御意、如此御座候。以上

六月十四日　　太田志摩守㊞

林　大学頭様

林　式部様

猶以、京都町奉行よりの返書は御写ニ付、留置申候。以上

○　跡部能登守殿　　　／林大學頭／林式部／

別紙御掛合書え下ヶ札を以及御答申候。右ニ付、御掛合置候儀は、著述人・蔵板人幷書物屋共開板伺之書物草稿之侭改メ請可申処、開板後摺本にて伺候輩も有之候。尤差障無之書物と相心得候より、右様之儀ニ成行候哉ニ候得共、改済無之内大抵を推し斗候儀不可然と存候。此度被差越候唐詩正声箋注・尾州名所図繪二書は、賣弘之伺ニ候処、二書共開板之改未相済不申候。尤開板不苦物ニ付、此度は改印致し候得共、向後は開板改済御紀之上、御廻し有之候様存候。尤翻刻物ハ原本にて差出不苦候。右御心得被置度、此段及御掛合候。以上

三月十二日

猶以、舘市右衛門より差出候伺書弐通、致返進候。以上

下ヶ札

御書面御掛合之趣致承知候。右は去ル寅年十二

月中、書物類賣弘伺方之儀ニ付及御懸合候節、此
度諸家蔵板其外共學問所ニおゐて相改候儀ニ付、
惣て蔵板秘置候儀不相成候間、是迄刻板之品も其
侭為差出候間、書肆賣弘伺も同様其侭為差出、
聊御差支無之、尤新規著述之品刻板は其前
草稿にて可差出儀勿論之趣御挨拶有之、幷
去辰九月中、曝書亭文集外一書御府内書物
屋共方にて賣捌候儀ニ付、同役鍋島内匠頭え御
掛合有之、其節京・大坂其外にて開板之書、御
府内書物屋共賣弘候段、舘市右衛門より申出候はゝ、
右書名幷冊数板元名前相認、御廻し可申趣
之御挨拶ニ付、右等之御懸合済ニ見合候得は、本文
唐詩正声箋注・尾州名所図繪共、他国ニ於て
刻成致し、御當地書肆共は賣弘之儀而已伺出、
於御當地新規著述之品とも違候儀ニ付、書名・冊数・
板元名前而已及御達候ても可然哉ニ候得共、左候
ては書物の趣意相分り兼可申哉ニ付、書冊御廻
し申候儀にて、他国刻成之品開板改之有無、御當

地書肆共相糺し候ても、手を越難相分は勿論
之儀ニ被存、且前書御懸合済之節ニ、其段名主
共へも申渡置候儀ニ付、猶又、今般御掛合之趣ニ相
成候ハヽ彼是混雑いたし、書肆共伺方等迄疑惑
可致哉、右ニ付、此上共他国刻成之書物賣弘伺出
候分、開板改之有無、於拙者共方取調候ては差跨
手重ニ付、去辰九月中之御挨拶ニ見合、別段相糺
不申可及御達候間、賣弘善悪之儀而已御挨拶有
之開板之廉は、各方より其國々奉行所等え御懸合
之上、御承知有之候様致度、此段能登守御役替ニ
付、従拙者及御挨拶候。

巳五月　　　　　　遠山左衛門尉

孫札

御下ヶ札之趣致承知、以後右之通心得居可申候。

巳六月　　　　林　大學頭

本項目は京・伊勢山田・江戸の町奉行所と学問所とのやりとりである。本項目も時系列となっていないために文意が通りにくい。さらに、問題となっている書物が実際には『唐詩正声箋注』のみではなく、この点は『開版

指針』本文を通読するだけでは明らかにならない。『市中取締類集』により詳細な情報を補い、全体を時系列に並べ替えてみる。（以下、（1）～（6）は時系列に並べ替えた順番）

『唐詩正声箋注』時系列

（1）『市中取締類集　十八』「第五七件」[68]

一四〇

南町奉行掛合書

林大學頭等宛

（宛先省略）

一唐詩正聲箋注　　拾册　「壹」

一尾張名所圖會　　七册　「貳」

一眞宗寶典　　三册　「三」

一算法求積通考　　五册　「四」

一四聲正韻字林大全　壹册　「五」

右之書物、此度芝神明町書物屋嘉七外貳人之者引受賣弘、彫刻出來之上賣弘之儀願出候、願之通申付候テも御差支之筋有之間敷哉、尤

學問所改濟之品も有之候得共、猶又草稿・板本幷町年寄共差出候書面貳册相添、此段及御懸合候、

巳二月

「壹」開板・賣弘共不苦候、尤學問所え納本可差出候事、
「貳」開板・賣弘共不苦候、尤學問所え納本可差出候事、
「三」佛書類其宗本山之改可受之、學問所ニテ改印難致候、就テは賣弘之儀も、其向之差圖次第ニテ可然候事、
「四」開板・賣弘共不苦候、尤學問所え納本可差出候事、
「五」右同断、

（2）『市中取締類集　十八』「第五七件」[69]

一三九
町年寄伺書
京都幷尾州
書物賣弘願之儀奉伺候書付
書面之内、唐詩正聲箋注・尾州名所圖會貳品、願之通賣弘申渡、眞宗寶典之儀は、寺社方え御掛合之積別册を以可申上旨、被仰渡奉畏候、
巳三月十三日　館市右衛門
一唐詩正聲箋注　拾册　芝神明町家持
伊勢山田御師　書物屋
東一學著　願人　嘉七

右書物、京都書物屋勝村治右衛門開板之品、此度願人方え引受賣弘申度旨、則右板本差出御指圖奉伺候、
但、奥書ニ御免と有之候、御當地賣弘被仰付け候ハヽ、右御免文字爲相除候様可仕奉存候、

右
願人　嘉七

一尾張名所圖會　前編　七冊
岡田文園著
野口梅居
右書物、尾州表書物屋菱屋久兵衛外壹人方ニテ板行出來候處、右摺本此度願人方え引受賣弘申度旨、則右板本差出御指圖奉伺候、

右
願人　嘉七

一眞宗寶典　帙入　三册
親鸞聖人教行
右は、京都佛光寺御門跡藏板之處、彼地書物屋中嶋利左衛門・勝村治右衛門兩人引受、御當地賣弘申度旨、願人方え積送候ニ付、則
右板本差出御指圖奉伺候、
但、去辰年、大坂表出板物之儀ニ付、林大學頭殿・林式部殿より北御役所え御掛合有之、其砌取調申上候上、京・大坂其外開板之
書御府内書物屋共賣弘候段、私方え申出候ハヽ、右書名幷册數・板元名前御認御廻し有之候様、同十二
月中林家御答之趣、北御役

所ニテ被仰渡候様、
右御答は書名幷册數・板元名前御認御廻しと有之候得共、書面之品々學問所御見極可受方と存奉候間、右書册御添學問所え御掛合之
上、御下知可被成下候哉、則差出候板本貳拾册奉入御覧、御下知奉伺候、
右之内、眞宗寶典三冊之儀は佛書ニ付、學問所幷寺社御奉行えも、御掛合被成下候様仕度奉存候、以上
巳二月　　館市右衛門

(3)『市中取締類集　十八』「第五七件　一四一　林大學頭等掛合書　南町奉行宛[70]」と同じ

○　跡部能登守殿　　／林大學頭／林式部／
別紙御掛合書え下ヶ札を以及御答申候。右ニ付、御掛合置候儀は、著述人・蔵板人幷書物屋共開板伺之書物草稿之侭改メ請可申処、開板後摺本にて伺候輩も有之候。尤差障無之書物と相心得候より、右様之儀ニ成行候哉ニ候得共、改済無之内大抵を推し斗候儀不可然と存候。此度被差越候唐詩正声箋注・尾州名所図繪二書は、賣弘之伺ニ候処、二書共開板之改未相済不申候。尤開板不苦物ニ付、此度は改印致し候得共、向後は開板改済御紀之上、御廻し有之候

様存候。尤翻刻物ハ原本にて差出不苦候。右御心得被置度、此段及御掛合候。以上

三月十二日

猶以、舘市右衛門より差出候伺書弐通、致返進候。以上

（4）【京都とのやりとり】

以　切紙致啓上候。先達て開板書物之儀ニ付、御掛合申条御承知之趣、然処、其御地書物屋唐詩正声箋注致開板、爰元書物屋より賣弘之改差出申候。右は遠路之事故、先達て御掛合前ニ爰元え差越候事と被存候。依之、一應相改候処、開板不苦書物ニ付、此度は改印致候得共、一躰開板前改請可申筈ニ付、猶亦心得違無之様、書物屋共へ御申付被置度存候。此段得其意度、如此御座候。以上

巳三月　　林　大學頭㊞

田村伊豫守様

伊奈遠江守様

御　切紙致拝見候。然は、先達て開板書物之儀ニ付、御

掛合御座候處、當表書物屋唐詩正声箋注致開板、此節御地書物屋賈弘之義改て願出候由、右は遠方之事故、先達て御懸合、前々差越候事哉と被成御心得、一應御改御座候処、開板不苦ものニ付、此度は御改印御調被遣候へども、一体開板之前御改受可申筈ニ付、猶又心得違無之様、書物屋共え被御申付置候旨、依之、被仰聞候御紙面之趣致承知候。然処、右唐詩正声箋注開板之儀、是迄拙者共御役所え願出候儀無之候ニ付、書物屋共相糺候処、右書物開板之儀は勢州山田神職・東一學と申もの、彼地奉行所え相願、去々卯年夏比聞済相成候由にて、當地書物屋え賣弘之儀、右一學より頼越候ニ付、當地にても去秋比より賣出罷在候儀之旨申立候。右之通にて、拙者共御役所ニテ開板承届候儀ニ無之候間、左様御承知可被下候。右御報可得御意、如此御座候。以上

三月廿九日

伊奈遠江守㊞

田村伊豫守㊞

林　大學頭様

(5)『市中取締類集　十八』「第五七件　一四三　南町奉行挨拶書　林大學頭等宛」[71] 孫札以外と同じ

下ヶ札

御書面御掛合之趣致承知候。右は去ル寅年十二月中、書物類賣弘伺方之儀ニ付及御懸合候節、此度諸家蔵板其外共學問所ニおゐて相改候儀ニ付、惣て蔵板秘置候儀不相成候間、是迄刻板之品も其侭為差出候間、書肆賣弘伺も同様其侭為差出、聊御差支無之、尤新規著述之品刻板は其前草稿にて可差出儀勿論之趣御挨拶有之、幷去辰九月中、曝書亭文集外一書御府内書物屋共方にて賣捌候儀ニ付、同役鍋島内匠頭え御掛合有之、其節京・大坂其外にて開板之書、御府内書物屋共賣弘候段、舘市右衛門より申出候はゝ、右書名幷冊数板元名前相認、御廻し可申趣之御挨拶ニ付、右等之御懸合済ニ見合候得は、本文唐詩正声箋注・尾州名所図繪共、他国ニ於て刻成致し、御當地書肆共は賣弘之儀而已伺出、

於御當地新規著述之品とも違候儀ニ付、書名・冊数・
板元名前而已及御達候ても可然哉ニ候得共、左候
ては書物の趣意相分り兼可申哉ニ付、書冊御廻
し申候儀にて、他国刻成之品開板改之有無、御當
地書肆共相糺し候ても、手を越難相分は勿論
之儀ニ被存、且前書御懸合済之節ニ、其段名主
共へも申渡置候儀ニ付、猶又、今般御掛合之趣ニ相
成候ハヽ彼是混雑いたし、書肆共伺方等迄疑惑
可致哉、右ニ付、此上共他国刻成之書物賣弘伺出
候分、開板改之有無、於拙者共方取調候ては差跨
手重ニ付、去辰九月中之御挨拶ニ見合、別段相糺
不申可及御達候間、賣弘善悪之儀而已御挨拶有
之開板之廉は、各方より其國々奉行所等え御懸合
之上、御承知有之候様致度、此段能登守御役替ニ
付、従拙者及御挨拶候。

巳五月　　　　　　　遠山左衛門尉

孫札

御下ヶ札之趣致承知、以後右之通心得居可申候。

巳六月　　　林　大學頭

（6）【伊勢山田奉行とのやりとり】

○以　切紙致啓上候。然は、其表神職・東一學と申もの唐詩正声箋注と申候書物致開板候。右賣弘之儀ニ付京都町奉行問合候処、別紙之通申越、去々卯年夏比聞済相成候趣、右聞済と申候てハ其御役所之儀と被存候。尤其比御先役取扱ニも可有之哉、一体開板物之儀、諸国共爰元學問所改無之内、開板不相成事ニ候。此度ハ品柄賣弘不苦ものニ付、開板後改印相調候へ共、以後は右様之手違無之様ニ被存候。御承知之上向後之處、篤と被仰付置候様可然被存候。右可得其意、如此御座候。以上

林　式部㊞
林大學頭㊞

太田志摩守様

猶以、京都町奉行来簡写壱通、御落手可被下候。以上

御　切紙致拝見候。然は、當表神職・東一學と申もの

唐詩正声箋注と申書物致開板、右賣弘之儀ニ付、京都
町奉行え御問合被成候処、別紙之通り申越、去々卯
年夏頃聞済相成候趣、右聞済と申は、當御役所之儀
と御心得、尤其頃先役取扱ニも可有之哉、全体開板
もの〻儀、諸国共其表學問所改無之内開板不相成
候趣、尤此度ハ品物賣弘不苦ものニ付、開板後御改
印御調候得共、以後ハ右様之手違無之様、向後之処
篤と申付置候様可致旨、御紙面之趣致承知候。依之、
此後書物開板之儀、願出候もの有之候ハヽ、其説御
掛合可及候。右御報可得御意、如此御座候。以上

六月十四日　　　　太田志摩守㊞

林　大学頭様

林　式部様

猶以、京都町奉行よりの返書は御写ニ付、留置申候。以上

本項目では、江戸以外の地域で開板された書物において、江戸での売弘願が書物屋から提出されたものの、書物に学問所改の記載がなかったことが発端となっている。

（1）弘化二年二月に江戸南町奉行・跡部《あとべ》能登守（良弼《よしすけ》）[72]より『唐詩正声箋注』『尾張名所図会』『真宗宝典』他

二書に関して、学問所の林大学頭（檉宇）と林式部（復斎）へ売弘の掛合があり、学問所より『真宗宝典』以外の書物の開板・売弘に対する許可と納本を求める旨の回答があった。

（2）『唐詩正声箋注』『尾張名所図会』『真宗宝典』に関して、弘化二（一八四五）年二月に町年寄・舘市右衛門から学問所の「見極」を受けるべきではないか、という伺が出された。

（3）学問所の林大学頭と林式部より、江戸南町奉行の跡部能登守（良弼）へ、弘化二年三月十二日付の掛合。学問所改は草稿で受けるべきところを、板を作成後の摺本で改を伺う者がいる。『唐詩正声箋注』『尾張名所図会』の二書は売弘願伺であるが、その前段階の改を受けていなかった。今後は開板改の有無を糺して欲しいという内容である。

（4）京都の書肆が開版した『唐詩正声箋注』は、著者が伊勢山田奉行への願出により開板に至ったという経緯が京都町奉行の伊奈遠江守（斯綏）と田村伊豫守（顕彰）から学問所の林大学頭に報告されている。

（5）（3）の学問所からの掛合に対して、弘化二年五月に江戸南町奉行・遠山左衛門尉（影元）（弘化二年三月十五日に跡部能登守から役替）[73]からの回答である。江戸以外での開板書は『曝書亭文集』の件以来、売弘願は書名・冊数・板元の名前を通達することになっている。他の地域で改めを受けた書物に関しては江戸では把握しかねる。改の方法を変更することは混乱を生じるため、売弘に際して問題がある場合に、その可否の判断をしていただきたい。開板前の改に関しては学問所から問い糺して欲しいという内容である。

（6）弘化二年六月に交わされたであろう、学問所と伊勢山田奉行との掛合である。林式部と林大学頭から伊勢山田奉行の太田志摩守（運八郎）[74]へ、学問所改がない場合は開板できない旨、今回の『唐詩正声箋注』は内容に問題がないために開板後の改とすること、そして今後は手違いがないよう掛合があり、太田志摩守から今後は開板前に学問所へ改の掛合をする旨が報告された。

本項目も学問所改の仕組みに関して、伊勢山田では順守されていない事実がうかがえる部分である。『唐詩正声箋注』（『唐詩正声箋註』）は伊勢出身の儒者である東夢亭（東一學）[75]が著した漢詩集である。

項目番号一七　『明律国字解』の京都開板（天冊　三十五丁ウラ～三十六丁ウラ）

○／林大學頭殿／林式部殿／　　遠山左衛門尉

一明律國字解　　全部十五冊

右は先達て京都町奉行え彫刻之儀願出候ニ付、願之通申付候ても不苦哉之旨、同所より懸合有之候ニ付、差支有無之儀各様方え及御問合候処、賣弘相成候ても差支無之旨被御申聞候間、其段彼地え申遣候処、今般彫刻出来致し候由にて差越候間差進申候。且、以来相納候書籍は、壱ヶ年限り集置十二月差下し候積之旨申越候ニ付及御問合候。右にて差支無之哉否、被御申聞候様存候。

巳四月

下ヶ札

京都新刻明律國字解納本御廻し致

落手候。且又、京都納本以来は一ヶ年集
置十二月被差越度之旨、彼地町奉行中越
候之趣ヲ以、御問合致承知候。此方何之差支
無御座候。

四月十七日　　　　林　大學頭

京都町奉行から改願の出ていた『明律国字解』の納本に関して、江戸南町奉行・遠山左衛門尉（影元）より学問所の林大学頭（檉宇）と林式部（復斎）へ弘化二（一八四五）年四月に交わされた掛合である。以後、京都から納本された書籍は一年間奉行所に集積し、十二月に学問所へ提出する旨も添えられており、これを大学頭が了承している。

『明律国字解』は、江戸中期の儒学者・荻生徂徠の著作で、法律に関する書物である。『明律国字解』の開板願に関しては『天保撰要類集』[76]に記事があり、本項目はその後のやりとりであると考えられる。

項目番号一八　学問所の改について（天冊　三十六丁ウラ〜三十七丁ウラ）

○町奉行衆　　　　筒井紀伊守
　　　　　　　　　林式部少輔
　　　　　　　　　林　大學頭

書籍開板改之儀、諸家蔵板其外共、板行不苦候品は

押切印いたし相渡候事ニ候。然処、右引受候書物屋共其御役所え賣弘之儀伺出候節、猶又御問合有之候得共、當方心得前文之通候間、改済之品ニ候へば御手切にて御取斗可然ト存候。尤開板改被　仰出候以前刻板ニ相成候品賣弘相伺候節は、是迄之通りニ拙者共え御問合御座候様致度、此段及御懸合候。以上

中十一月

下ヶ札

御書面書籍學問所改済押切有之候分は、賣弘之儀書物屋共相願候ハヽ、糺之上手限にて承届開板、改被　仰出以前刻板ニ相成候品賣弘相伺候節は、是迄之通り御問合可申旨、御掛合之趣致承知候。此段及御挨拶候。

中十一月　　　遠山左衛門尉

学問所改済の書物に関する売弘は奉行所の判断であるが、改以前（改が済んでいない場合）は問合せするよう、学問所御用の筒井紀伊守（政憲）と林式部少輔（復斎）および林大学頭（壮軒）より江戸南北双方の町奉行へ嘉永

元年の掛合で、これに対して遠山左衛門尉より了承という返書である。
同じやりとりが『市中取締類集』「第一一九件」[77]および『嘉永撰要類集』[78]にある。

項目番号一九　活字版『せめては草』（天冊　三十七丁ウラ〜四十七丁オモテ）

○／遠山左衛門尉殿／鍋島内匠頭殿／
筒井紀伊守
林式部少輔
林　大學頭

せめては草　　堀田備中守家来
渋井伴七死著

右之書兼て上木之儀差許無之品ニ候処、此節活字板ニ致し江戸表書物屋共之内致流布候之趣承り及申候。何方にて出来候儀ニ候哉、御糺之上被成御申聞候様致度存候。若又、京都・大坂書肆共にて出来之儀ニも候ハヽ、其向え及懸合可申存候。依之、此段申進候。以上

五月十日

御書面之趣致承知、書物掛町年寄・舘市右衛門え申渡為取調候処、別紙之通り申し立候間、右書面差進申候。右にて御承知可

被成候。
五月廿三日　／遠山左衛門尉／鍋島内匠頭／
御三名
両名殿
せめては草之儀、先達て及御掛合候ニ付、當地書物屋共御紙之処、京幷大坂書肆より差下し候得共、望無之ニ付、夫々荷主え差戻し賣捌候儀無之段、重立候書物屋申立候趣、舘市右衛門より書出し候、書物・御別紙壱通幷先達て及御懸合候書面・御下ヶ札共、被成御差越落手致承知候。此段御答候。以上
六月
活字板／せめては草書冊取調申上候書付　舘市右衛門
せめては草
堀田備中守家来
渋井伴七死著
右之書上木差許無之処、此節活字板ニ致し、江戸表書物屋共之内致流布候趣及承候。何方にて出来致し候哉、御紙被仰聞度、若又京都・大坂書肆共にて出来之儀ニも候ハヽ、其向え掛合可申段、筒井紀伊守殿外御両人よりの

御書面被成御下ヶ取調被仰渡候間、左ニ申上候。

本石町弐丁目寅蔵店
書物屋　大助
横山町三丁目傳兵衛店
同　金右衛門
神明町家持
嘉七上方筋え旅行ニ付
同　代　専助

右之書、本石町大助方え去々午年大坂心斎橋筋博労町書肆河内屋茂兵衛より、右書面篇十冊ツヽ弐部外代ろ物え詰合、同年九月差下し候処、望無之品故其侭預り置、同年十一月中右茂兵衛代藤兵衛と申者、罷下り候節、差戻帳消仕一切取扱不申旨、大助申之、横山丁金右衛門方えは去々午年十月京都三条通り書肆出雲寺文次郎方より、外品取交右書弐篇八冊ツヽ弐部差下し候処、望無之去未十月文次郎罷下候節、差戻帳消仕一切取扱不申旨、金右衛門申之、神明丁嘉七方えも右京都出雲寺文次郎より、去々午年中三ヶ度ニ外品詰合右書前篇五部弐篇三篇差下し候処、望無之、是又去未十月文次郎罷下候節、差戻帳消仕一切取扱不申旨、嘉七代専助申之候。

下ヶ札

本文銘々望無之品を暫預り置候は、如何之旨相尋候処、右せめては草書冊不限、上方表書物屋より御當地書物屋共取引数種下し候得共、其内銘々見込之品買取望無之品は其侭相預り、時々荷主罷下り候儀ニ付、其砌取引帳合相立候仕向ニ候旨、再應申之候。

但、右之通り差戻候品ニ付、作者姓名等書留不申幷大助方えは大阪河内屋茂兵衛より差下し、金右衛門・嘉七方へは京都出雲寺文次郎より差下し候間、京・大坂何之方にて出板仕候哉、是又相弁不申旨申之候。

右相調候処、書面之通三人之者共申之、何れも元方へ差戻候様無相違相聞申候。江戸表流布仕候由ハ、当時書物仲間組合無之候ニ付、小前端本商之内にても可有之哉、

重立候書物屋共右三人之外ニ差下し候儀、無御座候
旨申立候。依之、御渡被成候御書面返上仕、此段申上候。
以上

申五月　　　　　　　　舘　市右衛門

京大坂両奉行え往復如左

せめては草　　　堀田備中守家来
　　　　　　　　　渋井伴七死著

右之書物、兼て上木之儀差許無之品ニ候処、近来活字板致し
江戸表書物屋共之内致流布候哉ニ承及候ニ付、右何方にて
出来候哉糺之儀、當地両町奉行衆え及掛合候処、／京都宛／其御地幷大坂／大坂宛／其御地幷京都／
書物屋より、當地書物屋共へ差戻し候儀も有之候得共、
望無之ニ付夫々荷主え差戻し賣捌候儀無之旨、重立候書
物屋共申立候由、町年寄・舘市右衛門より書出候趣、去月
中被申聞候。左候ハヽ右活字板、其御地ニテ出来候儀ニも
候哉、御糺之上否御報被成御申聞候様いたし度、此
段及御懸合候。以上

六月　　　　　　　　林　大學頭㊞
　　　　　　　　　　林式部少輔㊞

筒井紀伊守㊞

京都宛／伊奈遠江守殿　大坂宛／永井能登守殿
水野下総守殿　柴田日向守殿

京都より返書

御切紙致拝見候。然は、
せめては草
堀田備中守家来
渋井伴七死著

右之書物、兼て上木之儀御差許無之品ニ候処、近来活字板ニ致し江戸表書物屋共之内致流布候哉ニ御聞及ニ付、右何方にて出来候哉糺之儀、其御地両町奉行え被成御懸合候処、當地幷大坂書物屋より其御地書物屋共え差下候儀も有之候得共、望無之ニ付夫々荷主え差戻賣捌不申候旨、重立候書物屋共申立候由、町年寄・舘市右衛門より書出候趣、五月中両町奉行申聞、左候ハヽ右活字板、當地にて出来候儀ニも候哉、糺之上可得御意旨、被御申聞候御紙面之趣致承知、則相糺候処、責而者草と申書物、知恩

院宮家来・柿晋蔵并毘沙門堂御門跡家来・近藤誠助
と申もの流布いたし候趣相聞候ニ付、則呼出相尋候處、
両人共右之書物活字板にて摺立、改を不受流布いた
し候段申立、去ル寅年九月御觸之趣ニ相背候ニ付、取
調之上、右書物差止メ、御咎申付候積、所司代え相伺可申と
存候。猶吟味落着之上、可得御意候得共、先右之段御報
可得御意、如此御座候。以上

八月八日

水野下総守㊞
伊奈遠江守㊞

筒井紀伊守様
林式部少輔様
林　大學様

猶以、右せめては草之外、続王代一覧と申書物も本
文近藤誠助儀、活字板にて摺立、改を不受流布いたし
候ニ付、是又差止申付候積りニ御座候。此段為御心得
得御意置候。以上

大坂より返書

御書状致拝見候。然は

せめては草

堀田備中守家来

渋井伴七死著

右之書物、兼て上木之儀御差許無之品ニ候処、近来活字板ニ致し御地書物屋共之内致流布候哉及御聞ニ付、何方ニて出来候哉糺之儀、御地両町奉行衆え被及御掛合候処、當地幷京都書物屋より御地書物屋共へ差下候儀も有之候得共、望無之候ニ付夫々荷主え差戻し賣捌不申旨、重立候書物屋共申立候由、町年寄・舘市右衛門より書出し候趣、両町奉行衆より御挨拶有之候由、左候ハヽ、右活字板當地にて出来候儀ニも候哉、糺之上否可及御報旨被御申聞御紙面之趣致承知、則本屋掛り惣年寄共え取調申付候処、別紙写両通之通り申立候間、右にて御承知有之候様致度存候。右御報如此御座候。以上

八月二日

柴田日向守㊞

永井能登守㊞

筒井紀伊守様

林式部少輔様

林　大學頭様

惣年寄より差出候写、如左

口上覺

一せめては草　／初編二編三編共／活字板／

右之書、開板仕候者承り糺申上候様被仰出、則本屋相調候処、當所にて開板相成候儀にては無之、京都ニ板元有之、素人之由にて、名前難相分旨、別紙之通申出候ニ付、此段申上候。以上

申七月　本屋掛り

惣年寄

乍憚口上

一せめては草　／初編二編三編／各々活字板／

右之書、何方にて出来候哉、板元之儀御尋ニ付相調候處、京都素人方にて出来候趣御座候。町所・名前等之儀聊と相分り不申候。當所にて開板相成候儀ニは無御座候ニ付、此段奉申上候。以上

南久太郎町六丁目

秋田屋

嘉永元申年七月

市兵衛㊞

本屋掛り

江戸堀壱丁目

惣年寄衆

今津屋

辰三郎㊞

以　書状致啓上候。然は、堀田備中守家来・渋井伴七死著せめては草と申活字板之書物、當地にて出来候哉紀之儀等、去八月中被御申聞候ニ付、即相糺候処、知恩院宮家来・柿晋蔵、毘沙門堂御門跡家来・近藤誠助と申者、右せめては草と申候書物幷誠助儀は續王代一覧と申書物をも活字板を以摺立、御役所改をも不受流布致し候段申立候ニ付、其節委細御報ニ得御意置、右一件追々吟味之上、此度酒井若狭守殿被相伺、残り有之候本幷其余賣捌候分代金銀、活字板とも取上ケ、両人共押込申付候。此段為御心得可得御意、如此御座候。以上

正月廿二日　　　　明楽大隅守㊞

水野下総守㊞

筒井紀伊守様
林式部少輔様
林　大學頭様

御状致拝見候。然は、堀田備中守家来・渋井伴七死著せめては草と申活字板書物、其御地にて出来候哉之儀、去八月及御懸合処、知恩院宮家来・柿晋蔵、毘沙門堂御門跡家来・近藤誠助と申者、右書物幷誠助儀續王代一覧と申書物をも活字板を以摺立致流布候段、御報被成御申聞候。右一件追々御吟味之上、此段酒井若狭守殿被相伺、残り本幷其外賣拂候分代金銀、活字板共御取上ケ、両人共押込被成御申付候之旨、為心得被申聞致承知候。右御報如此御座候。以上

二月
林　大學頭㊞
林式部少輔㊞
筒井紀伊守㊞

水野下総守様
明楽大隅守様

本項目も文意が通じにくいため、時系列に並べ替える。（以下、（1）～（8）は時系列に並べ替えた順番）

（1）

○／遠山左衛門尉殿／鍋島内匠頭殿／

筒井紀伊守
林式部少輔
林　大學頭

せめては草　堀田備中守家来
渋井伴七死著

右之書兼て上木之儀差許無之品ニ候処、此節活字板ニ致し江戸表書物屋共之内致流布候之趣承り及申候。何方にて出来候儀ニ候哉、御糺之上被成御申聞候様致度存候。若又、京都・大坂書肆共にて出来之儀ニも候ハヽ、其向え及懸合可申存候。依之、此段申進候。以上

五月十日

御書面之趣致承知、書物掛町年寄・舘市右衛門え申渡為取調候処、別紙之通り申し立候間、右書面差進申候。右にて御承知可

被成候。

五月廿三日　／遠山左衛門尉／鍋島内匠頭／

（2）

活字板／せめては草書冊取調申上候書付　舘市右衛門

せめては草

堀田備中守家来

渋井伴七死著

右之書上木差許無之処、此節活字板ニ致し、江戸表書物屋共之内致流布候趣及承候。何方にて出来致し候哉、御糺被仰聞度、若又京都・大坂書肆共にて出来之儀ニも候ハヽ、其向え掛合可申段、筒井紀伊守殿外御両人よりの御書面被成御下ヶ取調被仰渡候間、左ニ申上候。

本石町弐丁目寅蔵店

書物屋　大助

横山町三丁目傳兵衛店

同　金右衛門

神明町家持

嘉七上方筋え旅行ニ付

同　代　専助

右之書、本石町大助方え去々午年大坂心斎橋筋博労町書肆河内屋茂兵衛より、右書面篇十冊ツヽ弐部外代ろ物え詰合、同年九月差下し候処、望無之品故其侭預り置、同年十一月中右茂兵衛代藤兵衛と申者、罷下り候節、差戻帳消仕一切取扱不申旨、大助申之、横山丁金右衛門方えは去々午年十月京都三条通り書肆出雲寺文次郎方より、外品取交右書弐篇八冊ツヽ弐部差下し候処、望無之去未十月文次郎罷下候節、差戻帳消仕一切取扱不申旨、金右衛門申之、神明丁嘉七方えも右京都出雲寺文次郎より、去々午年中三ヶ度ニ外品詰合右書前篇五部弐篇三篇差下し候処、望無之、是又去未十月文次郎罷下候節、差戻帳消仕一切取扱不申旨、嘉七代専助申之候。

下ヶ札

本文銘々望無之品を暫預り置候は、如何之旨相尋候処、右せめては草書冊不限、上方表書物屋より御當地書物屋共取引数種下し候得

共、其内銘々見込之品買取望無之品は其侭相
預り、時々荷主罷下り候儀ニ付、其砌取引帳合相
立候仕向ニ候旨、再應申之候。
但、右之通り差戻候品ニ付、作者姓名等書留不申幷大
助方えは大阪河内屋茂兵衛より差下し、金右衛門・嘉七方へは
京都出雲寺文次郎より差下し候間、京・大坂何之方にて出板
仕候哉、是又相弁不申旨申之候。
右相調候処、書面之通三人之者共申之、何れも元方へ差
戻候様無相違相聞申候。江戸表流布仕候由ハ、当時書
物仲間組合無之候ニ付、小前端本商之内にても可有之哉、
重立候書物屋共右三人之外ニ差下し候儀、無御座候
旨申立候。依之、御渡被成候御書面返上仕、此段申上候。
以上
申五月　　　　　　　　舘　市右衛門
両名殿　　　　　　　　御三名

（3）

せめては草之儀、先達て及御掛合候ニ付、當地書物屋
共御糺之処、京幷大坂書肆より差下し候得共、望無之ニ

付、夫々荷主え差戻し賣捌候儀無之段、重立候書物屋
申立候趣、舘市右衛門より書出し候、書物・御別紙壱通幷先
達て及御懸合候書面・御下ヶ札共、被成御差越落手致承
知候。此段御答候。以上

六月

（4）

京大坂両奉行え往復如左

せめては草　　堀田備中守家来
渋井伴七死著

右之書物、兼て上木之儀差許無之品ニ候処、近来活字板致し
江戸表書物屋共之内致流布候哉ニ承及候ニ付、右何方にて
出来候哉糺之儀、當地両町奉行衆え及掛合候処、／京都宛／其御地幷大坂／大坂宛／其御地幷京都／
書物屋より、當地書物屋共へ差戻し候儀も有之候得共、
望無之ニ付夫々荷主え差戻し賣捌候儀無之旨、重立候書
物屋共申立候由、町年寄・舘市右衛門より書出候趣、去月
中被申聞候。左候ハヽ右活字板、其御地ニテ出来候儀ニも
候哉、御糺之上否御報被成御申聞候様いたし度、此
段及御懸合候。以上

六月

林　大學頭㊞
林式部少輔㊞
筒井紀伊守㊞

京都宛／伊奈遠江守殿
水野下総守殿

大坂宛／永井能登守殿
柴田日向守殿

(5)
大坂より返書
御書状致拝見候。然は
せめては草

堀田備中守家来
渋井伴七死著

右之書物、兼て上木之儀御差許無之品ニ候処、近来活字板ニ致し御地書物屋共之内致流布候哉及御聞ニ付、何方ニて出来候哉糺之儀、御地両町奉行衆え被及御掛合候処、當地幷京都書物屋より御地書物屋共へ差下候儀も有之候得共、望無之候ニ付夫々荷主え差戻し賣捌不申旨、重立候書物屋共申立候由、町年寄・舘市右衛門より書出し候趣、両町奉行衆より御挨拶有之候由、左候ハヽ、右活

字板當地にて出来候儀ニも候哉、紀之上否可及御報旨被
御申聞御紙面之趣致承知、則本屋掛り惣年寄共え
取調申付候処、別紙写両通之通り申立候間、右にて
御承知有之候様致度存候。右御報如此御座候。以上
八月二日
柴田日向守㊞
永井能登守㊞
筒井紀伊守様
林式部少輔様
林　大學頭様

惣年寄より差出候写、如左
口上覺
一せめては草　／初編二編三編共／活字板／
右之書、開板仕候者承り糺申上候様被仰出、則本屋相調
候処、當所にて開板相成候儀にては無之、京都ニ板元有之、素
人之由にて、名前難相分旨、別紙之通申出候ニ付、此段申上候。以上
申七月
本屋掛り
惣年寄

乍憚口上

一せめては草　／初編二編三編／各々活字板／

右之書、何方にて出来候哉、板元之儀御尋ニ付相調候處、京都素人方にて出来候趣御座候。町所・名前等之儀聊と相分り不申候。當所にて開板相成候儀ニは無御座候ニ付、此段奉申上候。以上

南久太郎町六丁目

秋田屋

嘉永元申年七月　市兵衛㊞

江戸堀壱丁目

今津屋

辰三郎㊞

本屋掛り

惣年寄衆

(6)

京都より返書

御切紙致拝見候。然は、

せめては草

堀田備中守家来
渋井伴七死著

右之書物、兼て上木之儀御差許無之品ニ候処、近来活字板ニ致し江戸表書物屋共之内致流布候哉ニ御聞及ニ付、右何方にて出来候哉糺之儀、其御地両町奉行え被成御懸合候処、當地幷大坂書物屋より其御地書物屋共え差下候儀も有之候得共、望無之ニ付夫々荷主え差戻賣捌不申候旨、重立候書物屋共申立候由、町年寄・舘市右衛門より書出候趣、五月中両町奉行申聞、左候ハヽ右活字板、當地にて出来候儀ニも候哉、糺之上可得御意旨、被御申聞候御紙面之趣致承知、則相糺候処、責而者草と申書物、知恩院宮家来・柿晋蔵幷毘沙門堂御門跡家来・近藤誠助と申もの流布いたし候趣相聞候ニ付、則呼出相尋候處、両人共右之書物活字板にて摺立、改を不受流布いたし候段申立、去ル寅年九月御觸之趣ニ相背候ニ付、取調之上、右書物差止メ、御咎申付候積、所司代え相伺可申と存候。猶吟味落着之上、可得御意候得共、先右之段御報可得御意、如此御座候。以上

八月八日

水野下総守㊞
伊奈遠江守㊞

筒井紀伊守様
林式部少輔様
林　大學様

猶以、右せめては草之外、続王代一覧と申書物も本文近藤誠助儀、活字板にて摺立、改を不受流布いたし候ニ付、是又差止申付候積りニ御座候。此段為御心得得御意置候。以上

⑦

以　書状致啓上候。然は、堀田備中守家来・渋井伴七死著せめては草と申活字板之書物、當地にて出来候哉糺之儀等、去八月中被御申聞候ニ付、即相糺候処、知恩院宮家来・柿晋蔵、毘沙門堂御門跡家来・近藤誠助と申者、右せめては草と申候書物幷誠助儀は續王代一覧と申書物をも活字板を以摺立、御役所改をも不受流布致し候段申立候ニ付、其節委細御報ニ得御意置、右一件追々吟味之上、此度酒井若狭守殿被相伺、残り有之候本幷其余賣捌候分代金銀、活字板

とも取上ケ、両人共押込申付候。此段為御心得可得御意、如此御座候。以上

正月廿二日　　明楽大隅守㊞
　　　　　　　水野下総守㊞

筒井紀伊守様
林式部少輔様
林　大學頭様

(8)

御状致拝見候。然は、堀田備中守家来・渋井伴七死著せめては草と申活字板書物、其御地にて出来候哉之儀、去八月及御懸合処、知恩院宮家来・柿晋蔵、毘沙門堂御門跡家来・近藤誠助と申者、右書物幷誠助儀續王代一覧と申書物をも活字板を以摺立致流布候段、御報被成御申聞候。右一件追々御吟味之上、此段酒井若狭守殿被相伺、残り本幷其外賣拂候分代金銀、活字板共御取上ケ、両人共押込被成御申付候之旨、為心得被申聞致承知候。右御報如此御座候。以上

二月　　林　大學頭㊞
　　　　林式部少輔㊞

筒井紀伊守㊞

水野下総守様
明楽大隅守様

（1）発端は、江戸の南北両町奉行である遠山左衛門尉（景元）と鍋島内匠守（直孝）へ学問所の筒井紀伊守（政憲）と林式部少輔（復斎）および林大学頭（壮軒）より、以前から出版を許可していない『せめては草』が活字板で江戸市中に流布している件で、嘉永元（一八四八）年五月十日に掛合があり、五月二十三日に両町奉行より学問所へ町年寄・舘市右衛門の取調書（2）が渡された。

（2）嘉永元年五月付、町年寄・舘市右衛門からの取調書である。内容は、『せめては草』は京都・大坂の書肆から預って置いていた商品であり、江戸の書肆は上方のどこで出板されたかは知らない、という報告である。

（3）学問所の三名（筒井紀伊守・林式部少輔・林大学頭）より南北両江戸町奉行へ、嘉永元（一八四八）年五月に（1）・（2）の書簡を受け取った旨、嘉永元（一八四八）年六月付の掛合である。

（4）嘉永元（一八四八）年六月付で、学問所の林大学頭・林式部少輔・筒井紀伊守より、京都町奉行の伊奈遠江守（斯綏）と水野下総守（重明）[79]、および大坂町奉行の永井能登守（尚徳）と柴田日向守（康直）[80]宛に、『せめては草』の板元が京都あるいは大阪であるかどうかを問合せている。

（5）嘉永元（一八四八）年八月二日付で大坂町奉行の柴田日向守と永井能登守より学問所の筒井紀伊守・林式部少輔・林大学頭への回答があった。大坂本屋掛惣年寄に取調させたところ、嘉永元（一八四八）年七月付で『せめては草』は大坂で開板した書物ではなく、京都の住所・姓名不詳の素人が開板した旨が報告されている。

（6）嘉永元（一八四八）年八月八日付で京都町奉行の伊奈遠江守と水野下総守より学問所の筒井紀伊守・林式部少輔・林大学頭への回答があった。『せめては草』は知恩院宮家来・柿晋蔵ならびに毘沙門堂門跡家来・近藤誠助が活字板で作成したことが判明、近藤誠助は他に活字板『続王代一覧』も開板していたという報告がなされた。

（7）一月二十二日付（恐らく嘉永二・一八四九年）で京都町奉行の明楽大隅守（茂正）[81]と水野下総守より学問所の筒井紀伊守・林式部少輔・林大学頭へ、京都所司代の酒井若狭守（忠義）[82]より『せめては草』の残部および販売済み分の代金と活字板は没収され、柿晋蔵・近藤誠助両人は押込の処罰を受けたことが報告されている。

（8）二月付で学問所より京都両町奉行に、『せめては草』等の書籍に関する処分と、柿晋蔵・近藤誠への処罰に関して了承した旨の返書が送られている。

『せめては草』は、慶長以降の将軍・大名・武士および奥向の女性に至るまでの嘉言善行を、身分別に分類・記録した書物で、編者は渋井太室[83]とも、渋井太室の従弟である渋井徳章[84]ともいわれている。『せめては草』が出版を許可されていなかった理由は彌吉光長が考察している。[85] また彌吉は、本屋が出版してはいけないものに関して次のように分類している。

（一）暦の板行は元禄一〇年（一六九七）に十一軒の問屋を作り、類似の板もその仲間以外では禁止された。

（二）葵紋を入れ、または将軍の名を記した書物は、その部分を削りとったり、書改めさせられた。『女節用文字袋』など節用集に多い。大名中に徳川家と縁組すれば松平姓になるので、節用集などに武鑑又は大名鑑を入れても紋所を削らされた。

（三）徳川幕府の政策に反対し、皮肉、諷刺する類。寛政異学の禁によっていよいよ拡まっていった。山鹿素行や大塩平八郎はその著名な例である。

（四）海外事情を紹介し、憂国の論をなすもの。林子平は代表者といえる。
（五）贅沢、奢侈を押さえるために処罰したもの。蔦屋重三郎と山東京伝はその好例である。風俗壊乱も同様である。
（六）庶民は「知らしむべからず」主義で、朝廷の儀式や幕府大名の儀式から、実名入りの伝記や噂話までも取締った。
（七）豊臣・織田の頌徳の書、義士、侠民など、いやしくも幕府に不利と見れば取締って絶板にした。[86]

彌吉の分類に従えば、『せめては草』は（六）に相当し、絶板の対象となる。

本項目の文中で「柿晋蔵」と表記されている人物は「梯晋蔵」の誤りである。多治比郁夫は梯晋蔵に関して、名は謙、字子益、号は南洋また梨亭、晋蔵と称す。京都烏丸御池南に住み、学古館を主宰、本草・医学を講義した。医者としてよりも物産家として名を知られていたものと思われる。生没年未詳。

と、考証している。[87] 多治比によれば梯晋蔵は、「珍しく三回も法令違反（官許なしに活字本出版）で、取調を受けた」人物である。また梯晋蔵刊行の活字本に言及し、『せめては草』は諸本が四種類確認されており、「版種が多いのは、よく売れて多数を摺り出したことを物語る」としている。[88]

また本項目は、宮武外骨『筆禍史』[89]に（7）の箇所が引用されているが、一部改変がある。この改変に関しては後述する。

項目番号二〇　写本『後三年軍記画巻』の売買（天冊　四十七丁ウラ～五十一丁オモテ）

筒井紀伊守殿

○林式部少輔殿　　　　　　　　　　　遠山左衛門尉
　林　大學頭殿
伊勢平蔵貞丈書籍
　一後三年軍記画巻　　　　三巻
　　外三十種書物合二十八冊
右は、先達て賣弘相成居候貞丈雑記同様、禁忌之書
類とも不相見候間、写本之侭賣買流布致し居候
ても差支無之哉致承知度、此段及御掛合候。
　　酉四月
　下ヶ札　四月廿四日
　　御書面之趣致承知候。都て開板改之儀
　は、先年拙者共へ被仰渡候ニ付、諸向より問
　合次第、夫々及答候得共、写本にて賣買いた
　し候書物之儀故、何とも御答ニ及兼候。依之、
　右書物三十一種廿八冊三巻返却、此段得
　其意候。
　　四月　　　　　　　　筒井紀伊守
　　　　　　　　　　　　林式部少輔

孫札　四月廿八日　　　　　　　　林　大学頭

御下ヶ札之趣致承知、本文之書類、此上開板賣弘等ニ相成候ても御差支之品ニは無之哉致承知度、猶又再應書類相添、此段及御問合候。

酉四月　　　遠山左衛門尉

再度掛合

再度御掛合御書面致承知候。右は先年西丸御小納戸山岡宗右衛門家来・岡田鼎、伊勢家著述之書籍彫刻蔵板相頼候節、申談候始末書付壱通差進候。右之振合、御含御取扱被成候様存候。尤此上弥彫刻相成候ハヽ、其節猶又得と取調可申進候。依之、書物廿八冊三巻返却、此段及御答候。

五月　　　　御三名

去卯年、岡田鼎差出候伺書写

中略　貞丈雑記犬追物之伺書より同人印紙

書付迄認入ル。

再御下札之趣致承知、御差越有之候別紙共、得と一覧致し候。然処、一躰今般及御問答候儀は改板之有無而已にて、及御問答候儀ニは無之、當三月中、宇田川横町古本渡世市蔵方見世ニ、本文書類差出有之を、伊勢斧太郎家来・三浦才蔵と申者見受罷越、右書類は伊勢家秘蔵之書にて、猥ニ市店ニおゐて賣買可致品ニ無之ニ付、取上ケ候趣、其外名主共方迄罷越厳敷申談候由にて、右市蔵幷名主一同拙者御役所え訴出、當時吟味中ニ有之。就ては右書類一ト通り致一覧候処、同家傳書ニは可有之候得共、敢て公邉にて禁忌之品とも不相見、家々之傳書写本にて世上に流布致し居候類は外にも俣可有之哉にて、たとへ其家ニ取候ては秘書ニ候共、出所不正之品ニ無之上は、渡世之ものハ勿論之事、何者賣買致し候共子細も有之間敷儀と被存候。併家傳秘蔵之品にて、他え漏候義捨置兼候ハヽ、相當之代料を以買上候は格別相對にて、拙者共へ掛合等も不致、猥りニ市中え家来差遣し、御用筋同様之懸合等およひ候様にては、自餘之取締にも拘り候儀故、右見込を以及吟味候心得ニは候へ共、併奉行所限りにて品柄之訳見極兼候事故、本文之通一應及御問合候儀ニ有之候間、右等之処、御取調全ク公邉禁忌之廉も無之、写本にて賣買致居候儀は不苦筋之品ニ候哉、右之有無被御申越候様致度、依之、猶又書類相添、此段及御問答候。

酉七月　　　　遠山左衛門尉

再下ヶ札　七月十日

猶又御掛合御書面之趣具ニ致承知候。最初下ヶ札を以及御答候通、写本にて賣買致し候書物見究之儀は、拙者共え別段被仰渡も無之儀故、治定之御挨拶ニは難及候得共、御申越之通公邉禁忌之事も相見不申候、尤此後右書物類開板願出候者も有之候節は、删除之廉も可有之ニ付、例之通御問合

有之候様被存候。此段及御答如数書
物致返進候。
七月　　　御三名

写本で流布している『後三年軍記画巻』他三十種の書物に関して、嘉永二（一八四九）年四月に江戸南町奉行・遠山左衛門尉（景元）より掛合があり、同年四月二十四日に学問所の筒井紀伊守（政憲）と林式部少輔（復斎）および林大学頭（壮軒）より、写本の売買に関しては回答しかねる旨が伝えられる。四月二十八日には、これらの書物が開板・売弘に差支えがないかという旨が、再び遠山左衛門尉より掛合がある。五月には学問所の三名より、『貞丈雑記』『犬追物』を編集した岡田鼎（光大）が天保十四（一八四三）年に自筆書名した伺書の写しを添付の上、既に開板の相談があったことが伝えられる。再度、同年七月に遠山左衛門尉より掛合がある。伊勢家秘蔵の家伝書ではあっても、公儀として禁忌である内容にはみえず、売買に問題はないと考えられるが、書物の内容に関しては奉行所のみでは見極めかねるため、禁忌の有無をお知らせいただきたい、と奉行所から相談があった。これに対して学問所からは、禁忌の内容ではないが、今後開板願が出される場合は削除する部分もあるであろうから、通常の手続き通りに問合せをするように回答されている。[90]

『後三年軍記画巻』『貞丈雑記』『犬追物』に関係する伊勢貞丈は、幕臣で武家故実家である。伊勢家は室町幕府の政所執事の家柄として知られ、武家の儀礼・作法に通じていた。徳川家光の女・千代姫の婚儀に家伝の礼法による式次第を選び、弓馬・諸礼の伝書を多数収蔵することで著名であり、伊勢流は武家の必須教養として普及していた。[91]

前の項目で活字板『せめては草』が問題となっている一方で、同種と思われる伊勢家家伝書の内容を、学問所では特に問題としていない。今田洋三[92]によれば、書肆は刊行物だけではなく古本も書本（写本）も販売し、享保七年の觸以降は條目に違反する書物を売買しても処罰されることになっていた。故実関係書籍もこれらに含まれていたが、天保以降その取締りが緩められたと考えられる。これは天保十三年六月の觸中「唯今迄、諸書物ニ権現様御名出候儀相除候得共、向後急度いたしたる諸書物之内、押立候儀は　御名書入不苦候、　御身之上之儀、且御物語等之類は相除、　御代々様御名諸書物ニ出候儀も、右之格ニ相心得可申旨、享保度相觸置候處、都而明白ニ押出し、世上ニ申傳へ、人々存居候儀は、假令　御身之上・御物語たりとも、向後相除候ニハ不及候」という条文に基づく判断であろう。つまり、これまで絶板として扱われていた書物においては対応を維持するが、以後の出版物に対しては天保の觸に準じて出版可否を決定する、という判断が本項目にうかがえる。

項目番号二一　新刻伺と売弘伺（天冊　五十一丁オモテ〜五十三丁ウラ）

林　大學頭
○　町奉行衆　筒井紀伊守
林式部少輔

書籍新刻伺として學問所え差出候節、改之上差支無之分は、改印押切いたし本人え相戻候。右は後来見合ニも相成候儀故、銘々手元ニ差置不申候ては、差支之筋も可有之存候。然処、蔵板賣弘として書肆共え相渡候得は、書肆共より學問所改印有之候本を以、猶又其御役所え賣捌取扱之儀相伺、右伺済にて新刻書物御控本相納、其節學問所改印有之分とも相添差出候処、其御役所え御差留相成候由にて、向々不都合之趣ニ致承知候。此度水野土佐守よりも、右等之事ニ付拙者共え掛合有之候間、則別紙書面壱通懸御目申候。右ニも限らす、其御役所御差支無之候ハヽ、以来何方より差出候共、新刻納本而已にて、改印有之方ハ蔵板人え御差戻被成候儀は相成間敷哉、此段及御掛合候。以上

戌七月

水野土佐守使者

松田翁右衛門

土佐守方にて蔵刻之書物、書肆共より町奉行所え市鬻相願候節、學問所にて御改印相押候原本は御改印も有之候事ニ付、後日之見合ニも相成、且又、右写本にて相伺候類も有之候間、御留ニ相成候ては不都合之儀も御座候間、刻本斗御留置、原本は書肆共願済之節御返却相成候様被致度、可相成筋々御座候ハヽ、可然御取斗被

下候様、此段以使者御頼被申上候。

七月廿日

町奉行衆

御三名

書物屋共新刻賣捌之節、新刻納本ニ差添差出候學問所改印有之原本、是迄其御役所え御差留ニ相成候由にて、向々不都合之趣ニ致承知候。付ては、向後原本之分は當人え御差戻相成候ても、御差支相成申間敷哉之段、當七月中及御懸合置候処、于今御挨拶無之候間、右御報早々承知致度、猶又及御掛合候。以上

戌十一月

下ヶ札

御書面御掛合之趣致承知、拙者共手限改之分ハ押切印いたし下ヶ遣し来、都て奉行所押切印相用候書類は追て取上候仕来ニ付、學問所改印有之草稿も、右ニ準し取上ヶ町年寄舘市右衛門方え為控置、製本は御役所え為御納来候得共、蔵板主え下ヶ遣御差支無之上は、區々に不相成様

醫学館・天文方えも懸合之上、以後ハ市右衛門控共
製本弐部為差出、改印有之草稿は蔵板主え
下ヶ遣候様可致候。依之、先達て被遣候別紙返
却、此段及御挨拶候。
戌十二月　　　　井戸對馬守

新刻願と売弘願の際に提出する原本の取り扱いに関する、嘉永三（一八五〇）年の掛合である。時系列にすると、最初に紀州藩付家老・水野土佐守（忠央《ただなか》）[93]から、書物の新刻伺および売弘伺の際に提出する原本草稿の取り扱いに関して、学問所の改が捺印されている原本は返却してほしいという掛合書が七月二十日付で学問所宛にきている。この掛合を受けて七月中に学問所の林大学頭（壮軒）・筒井紀伊守（政憲）・林式部少輔（復斎）より、町奉行衆宛に掛合が送られるが、返答がなかったため、再度十一月に掛合している。その後、改印のある草稿は書肆へ返却するという旨を江戸北町奉行・井戸對馬守（覚弘《さとひろ》）が十二月に回答している。一連の開板手続きは多治比郁夫「開板出願から販売許可まで」[94]に詳しい。本項目は『市中取締類集』「第一七二件」[95]の四〇二號から四〇五號に相当し、[96]学問所が関係する部分のみとなっている。また、本書における水野土佐守からの掛合は

土佐守方にて蔵刻之書物、書肆共より町奉行所え市鬻相願候節、學問所にて御改印相押候原本【添差出候處、右原本御奉行所にて御留に相成候、右原本】は御改印も有之候事ニ付、後日之見合ニも相成、

と、【　】中の部分が欠落しているため、文意が通りにくくなっている。『市中取締類集』第一七四件の記載からは、学問所以外に改を行っていた醫学館および天文方へ、手続改変の調整を奉行所が行っていることがわかる。また、

町年寄は武家と町方を同様の手続きにするか否かを検討し、双方同様の扱いとすることに決定している。

本項目におけるやりとりの背景には、水野忠央が編纂していた丹鶴叢書刊行との関係が推測される。『日本古典文学大辞典』「丹鶴叢書」[97]によれば弘化四（一八四七）年から嘉永六（一八五三）年にかけて刊行されており、本項目での掛合が叢書の刊行途中に交わされていることがわかる。なお、丹鶴叢書の序文は林復斎（式部少輔）が書いている。

幕府は天保十三年六月に町方・武家共に新規著作をする場合には学問所の改を受けるように達を発する傍ら、十万石以上の大名へは出版奨励をしている。[98] 出版物刊行を促しながらも、実際に刊行するに当たり、改の手続きにおいて差障りが生じていた実情がうかがえる部分である。

項目番号二二　『聖武記採要』が開刻伺なく売弘（販売）（天冊　五十三丁ウラ〜五十五丁オモテ）

林　大學頭
○　町奉行衆　　筒井紀伊守
林式部少輔

一聖武記採要　　三冊
清邵陽魏源撰
日本尾張鷲津監校
嘉永庚戌新鐫
夕陽楼蔵梓

右之書物、開刻伺差出不申、且賣弘等之儀御懸合も無之品ニ候処、此節書物屋共賣買取扱候哉ニ致承知候。何方にて取扱候哉、御糺之上御申越被成候様致度存候。此段及御掛合候。以上

戌九月

下ヶ札

御書面之趣、町年寄舘市右衛門え為取調候処、神田松永丁源兵衛店板摺職・半次郎儀、禅宗京都妙心寺末牛込通寺丁松源寺ニ罷在候鷲津郁太郎より被頼、聖武紀《（ママ）》採要板行・摺立候旨申立候ニ付、右半次郎、松源寺拙者方え呼出し相糺候処、右郁太郎儀は同寺役僧・祖欽知ル人にて、去々酉年二月中同人方え便参り、其後去戌年十月中在方え罷越候趣申立出候後、立戻り不申、郁太郎儀之尾州郡不知丹羽村出生之者之由にて、祖欽儀先年同村禅宗東光寺ニ所化僧致居候砌、知ル人ニ相成候迄にて、源懇意之ものと申ニも無之旨申立、當時行衛相分

り不申、外ニ手掛り無之候ニ付、見切半次郎儀は願済ニ無之板行・摺立候段、不埒ニ付、右板木取上ケ、過料三貫文申付、昨廿二日落着申渡候。此段御挨拶旁及御達候。

亥二月　　　井戸對馬守

漢籍『聖武記採要』が、開刻・売弘とも申し出がないにもかかわらず流通している件における掛合である。嘉永三年九月に学問所の筒井紀伊守（政憲）、林式部少輔（復斎）および林大学頭（壮軒）から江戸北町奉行・井戸對馬守（覚弘）へ問合せがあり、翌嘉永四年二月には板摺職人・半次郎より、依頼人である鷲津郁太郎が行方不明になったため見切って書籍を板行した経緯が述べられ、半次郎には板木取り上げおよび三貫文の罰金という処罰が下された旨が報告されている。

『聖武記採要』は清代後期の思想家である魏源が著した軍事海防史『聖武記』の抄録である。鷲津郁太郎こと鷲津毅堂は永井荷風の外祖父であり、学問所出身の儒者である。『聖武記採要』刊行後、鷲津毅堂が奉行所の詮議を避けるために房州に逃れたことが永井荷風『改訂　下谷叢話』[99]に記されている。

項目番号二一三　学問所から天文方への依頼（天冊　五十五丁ウラ〜五十六丁オモテ）

○　山路弥左衛門様　　御三名

以　手紙致啓上候。然は、蘭書和解翻譯もの類刻板相成候分、前々其御役所にて見極被仰渡候儀ニ候処、右は其節一々御支配方え御伺之上にて御差許相成候哉、又は書物柄に寄其御役所御見極而已にて御差許被成候哉、且是迄刻板相成候分、何々之書ニ御座候哉、拙者共方心得罷在度候間、書名御取調御認メ被差越候様、此段得其意度、如此御座候。以上

十一月廿七日

三名様

山路弥左衛門

御手紙拝見仕候。然は、蘭書和解翻訳物類刻板相成候は、前々拙者御役所ニテ見極候処、右は其節一々御支配方え相伺候上ニテ差許候哉、又は書物柄ニ寄手限ニテ差許候哉、是迄刻板相成候分、何々之書ニ御座候哉、各様御心得置被成旨、右書名取調相認メ差上候様、委細承知仕候。右は御支配方え伺済にて差許候書も有之候ニ付、取調自是御廻し可申候。右其答、如此御座候。以上

十一月廿七日

学問所の三名（筒井紀伊守（政憲）、林式部少輔（復斎）および林大学頭（壮軒））より、天文方・山路弥左衛門（諧孝《ゆきたか》）[100]へ、

これまで開刻改をした蘭書和解（オランダ語からの翻訳）の類に関して、①逐一支配方へ伺を立てて許可していたか、②書物によっては奉行所の判断で許可したか、③これまでに開版した書物は何か、学問所の心得として書名を書き送って欲しい、という問合せと依頼が十一月二十七日にあった。同日、調査して回答する旨が山路弥左衛門（諧孝）より学問所へ伝えられている。

本項目の掛合は日付のみで、何年に交わされたかは不明である。

項目番号二四　『海外新話』が改を受けずに開刻（天冊　五十六丁ウラ～六十一丁オモテ）

○　遠山左衛門尉殿　　筒井紀伊守
　　　　　　　　　　林式部少輔
　　　　　　　　　　林　大學頭

一海外新話
右は、清国え英吉利乱妨致し候始末假名書繪入
にて、作者姓名等無之、此節開刻内々売買致し候趣
に候処、學問所改受候品ニ無之候間、何方にて出来候哉、早々
御糺被御申聞候様致度、此段申進候。以上

十二月

下ヶ札

御書面之趣致承知、町年寄とも取調申付候処、海外新話作者は、牧野河内守家来嶺田半平次男・右五郎著述にて、蔵板・摺立候上、同人頼を受馬喰町弐丁目庄兵衛地借書物屋・幸三郎儀製本ニ相仕立、五十部摺立右五郎方え相渡、右之外此節摺立并仕立取掛罷在候趣ニ付、摺溜之分仕立差留、製本出来之分館市右衛門より差出候ニ付、右之もの左衛門尉方え呼出、内々開刻致し候始末可及吟味と存候。此段及御挨拶候。

酉十二月　　遠山左衛門尉

三名殿　　遠山左衛門尉

一海外新話　　五冊

右は、先達て及御掛合、書物之儀は御改受候上は絶板可相成品ニ候哉、又は、世上にて流布致し候ても宜品ニ候哉、御一覧之上否被仰聞候様致し度、依之右書物相添及御問合候。

戌二月

下ヶ札

御書面海外新話之儀、世上流布いたし候ては不宜品ニ被存候間、為改差出候ハヾ、開板差留候方ニ心得居候。依之右書物五冊返進いたし、此段及御答候。

三月　　　御三名

御下ヶ札之趣致承知候。先般海外新話世上え売鬻候ニ付、御懸合有之候間、右著述致し候牧野河内守家来半平次男・嶺田右五郎呼出し、追々及吟味候処、武家蔵板之儀ニ付ては、近来御觸之趣も有之候処、当時住處不知浪人・安食大太郎より、夷匪犯彊録等之写本借受候処、近年鴉片烟草より事起り、英吉利人共清国え押寄、戦争ニ及候事蹟明詳に書記有之、兵學執心之者心得ニも相成候処、唐本之侭にては容易ニ解兼候ニ付、初学之ものにも分り安き様仮名本書綴、画図を加へ海外新話と表題いたし、門人又は同志之もの共へ一覧為致度、写本にては煩敷候とて、學問所改をも不受、内々にて自分之板木彫刻致し、書物屋・幸三郎え摺立・綴上之儀相頼、懇意之者共へ差遣し候段、利欲に拘り候儀ニ無之候とも、右始末不埒之旨吟味詰候処、恐入候旨申立候ニ付、右之趣を以御咎之義可相伺と存候。然処、右書物之儀、世上流布致し候ては不宜品ニ付、為改差出候はゝ、開板御差留之方ニ御心得被成候旨御挨拶有之、右は、兼て御觸面ニ内証にて板行いたすにおゐては、何書物に不限板木焼捨、懸り合の者共吟味之上、咎可申付と有之候間、追て為焼捨絶板申付候は勿論ニ候へ共、元来舶来之書物仮名本・繪入等ニ和解致し候儀、并海外戦争之事を書綴出板いたし候義、不相成との御觸は無之、然上は、必禁忌之書物とも難差極、右は右五郎儀、學問所改を不受迄之咎と、禁忌之書を自侭に著述出板致し候との差別にて、御咎筋軽重ニ拘り候事故、禁忌之有無之処聢と御見居、御挨拶有之候様致し度、此段再及御問合候。

戌四月　　遠山左衛門尉

再下ヶ札

書面海外新話開板之儀ニ付、以下ヶ札及御答候処、猶又御下ヶ札を以被御申聞候は、舶来之書物仮名本繪入等に和解候儀、并海外戦争之事を書綴出板いたし候儀不相成との御觸は無之、然上は、必禁忌之書物共難御取極、右は右五郎儀學問所改不受迄之咎と、禁忌之書を自侭に著述出板致し候との差別にて、御咎筋軽重ニ拘り候ニ付、禁忌有無之処聢と見居之処可及御答旨、御問合之趣致承知候。元来舶来之書物仮名本ニ致し、并海外戦争之事を書綴出板候儀は、不相成との御觸書は無之候得共、此書物ニ拘り不申、都て舶載之書類に、たとひ仮名ニ和解致し不申其侭翻刻候共、書物柄ニより開板差留候儀も可有之、兼て御觸書ニも有之候通、儒書・佛書・神書・醫書・歌書都て其筋一ト通り之事ハ格別、異教・妄説等を取交え作り出し候等之儀は、可為無用との儀ニ候得共、此海外新話は全ク夷匪犯彊録を仮名書ニ致し候迄之儀と申出候得は、異教・忘（ママ）説等を自己ニ著作候とハ事替り候得共、前書其筋壱通り之ものとハ相違之儀ニ付、此様之類は、和

漢共ニ書物体裁ニより開板成不成之儀、篤と評議
之上相定候儀にて、此書は開刻差留之方ニ相成候ものニ候。
乍併、右等之儀は拙者共取調次第之儀にて、着（ママ）述者之
心得は無之筈ニ候間、右五郎御咎之筋は、學問所改
を不申開板致し候廉にて相当之儀と存候。尤、改メ差出
候ハヽ、開板は見合可申旨相達候儀ニ御座候。依之此段
猶又及御答候。以上
四月　御三名

学問所改を受けていない『海外新話』流布に関して、著述者・嶺田右五郎の処罰理由を、①学問所の改めを受けなかった②禁忌の書を著述出版した、のどちらに相当するのかという件に関して、学問所の林大学頭（壮軒）と筒井紀伊守（政憲）および林式部少輔（復斎）と江戸南町奉行・遠山左衛門尉（景元）が協議の結果、①であるとの判断を学問所が下している。本書の記述は奉行所と学問所のやりとりのみだが、『市中取締類集』[101]には町年寄・舘市右衛門による書付[102]がある。

『海外新話』は、丹後田辺藩士の嶺田《みねた》楓江《ふうこう》がアヘン戦争の状況を記した著作である。[103]本項目で問題となっている写本『夷匪犯彊録《いひはんきょうろく》』は安政四年に高鍋藩より『夷匪犯境聞見録《いひはんきょうぶんけんろく》』六巻として木活字板で刊行されている。

項目番号二五　『五経』重板問題（天冊　六十一丁オモテ〜地冊　三十二丁オモテ）

○五経重板一件掛合

弘化四丁未年十二月布川絃五より之伺書

一　五経　後藤點刪正　十一冊

右者、校合開板蔵刻ニ仕度奉存候。御差支も無御座候哉、此段奉伺候。以上

酒井雅楽頭家来

未十二月九日　　布川絃吾

開板不苦候。追て出来之上、一部

學問所へ相納可申事。

嘉永三庚戌年十月西尾壽閑より之伺書

一　刪正五経　　十一冊

右者、弘化三年丙午十二月伺済ニテ、酒井雅楽頭家来・布川絃吾蔵板仕候処、此度私譲受蔵板仕度、此段奉伺候。以上

嘉永三庚戌年十月　　寄合西尾主水内／孫左衛門父隠居

西尾壽閑印

十月廿日下ヶ札

伺之通不苦事

嘉永四辛亥年五月西尾壽閑より之伺書面

私蔵板後藤點刪正五経之儀ハ、先年酒井雅楽頭家来・布川紘吾より開板仕度旨奉伺候処、御改之上開板不苦之旨、御下ヶ札ヲ以被仰渡候ニ付、彫刻蔵板仕候。然處、此度後藤点板元・大坂表炭屋五郎兵衛と申者より故障之義申出、當時寺社御奉行脇坂淡路守様御掛りにて御吟味有之、右書物御學問所伺済之義ハ相分り候得共、初開板之節、後藤元茂子孫之者え掛合ニ不及候哉ト御尋ニ付、書物開板之義は、都て御學問所御改相済次第彫刻仕候義ニ付、一々右元方え掛合ニ不及候由御答申上候処、當月十七日ニ右奉行所にて最初掛合ニ不及候段不行届候間、後藤点之文字相除候方可然旨被仰渡候。後藤点刪正之標題ヲ以御改相済候品、猥ニ標題相改候事仕かたく、猶又御學門《（ママ）》所ニて御伺之上、可申上旨御答申上置候。此段奉伺候。以上

五月廿日　寄合西尾主水家来／孫左衛門父

西尾壽閑　印

書面開板五経之義、寺社奉行
申渡候通り、後藤点文字相删候
て差支無之候。

一　嘉永五壬子年八月七日達ス
三名殿　　池田播磨守

酒井雅楽頭家来
布川紘吾

寄合
西尾主水家来／孫左衛門父隠居
西尾壽閑

右紘吾義、後藤点删正五経蔵板願弘化三午年
十二月学問所伺済ニ相成候処、去々戊年十月右蔵板
壽閑譲請度旨申立、同月是又伺済相成候旨、両人
之者とも申立候。
右之通、相違無之候哉、此節上野黒門町喜三郎
店貞助義、後藤点五経重板いたし候趣相聞吟味
中ニ有之。右ニ付前書伺済之否、早々承知いたし度、此
段及御掛合候。

子八月

下ヶ札答

御書面御掛合之趣致承知候。右は、紘吾壽閑両人前書之通申立候義相違無之候。此段及御挨拶候。

但、弘化三午年十二月學問所伺済より有之候処、右は弘化四未年十二月ニ有之候。此段為念得御意置候。

八月

一　同年同月

林　大学頭殿

筒井肥前守殿　　池田播磨守

林式部少輔殿

先達て及御掛合候上野黒門町喜三郎店貞助儀、後藤点五経重板いたし候吟味追々取調候処、同人義去ル丑年書物問屋停止後、後藤点易経・詩経等武家方蔵板いたし候を承、右者賣口宜品ニ付、引受可賣捌と職人手間料等立替候代リ、右書物摺立売渡候処、翌寅年、都て書物板行いたし候節は町年寄舘市右衛門え申立、奉行所差図受可申旨之町觸有之、幷去ル辰年重板類板之儀ニ付、廉々申渡置候趣意え對シ候ては、勝手侭ニ賣捌候儀不相成は勿論、殊ニ右は、大坂板後藤点を重板いたし候ニ等敷書籍ニ候所、頭書ニ異同有之類板とも可准と利得ニ泥ミ、自己勝手之了簡ヲ以、蔵板主へは品よく申成、其後も内々ニテ賣出シ罷在候故、右之趣板元共及承故障申立、町年寄え取調之義相願候節、深糺受候ては恐入候由ニテ、右武家蔵板主より貞助え板木引受、板元え相渡内済致度旨申立、町年寄より先役・遠山左衛門尉え伺出候ニ付、右一件之もの呼出一ト通及吟味候處、前段之通内済行届居吟味下相願候間、以来之儀急度申付、請証文取之承届、右一条は事済ニ相成。然ル処、其後貞助儀、寄合西丸《ママ》主水家来・孫左衛門父隠居西尾壽閑儀、酒井雅楽頭家来・布川絃吾校正いたし候後藤点五経、学問所伺済にて蔵板いたし候を、尚又伺済にて絃吾より壽閑え譲受彫刻いたし候

由承、右入用金之内、貞助より他借いたし、追々壽
閑え用立板刻出来候ニ付、書物問屋共より町年寄
え賣弘之儀願出候積之処、願済迄は間合有之、右
用立金借入候方え返済差支候迚、壽閑より八拾部受
取、内々貞助より賣捌候ニ付、大坂表板元より寺社奉行え
同人其外相手取及出訴、吟味中後藤点之文
字削去、西尾点と相直候積訴答及熟談、壽閑
より右之趣学問所え相伺差支無之由ニ付、其段
寺社方え申立吟味下ケ相成済口証文差出候処、
右吟味中、貞助内心ニは以来西尾点と相改り候
ては、必定賣泥ミ損失可致と利徳ニ迷、元来
右板刻は大坂板の後藤点を重板いたし候同
様之書物にて、前書辰年申渡ニ前板有之ヲ不
存体ニ致成、後日相顕おゐてハ、急度可申付旨之
廉ニ相背候處、摺立候五経之内二十五部賣残之
旨申成、吟味中差出改受文字削去、其餘五十五
部手残しいたし、右吟味前後内々賣渡罷在候
處、右之趣相聞被呼出吟味受、無申披誤（ママ）入候旨

申立候間、吟味詰御仕置可申付者ニ有之候。依之、右板刻之後藤点大坂板之原本ニ為引合候所、聊圖説を加へ、標注は加除も多く、重板ニは不相見候へ共、本文之儀は系之延縮有之而已にて、字行ニ大小無之重板ニ相見候旨、書物掛り名主幷同問屋行事共申立、右は大坂原本え薄紙を掛、本文を描写いたし候草稿ヲ以板刻いたし候儀ニて、事実重板と相聞候ニ付、右板木取上有無勘弁いたし候処、寺社奉行吟味中後藤点之字を削去、西尾点ニ相直候段は、全同済之趣意にて、吟味下承届候儀有之、今般吟味詰相成候上は、右對談ニ可拘筋無之、前書申渡ニ振、殊ニ貞助儀、右書物之儀ニ付ては再犯同様之及所業候者之儀、旁此上右五経世上え流布いたし候ては取締ニも拘候間、壽閑より板木取上ケ、絶板可申付と存候処、一旦学問所伺済ニ相成候儀ニ付、右之通、申渡落着申付候て御差支無之候哉否、早々御挨拶有之候様いたし度存候。且又貞助之外、後藤点四書五経蔵板伺済賣

弘申付候分、口々有之、是とても重板ニ紛敷分可
有之哉、當時取調中ニ有之候へ共、貞助とは訳違
再犯之儀ニも無之候間、大坂原板主當人呼出遣
置候間、右出府之上為及示談、得と取調追て可
及御相談候。依之、先ツ此段及御掛合候。

子八月

右答如左

林　大學頭
池田播磨守殿
筒井肥前守
林式部少輔

上野新黒門町喜三郎店貞助儀、後藤点五経
重板いたし候ニ付、兼て御申渡之義有之候処、其後程々
之取斗ヲ以、内々賣捌いたし、此度吟味詰ニ至リ候ては、
貞助再犯同様之及所業候者之儀、旁此上は右五経
世上へ流布いたし候てハ、取締ニも拘り候間、板木持主
西尾壽閑より板木取上ケ、絶板御申渡可被成之処、學
問所伺済之品ニ付、右之通落着相成候て差支無之哉
之旨御問合、且又貞助之外後藤点四書五経開板伺

済賣弘候口々有之候間、是とても重板ニ紛敷分可有之、當時御取調中、尚追て御相談可有之旨、御掛合之趣致承知候。右後藤点五経刻板之儀は、最初酒井雅楽頭家来・布川絃吾開板改之義、学問所え願出候ニ付、開板不苦旨申渡、其後寄合西尾主水家来・孫左衛門隠居壽閑え板木相譲り度義、申上候ニ付承り置、且又後藤点を西尾点と改度段伺出候ニ付、是亦差支無之趣申渡置候。然ル處、右書物開板一件ニ付、前文之通貞助儀御申渡之趣ニ背キ、種々之取斗いたし候ニ付て、同人身分何様之御咎御座候共、御法度通り之儀は於拙者は存寄無御座候得共、貞助不埒之儀有之候迚、開板相成候聖経を絶板と相成候は如何哉と存候。都て学問所ニ於て開板相改候儀は、異教・忘《（ママ）》説等を認候類ニ無之、儒書其外雑書小説ニ至ル迄、世上有用之書勿論、左も無之候共、差障り不申書物は開板差許候儀ニ有之、殊ニ四書五経類ハ天下之人々必用之物にて、貴賤とも銘々も壱部宛ハ所持可有之義、都鄙之差別なく数部刻板出来致し居候様致度候。既ニ先年中書物屋持株有之候節、素讀稽古人共四書五経買入度と存候ても、摺出候間合ニて大ニ差支候趣も承り及候義有之、此類は數板出来居不申てハ差支可申候。右故、近時學問所ニ於て開板改被仰出候以後、同様之品向々より度々願出候得共、其都度差許シ成候間、當時世上後藤点本之四書五経刻本定て数種可有之と存候。元来書物之義は、外賣物と違ひ、板元持株有之候様相成候ては、稽古人等手軽に買入候儀も難相成、大ニ差支申候。尤書物柄ニより自分著作を蔵刻ニ致し置候品は、他處にて勝手次第開板ニ致候ては作者迷惑いたし候儀も可有之候得共、童蒙素讀之為ニ聖経え訓点を加へ候迄之儀は、某之著作トは申難く、且讀法可也ニ相成り候。是上は、其後開板致し候もの、別ニ存寄無之者、強て訓点を改候儀ニは相成不申間、後藤点本を其侭ニ所々にて致開刻候共、差支は無之儀候。既ニ林大學頭家祖・道春点之四書集注本、新古数板有之候処、元より道春自著之品ニも無之、訓点を施し候迄之義、是迄数代之内差構ひ不申候。此度貞助所業不埒ニ付、同人引合有之候後藤点五経絶板も御申渡可被成義は、たとへ西尾壽閑所持之板木壱部ニ限り候共、聖経を絶板ト申候ては、其書物世上之害ニなり候書物同様ニ相成り、名義ニ於て如何と存候。此上後藤点四書五経之分、追々御取調可有之趣ニ候得共、右等之處、篤と御勘弁有之度候。右ニ付ては、歴史・諸子・詩文集等、其外和漢之書類、都て書物屋持株有之候様ニ移り来り候ては、和板之書物類開板甚差支ニ相成候。書物屋共は商賣之儀、利潤を争ひ候は當然之儀ニ候へ共、天下有用之書物開板等之儀ニ付、書物屋行事共彼是と差支之儀申出候ては、文学御教育之筋、自然差塞可申と存候。尤書物賣捌之儀ニ付、奉行所本定之廉々可有之、且書物屋行事共え兼て御申渡之振合も可有之候間、拙者共心得迄ニ御写御廻し被下度、猶又御相談致し候儀も可有之候。此段御答旁及御掛合候。以上

子九月

一　同年播磨守より下ヶ札ヲ以申越如左

御書面、五経之類は必用之書物にて、部数刻板出来候方可然との趣意、且新刻書籍之義ニ付、御議論之趣等詳悉被申越候趣、致承知候。元来後藤点五経之儀ハ、天明四辰年九月京都五條高倉東へ入ル町書物問屋・四郎兵衛より、其節の同所町奉行・丸毛和泉守御役所え申出、願済之上開板いたし、其後大坂南革屋町同渡世・五郎兵衛え譲受候。板木も同人ニ限、三都を始外ニ類板無之書物ニ有之。去ル寅年、新板書物之儀ニ付町觸後、新規開板又は素人蔵板もの引受賣弘願とも、町年寄・舘市右衛門え申出候儀、重板之差別不相立候ては、混雑いたし候ニ付、先役共評議之上、前板有之ヲ不存躰ニいたし、願受之儀は不相成段、去ル辰年書物掛名主共へ申渡置候儀にて、既五郎兵衛所持板木の如く、其書物問屋一板ニ限賣出候類取調候処、別冊之通、其書肆限りの板木に取極、賣買いたし来候書物之内、経書も数多有之、其餘　敷儀ニ可有之、右は、前々より商法にて、尤御改革後

より重板之申渡以前迄、纔之間は勝手次第之儀にて
格別ニ候得共、右前後は元板主え無沙汰ニ新刻いた
し候儀は難相成、況右申渡後は、板元え不引合新
刻致候儀は不相成儀ニ付、重板いたし候は尚更不届
之筋ニ有之、右体持株之様ニ極置候段、問屋共自法ニ
候迚、従来之儀を同渡世之もの利欲ニ走り、流行之
書籍重板は勿論、不遂示談勝手侭ニ新刻ニ致し
候は、同家業の実意を失ひ、渡世ヲ糶リ取候筋ニ相
當、畢竟新ニ上梓いたし、多分之費用相掛り候は、
右利徳ヲ以仕埋候上、板元ニ相成類板等猥ニ不相
成様規定いたし置、若身上窮迫いたし候得は、右
板木賣買ヲ以融通いたし候は商人之倣、無餘義
業法にて、書物屋ニ限り候儀ニ無之、諸問屋共右事
情ヲ以相立候掟は、同趣意ニ可有之儀、然ルを貞助
儀、旧来書物渡世之身分にて、後藤点流行致し
賣捌方利徳有之故ヲ以、重板シ申渡を押隠、壽閑
入費え差加金いたし、同人を欺願済以前板木受取、
内々賣鬻、寺社奉行吟味之節も、西尾点と改、訓点は

重板之侭にて内済いたし、其節不残所持之分差出西尾点と改届候由申偽、内実部数手残いたし置売渡居剰、其後市右衛門え賣弘之儀申出、可願受と致成候段、重畳之不届ニ有之。勿論、貞助御仕置筋ニ付ては御存寄無之趣ニ候共、右次第柄不出顕にては、自然板木取上候條理不相立候故、申述候儀にて、尤重板いたし候もの板木取上候儀は、當四月評定所一座掛にて大坂八幡筋御前町兼次郎儀、願済之上賣弘候古刀銘鑑ヲ内證にて重板いたし候依科、板木取上所拂申付候例有之。且寅年御觸書末文ニ、願済ニ無之新刻致し候ハヽ、何書物ニ不限板木焼捨と有之旨等ヲ以、参考致候得ハ、聖経之無差別、右様發法相立、下々え示し置候処、法ニ背候書籍發覚《本文マヽ》吟味詰ニ相成、當人御仕置申付候ても、右書物依然として世上え流布いたし候ては、失躰之儀、規則ニ拘り候筋故、取上候は必定と見受、併學問所伺済之品ニ付、及御掛合候儀に有之、素より於絃吾・壽閑は、右重板之申渡は書物屋限りの事故、不相弁候とも、壽閑は貞助より金

子差加候迚、願済前猥ニ板木相渡為摺取候故、
終ニ同人御仕置請候仕儀ニ至り候段、心得方等閑
而已とは難申、右五経、壽閑よりも賣渡候趣及承西丸
御目付鈴木四郎左衛門家来・玉城忠兵衛買取候次第も
相成候儀にて、全壽閑利心より起候所業卑劣之
至、板木ヲ取上損毛致候共當然之儀、乍去、御申越之通、
訓点を加候迄にて、外著述を重板いたし、著述主之
功を奪候とは聊差別も有之、殊ニ聖経を絶板と申
渡候ても、名義にも拘候との御論も有之候間、勘弁
致候處、重板之義ニ付申渡候節、各様え御達は不致
儀と相見、書記無之、右故彼是不都合之儀も出来候
儀、且は絶板と申付候ては、費も不少、於事実は不好
筋ニ付、旁今般之義絶板之沙汰不及、板木取上其餘
西尾点之名目は削去、道春点に改点いたし候積にて、
右入用をも見込入札いたし候様、書物問屋共え申
付、落札之ものえ板木相渡改点之上、再学問所改
済、定例之手續ヲ以賣弘之義申渡候積取斗候ハヽ、
御掛合之主意にも協ひ、奉行所取締筋ニ拘り候

儀も無之、両全にて可然哉と存候間、尚御存寄被御申聞候様致度、右之外口々取調中後藤点四書五経賣弘願済之分は、未筆耕中又は彫刻中にて賣出候哉も有之候得共、いつれも原板主え不逐掛合願受候段、不行届之儀ニ付、外点ニ改賣買いたし度分御掛合、以前より一同書面申立、貞助とは違ひ一時之心得違迄にて、此程五郎兵衛病氣ニ付、忰・五郎助出府いたし候間、示談之義申諭候處、道春点ニ相改、再学問所え相伺候積、熟談行届吟味下之儀相願、右は新古数板有之、差定候板元無之、殊ニ大学頭殿御家祖之訓点ニ候得は、刻板相増候は至當之儀と被存候ニ付、右熟談之趣ヲ以可承届と存候。且新刻之書物持株有之候様相成候ては、御差支相成候との儀、一應御尤ニ候得共、今般問屋組合再興被仰付、諸商人商法古復《(ママ)》之調中ニも有之、此度は板木取上有無之御贈答迄ニ付、右廉は別段之事故、可否之難及御答候。町々え別紙辰年申渡写幷書物問屋差出候書付共三冊相添、猶又對馬守へも打合之上御相談旁及御掛合候。

子十月

天保十五辰年正月晦日舘市右衛門より書物掛名主え申渡ス

申渡

書物掛

名主

去ル寅六月、新版書物之儀ニ付町觸以後、新規開板、又ハ素人蔵板もの引受賣弘願共、町年寄・舘市右衛門方え申出候儀、重板之差別不相立候ては追々混乱いたし候ニ付、以来左之通、可相心得候。

一前板有之を不存躰にいたしなし願出、後日相願ニおゐてハ急度可被仰付之

一板木磨滅、或は焼失等有之持主え、遂示談願出候分は、重板にても不苦候

一他之者著述致置候草稿ヲ以、草稿主えは不断板刻願出候様なる儀は有之間敷候得共、猶又心得違之義無之様可致候

一同し書籍にても、加除致候は類板ニ付、異同書顕可

願出候
右之趣、其筋商賣人共心得違無之様、可申含者也
右之通、町奉行所御差圖ヲ以申渡候間、其筋商賣人共
不洩様可申付候
辰正月
右之通被仰渡奉畏候。以上
小網町名主
天保十五辰正月晦日　伊兵衛印
外八人印

表書／上
書物問屋行事共
道春様御点四書之儀は、寛永之比御学問流行之砌、凡百
通り程も彫刻出来候趣、往古より申傳、巨細取調は不仕
候得共、板木焼失等にて残本之儀も其餘も流布致居
候哉ニ奉存候。御尋ニ付、此段申上候。以上
但、御同点五経之儀は、漸四五枚も可有之奉存候。
書物屋行事

神明町家持／岡田屋
嘉永五子年九月七日　　　嘉七　印
御番所様

表書／上　書物問屋行事共
後藤点四書五経之大坂南革屋町炭屋五郎兵衛
所持一枚ニ限り候段、同人申立候ニ付、経書類にて三部
之内、一枚ニ限り候品有之哉、取調被仰付候間、取調左ニ
奉申上候。
一後藤点／四書　大坂　炭屋五郎兵衛
一一斎点／四書集註　同　象牙屋次郎兵衛
一鼇頭四書　京　勝村治右衛門
一貝原点／四書　同　出雲寺文治郎
一四書便講　江戸　須原屋伊八
一四書鈔説　大坂　伊丹屋善兵衛
一四書正解　京　天王寺屋市郎兵衛
一四書直解　京　出雲寺文治郎
一四書松陽講義　大坂　河内屋茂兵衛

一後藤点／五経　大坂　炭屋五郎兵衛
一一斎点／音訓五経　右同人
一貝原点／五経　江戸　和泉屋吉兵衛
一五経集註頭書　京　出雲寺文治郎／外一人合板
一五経集註半紙本　大坂　河内屋喜兵衛
一七経孟子考文　江戸　須原屋茂兵衛
一周易正文　同　和泉屋金右衛門
一毛詩正文　京　勝村治右衛門
一尚書正文　右同人
一禮記正文　江戸　和泉屋金右衛門
一論語正文　江戸　須原屋茂兵衛
一孟子正文　江戸　和泉屋金右衛門
一古文孝経　江戸　須原屋新兵衛
一孔子家語　同　岡田屋嘉七
一王注老子経　同　須原屋茂兵衛
一郭注荘子　京　勝村治右衛門
一春秋左氏傳　大坂　敦賀屋九兵衛
一國語定本　同　河内屋源七

一史記評林　同　敦賀屋九兵衛
一漢書評林　京　出雲寺文治郎
一後漢書　右同人
一三國志　大坂　敦賀屋九兵衛
一晋書　京　風月庄右衛門
一歴史綱鑑補　大坂　河内屋太助
一十八史略　京　菱屋孫兵衛
一元明史略　右同人
一名臣言行録　同　風月庄右衛門
一世説新語補　大坂　河内屋茂兵衛
一文選〔傍〕訓大全　京　風月庄右衛門
一唐詩選　江戸　須原屋新兵衛

右之書類は、右板元共ニ限り一枚にて、先年類板も無御座、右書物他にて彫刻仕候儀、決て不相成、従来之自法ニ御座候。今般問屋再興被仰付之上は、商法如前ニ古復（ママ）仕候心得ニ御座候。尤原本ニ加除有之、板元え示談行届候得共、類板難相成と申儀ニは無御座候。此段奉申上候。以上

書物問屋行事共

嘉永五子年九月　　神明町／家持
　　　　　　　　　　嘉七印
　　　　　　　　横山町三丁目／仁左衛門地借
　　　　　　　　　　金右衛門
　　御番所様

子十一月四日
一池田播州より昨日左之懸合差越候間、今日於御場所申
談之上、下ヶ札及答、如左
　三名殿　池田播磨守
後藤点五経京板之儀ニ付、當九月中御掛合之趣、
先月十四日尚御相談旁御挨拶およひ置候処、右は
六月中より吟味取掛候一件にて、最早六ヶ月ニ相成、
御老中方へ御届も遠達致し候儀ニ付、可相成候ハヽ、
早々御挨拶有之候様致し度、此段及御掛合候。
　子十一月
下　御書面御掛合之趣、致承知候。
ヶ　取調出来次第、自是可及御挨

札　　拶候。此段以下ヶ札及御答候。

十一月五日　三名

同月十一日

一池田播磨守え過日之答差遣ス如左

池田播磨守殿　　三名

御下ヶ札之趣致熟覧候処、後藤点本五経は當時大坂革屋町五郎兵衛ニ限り、其外類板無之書物ニ有之、去ル寅年新板書物之儀ニ付、新規開板又は素人蔵板もの引受賣弘願候とも、町年寄・舘市右衛門え申出、重板之差別相立可申様、書肆共え御申渡被置候処、御改革後より重板之御申渡以前迄、纔之間は勝手次第之儀ニ付、格別に候得共、右前後は元板主え引合不申新刻は不相成儀等御申渡候事共、委細致承知候。然處、拙者共方にては、去ル寅年中開板改被仰渡候以後、其御役所にて於て重板之儀ニ付、御申渡、其後諸商賣問屋組合再興被仰付候ニ付、書物も同様持株相立候様可相成との義等、拙者共ニは御通達無之、其御役所御取扱而已之義ニ候間、此程中より之御掛合方都て致齟齬候義も有之候へ共、今更其義は暫さし置、此度御掛合之趣ヲ以て、及御談候ハ、今般諸問屋御再興之御趣意ハ拙者共相心得不申儀ニハ候へ共、諸物日用差支之義出来候より被仰出儀ニ可有之歟、書物之刻板義は書物屋共利潤を争ひ候迄之義ニて、此義ハ外商賣物同様相成り候上は、却て人々修業日用之差支に相成り、諸物とハ差支之筋合相違ニ候。殊ニ四書五経は人々倫理五常之道を心得候為之書物にて、天下一人とても不可欠之もの、此類幾部同様之刻板出来候とも不苦儀、其外とも有用之書ハ同様ニ有之度候、開板改之義拙者共へ被仰渡候ニ付、被仰渡之御趣意を以て天下有用之書は勿論、其餘差障り無之分ハ一々開板差許シ来候間、書肆共のミならす諸家蔵板も追々出来候義に至り候。既ニ先達て及御答候通、後藤点四書五経数ヶ所より願出候とも、不残差許置候。此度貞助種々之謀計有之候事より、其外迄後藤点四書五経御取調相成旨之如く、後藤点大坂一板ニ相定可申哉之趣ハ、全く貞助不埒より其餘之書物迄開刻差塞り候儀相聞へ、如何可有之哉、左候ハヽ、江戸表のミならず在々所々童蒙素讀修業候もの何程さし支可申歟、近来文学之道厚御世話有之候ニ付、貴賤之差別なく学問心掛候様漸相成候処、第一其者共之必用可相成書物一板に限り候ては、文學御教育之筋ニ拘り如何と被存候。別紙御写御廻シ御座候書物屋共より書出し候。寛永之比は道春点本百通りも刻板有之由は、道春始て訓点を付候故之義と存候。今度西尾壽閑蔵板後藤点本、書肆・貞助取計ひ不埒ニ付、板木取上之上外書肆共之内え入札御申渡、落札之ものへ御引渡之上、右点を道春点ニ改点被致候ハヽ、大学頭家祖之訓点ニ付、刻板相増候とも至當之義ニ付、書物屋共願出候通、御申渡可被成、御問合之趣、拙者共ニ於て何共難及御挨拶候。右は一躰、讀書之法歳月を歴るに随ひ、追々其道相開候は和漢共同様之儀、況訓点之義は童蒙之其道ニ入りやすき様にいたし候物にて讀法に従ひ、多少之損益有之、且訓点とても自然時世に従ひ繁簡之異詞（ママ）有之義にて、二百年前之訓点當時に至り一々よろしくと申義ニハ無之、右等之義は其時代之師家にて取捨有之儀ニ候。且又後藤点本と唱へ候とも、易経之首巻ニ七代目大学頭序文有之候通、其比大学頭自身改点を可被致之處、門人後藤弥兵衛点本大畧同意ニ付、直ニ其方を採用被致候儀相記し有之、同書之表紙裏副葉へ林家正本とも記し有之候は、定て御一覧可有之。此訓点は即チ其比大學頭家点同様ニ御座候故、天下之人々大半は此本を素讀ニ相用ひ候儀にて、往古道春点本之盛行候義ハ一様ニ御座候然處、道春点本ハ数板有之候とも差支無之、後藤点本は一板ニ限り候ては一事両様之儀ニは相成不申哉、扨又點者後藤弥兵衛ニ於ては、自分点本師家にて取用ひ、其上世上へ遍く及候其身後之栄不過之儀、其子孫といへとも何程満悦之義とも被察候處、商人共利徳を争ひ候ニより手狭ニ相成り候は、第一点者之素意ニ戻り可申、此程及御答候。自分著作蔵刻之類を、外にて勝手次第刻板候とは、事替り申候。尤右等之差別有之義ハ申迄も無之、御弁別御座候とも、其御役所にて諸商賣物問屋相立候上は、同様不相成ては自然御さし支之義も有之候ニ付、天下必用之書物にても外商賣物共一様ニ御取扱被成度との趣きは、御察し申候へ共、拙者共ニ於て文學盛行相成候上は、弥手廣く御教化相達候様可致之意にて、御掛合方都て相違相成候間、開板改取調方之義等、尚又勘考之上、御支配方へ一應相伺可申と存候。右ニ付てハ御相談之義御座候ハヽ、可被仰聞候。

折角文学之道盛りニ相移り候處、開板之義種々差塞り候ては、御趣意も相貫き不申様可相成、且拙者共方にて改済之書物、其御役所に於て、書物屋行事共申立之趣を以て、開板御差止相成候ては、被仰渡之御趣意を以て改候詮も無之、且ハ書物屋行事共之取扱にて開板之規矩相立候義ニ相移り、向後有用之書物開刻不相成之弊ニ至り可申。猶又御書中にて初て致承知候、古刀銘鑑重板ニ付、評定所一座御評決板木取上焼捨被仰渡候由、此書類ハ何様相成候とも存寄無御座候得共、拙者共方にて一旦改済之品ニ候へは、一應は為心得御達有之候方と存候。此後改済之書物類ハ、たとへ小品たりとも開板差障り候次第有之候ハヽ、御掛合御座候様致度候。左も無之ては、拙者共改之規則に拘り、不都合之義ニ候。尤此節諸問屋組合御調中之由ニ候得は、書物開板之義ハ御治定被仰渡候以前、拙者共へ御掛合御座候様致度候。後より彼是と及議論候ては、御同様ニ不都合之義出来可致ニ付、此段及御相談候。右は御儒者共申談之上、以孫札及御答候。

子十一月　三名

同月十四日

一池田播州より左之達書差し越ス、落手之旨及答候

池田播磨守

三名殿

上野新黒門町喜三郎店貞助儀、後藤点五経重板致し候一件吟味ニ付、板木取上方之義御相談、旁及御掛合候處、去ル十一日、孫御下ヶ札ヲ以委細被御申越候趣、承知いたし候。猶同役共得と評議之上、可及御挨拶候。然ル所、右一條之義、當六月中より吟味取掛、最早六ヶ月ニも至、本人貞助儀、永々手鎖預申付置候儀にて、

右御掛合済迄見合候ては、一件拘り合之もの共も不少可及難義候間、板木取上方之儀ハ不及沙汰、此節落着申渡候様可致と存候。尤後藤点開板之儀は、学問所御改済、吉川町清兵衛店佐助外壱人より、去亥十一月中賣弘之儀、舘市右衛門え願出取調中ニ付、右は追て可及沙汰積り申渡候得共、差支無之候ニ付、此段及御達候。

子十一月

一右来紙え答下札にて差遣ス

御書面之趣、委細致承知候。但

下ヶ札　是迄開板差免候四書五経後藤点は、数多之義にて荒増取調候處、別紙之通ニ御座候。依之、御心得迄ニ

右別紙相添、此段及答候。

子十二月　三名

四書五経後藤点開板之儀

差免し候分

一天保十三《(ママ)》辰年六月／四書後藤點　芝三島丁／市兵衛
一弘化三年四月／五経後藤點　同／吉蔵／外壱人
一弘化四未年十月／四書字引附後藤点　下谷大工屋鋪／庄次郎
一嘉永二酉年十一月／五経片假名付圖入後藤点　土屋紀伊守家来／中澤忠三郎
一嘉永二酉年十一月／書経詩経礼記春秋／後藤点／平假名付　本石町十軒店／勝五郎
一嘉永三戌年正月／標箋／音旨　四書後藤点　土屋紀伊守家来／中澤忠三郎
一嘉永三戌年十一月／四書後藤点　小普請組酒井内蔵助支配／鈴木多吉家来／宮野庄蔵
一嘉永四亥年二月／四書増音改正後藤点　芝三島丁／吉兵衛／外六人
一嘉永四亥年三月　易経書経詩経／後藤点／片仮名付　清水附書院番／安田庄兵衛
一嘉永五子年十月　四書後藤点　大坂南革屋丁／五郎兵衛

十二月七日
一池田播州より左之通り申越ス

池田播磨守

三名殿

上野新黒門町貞助書物重板之儀ニ付、及御掛合候處、孫下ヶ札ヲ以被御申聞候趣致承知候。右は追て可及御挨拶候間、貞助一件落着申渡候積り、去月十四日及御達置候通、同十九日落着申渡候。依之、尚勘弁致

候処、再應御相談之趣は書物問屋ニ不限、総て諸問屋商法え差響、當時拙者共取扱候再興調ニ付ては、不容易儀にて、得と評議を尽シ、文学御教育之趣意ニも協ひ、且自餘之差響ニも不相成様、其宜ニ随ひ勘弁致し度、元来諸問屋再興ニ付ては、文化以前ニ復候趣意ヲ以、被仰出候義ニ付、悉再興調済之上、一統商法之書上為致可否之及沙汰積、去亥七月中町年寄共え申渡、下々之者共も其心得にて罷在候義ニ有之、凡再興調済ニ至候得共、未皆済ニ不至、尤書物問屋再興は相済候ニ付、此上文化以前之商法書上候時節ニ至候ハヽ、御打合可申候間、其節委細に御存寄被御申聞、當御相談之上、若し難決義も候ハヽ、拙者共より相伺可申。依之、商法書上迄は、右一条調は停置可申候間、尚又此段及御達候。

子十二月

十二月十五日

一右来紙え下札にて及答如左

御書面之趣致承知候。追て御懸合

之節、尚又存念可申進候。且拙者共方ニても相伺候様可致候。此段及御答候。以上

十二月　　　　三名

一嘉永四亥年二月掛合下ヶ札答共

三名殿　　　　脇坂淡路守

大坂南革屋町家持五郎兵衛より、上野新黒門町吉三郎店貞助、弁吉川町清兵衛店佐助、浅草福井町壱丁目五郎兵衛店清七え相掛り候不作出入、拙者掛當時吟味中ニ候処、右出入筋訴訟方五郎兵衛、並通壱丁目久兵衛店書物屋・茂兵衛、新石丁五人組持店同源助相板元にて、前々賣出来候後藤点五経を相手方之者共、近来無沙汰ニ重板いたし、手廣賣出し候ニ付、渡世に差障不法之始末難心得候間、以来賣出方差止、板木をも引渡候様、訴訟方五郎兵衛代召仕・善助申立、相手方貞助外二人儀、右は猥りニ重板等取扱候には無之、

先達て寄合西尾主水家来・孫右衛門親西尾壽閑儀、學問所え伺済にて板木彫刻いたし候、同人蔵板五経之趣にて、板木等引渡候儀は難相成旨申立候得共、一体以前より有来候五経と紛敷相見候。右は貞助等申立候通り、學問所改を請彫刻いたし候壽閑蔵板にて、重板等ニ紛敷品ニ無之段無相違、勝手に賣捌候とも子細無之儀ニ候哉、各方御心得之所をも早々御申聞候様いたし度存候。此段及御掛合候。

亥二月

下ヶ札答如左

御書面御掛合之趣致承知候。右書物は、去未十二月酒井雅楽頭家来・布川絃吾より五経開板伺差出改済之上致蔵板居、其後戌十月寄合西尾主水家来孫左衛門父・西尾壽閑事、絃吾より右書物譲請蔵板仕度段伺出候ニ付、承り届置候品と被存候。一体拙者共書物開板改方之儀は、公道ニ拘り可憚義、又は風俗人心を害し候類之品を専相改候事

にて、重板之書差留候儀は是迄被仰渡も無御座候間、
拙者共方にて差構不申訳ニ御座候。此段御承知
可被下候。

三月　　　　　　　　　　三名

一同年五月廿九日掛合下ヶ札答共
後藤點書物之儀は、先年讃岐守家来・後藤弥兵衛と申
者致点付、後藤点と相唱、京都町人北村四郎兵衛と申
者賣弘、其後大坂町人炭屋五郎兵衛と申者賣弘来
候。然処、此度御寄合西尾主水様御家来・西尾壽閑と
申者之蔵板之由ニて、後藤点刪正と申五経賣出候
者有之、甚難渋仕候趣申出候。右は西尾壽閑蔵板に
相違も無之、市中賣捌等も御學問所伺相済候儀
にも御座候哉、此段及御問合候様被申付候。

松平讃岐守内
岡井郡太夫

下ヶ札
御書面書物之義は、弘化四未年十二月酒井雅楽頭
家来・布川絃吾と申者、開板仕度段伺書差出候ニ付、

伺之通不苦候段申達候。其後嘉永三戌年十月寄合西尾主水家来・西尾壽閑と申者、布川絃吾より右板木譲受蔵板ニ仕度段、伺書差出候ニ付、承り届置候。尤市中賣捌等之儀ハ、町奉行所差圖次第之事にて、學問所ニおゐて差構無之候事。

一同年八月廿四日総教衆より御書留を以新次郎え相渡幷同人より差出候御請書両通之写左之通り

田邉新次郎え

先達て酒井雅楽頭家来・布川絃吾より五経後藤訓點本開刻願出候節、御場所取扱方不行届様旁議相聞候。右は、開刻願之書、布川絃吾より直ニ請取差出候は、聊故障無之儀を、絃吾名前にて書肆・貞助を以、桜井久之助え相頼候を、平生開板改方を取扱候身分ニ不似合之取斗、無念之事候。以後右様心得違無之様、可被心掛候事。

亥八月

御請書　田邉新次郎

先達て酒井雅楽頭家来・布川絃吾より五経後藤

点本開刻願之儀、取扱方不行届、以後心得違無之様相心得可申旨、被仰渡奉畏候。全心付無念之至奉恐入候。此段申上候。以上

亥八月　　田邉新次郎

西尾壽閑より差出候一札之写

差出申一札之事

一學問所御改済之文字相除候様、被　仰付奉畏候。則刊り取相納申候。且亦是迄賣捌候分共、追々取戻シ、右文字相除可申候。御請如此御座候。以上

嘉永五子年正月　　西尾壽閑印

御學問所

御役人衆中

本項目は記載が時系列ではなく、『市中取締続類集』『嘉永撰要類集』と重複あるいは欠落する部分がある。以下、『嘉永撰要類集』により本書の欠落部分を補い、時系列に並べ替えることとする。なお並べ替え順は本書の

日付順とし、

1．同年同月の同一内容に関するやりとりは、原則同一括弧にまとめる

2．同一内容に関するやりとりで、月が異なる場合は括弧を改める

3．本書の欠落部分は内容ごとに独立した括弧にまとめる

という区分とした。

(1) (天冊　六十一丁オモテ)

○五経重板一件掛合

(地冊　十四丁ウラ～十五丁ウラ)

天保十五辰年正月晦日舘市右衛門より書物掛名主え申渡ス

申渡

書物掛
名主

去ル寅六月、新版書物之儀ニ付町觸以後、新規開板、又ハ素人蔵板もの引受賣弘願共、町年寄・舘市右衛門方え申出候儀、重板之差別不相立候ては追々混乱いたし候ニ付、以来左之通、可相心得候。

一前板有之を不存躰にいたしなし願出、後日相
願ニおゐてハ急度可被仰付之
一板木磨滅、或は焼失等有之持主え、遂示談願出
候分は、重板にても不苦候
一他之者著述致置候草稿ヲ以、草稿主えは不断板刻
願出候様なる儀は有之間敷候得共、猶又心得違之義
無之様可致候
一同し書籍にても、加除致候は類板ニ付、異同書顕可
願出候
右之趣、其筋商賣人共心得違無之様、可申含者也
右之通、町奉行所御差圖ヲ以申渡候間、其筋商賣人共
不洩様可申付候
辰正月
右之通被仰渡奉畏候。以上
小網町名主
天保十五辰正月晦日　伊兵衛印
外八人印

（2）（天冊　六十一丁オモテ～六十一丁ウラ）

弘化四丁未年十二月布川絃五より之伺書

一　五経　後藤點删正　十一冊

右者、校合開板蔵刻ニ仕度奉存候。御差支も無御座候哉、此段奉伺候。以上

酒井雅楽頭家来

未十二月九日　　布川絃吾

開板不苦候。追て出来之上、一部學問所へ相納可申事。

（3）（天冊　六十一丁ウラ）

嘉永三庚戌年十月西尾壽閑より之伺書

一　删正五経　　十一冊

右者、弘化三年丙午十二月伺済ニテ、酒井雅楽頭家来・布川絃吾蔵板仕候処、此度私譲受蔵板仕度、此段奉伺候。以上

嘉永三庚戌年十月　　寄合西尾主水内／孫左衛門父隠居

西尾壽閑印

十月廿日下ヶ札
伺之通不苦事

（4）（地冊　二十八丁オモテ〜二十九丁オモテ）

一嘉永四亥年二月掛合下ヶ札答共
三名殿　　　　　　　脇坂淡路守

大坂南革屋町家持五郎兵衛より、上野新黒門町吉三郎店貞助、弁吉川町清兵衛店佐助、浅草福井町壱丁目五郎兵衛店清七ぇ相掛り候不作出入、拙者掛當時吟味中ニ候処、右出入筋訴訟方五郎兵衛、並通壱丁目久兵衛店書物屋・茂兵衛、新石丁五人組持店同源助相板元にて、前々賣出来候後藤点五経を相手方之者共、近来無沙汰ニ重板いたし、手廣賣出し候ニ付、渡世に差障不法之始末難心得候間、以来賣出方差止、板木をも引渡候様、訴訟方五郎兵衛代召仕・善助申立、相手方貞助外二人儀、右は猥りニ重板等取扱候には無之、先達て寄合西尾主水家来・孫右衛門親西尾壽閑

郵便はがき

料金受取人払郵便

赤羽局
承認

978

差出有効期間
平成32年5月
7 日まで

115-8790

東京都北区赤羽1-19-7-508

図書出版
文学通信 行

■注文書 ●お近くに書店がない場合にご利用下さい。送料実費にてお送りし

書 名 冊数

書 名 冊数

書 名 冊数

お名前

ご住所 〒

お電話

読　者　は　が　き

これからの本作りのために、ご意見・ご感想をお聞かせ下さい。

この本の書名 ＿＿＿＿＿＿＿＿＿＿＿＿＿＿＿＿

寄せ頂いたご意見・ご感想は、小社のホームページや営業広告で利用させて
く場合がございます（お名前は伏せます）。ご了承ください。

本書を何でお知りになりましたか

文学通信の新刊案内を定期的に案内してもよろしいですか

はい・いいえ

に「はい」とお答え頂いた方のみご記入ください。

名前

住所　〒

電話

ール

儀、學問所え伺済にて板木彫刻いたし候、同人蔵板五経之趣にて、板木等引渡候儀は難相成旨申立候得共、一体以前より有来候五経と紛敷相見候。右は貞助等申立候通り、學問所改を請彫刻いたし候壽閑蔵板にて、重板等ニ紛敷品ニ無之段無相違、勝手に賣捌候とも子細無之儀ニ候哉、各方御心得之所をも早々御申聞候様いたし度存候。此段及御掛合候。

亥二月

(5)(地冊　二十九丁オモテ〜三十丁オモテ)

下ヶ札答如左

御書面御掛合之趣致承知候。右書物は、去未十二月酒井雅楽頭家来・布川絃吾より五経開板伺差出改済之上致蔵板居、其後戌十月寄合西尾主水家来孫左衛門父・西尾壽閑事、絃吾より右書物譲請蔵板仕度段伺出候ニ付、承り届置候品と被存候。一体拙者共書物開板改方之儀は、公道ニ拘り可憚義、又は風俗人心を害し候類之品を専相改候事

にて、重板之書差留候儀は是迄被仰渡も無御座候間、
拙者共方にて差構不申訳ニ御座候。此段御承知
可被下候。
三月　　三名

(6)(地冊　一丁オモテ〜一丁ウラ)

嘉永四辛亥年五月西尾壽閑より之伺書面
私蔵板後藤點刪正五経之儀ハ、先年酒井雅楽頭家
来・布川絃吾より開板仕度旨奉伺候処、御改之上開板不苦
之旨、御下ヶ札ヲ以被仰渡候ニ付、彫刻蔵板仕候。然處、此度
後藤点板元・大坂表炭屋五郎兵衛と申者より故障之義申
出、當時寺社御奉行脇坂淡路守様御掛りにて御吟味有之、
右書物御學問所伺済之義ハ相分り候得共、初開板之節、
後藤元茂子孫之者え掛合ニ不及候哉ト御尋ニ付、書物開板之
義は、都て御學問所御改相済次第彫刻仕候義ニ付、一々右元
方え掛合ニ不及候由御答申上候処、當月十七日ニ右奉行所
にて最初掛合ニ不及候段不行届候間、後藤点之文字相除候
方可然旨被仰渡候。後藤点刪正之標題ヲ以御改相済候品、

猥ニ標題相改候事仕かたく、猶又御學門所《(ママ)》ニて御伺之上、可申上旨御答申上置候。此段奉伺候。以上

五月廿日　　寄合西尾主水家来／孫左衛門父

西尾壽閑　印

書面開板五経之義、寺社奉行

申渡候通り、後藤点文字相删候

て差支無之候。

（7）（地冊　三十丁オモテ〜三十丁ウラ）

一同年五月廿九日掛合下ヶ札答共

後藤點書物之儀は、先年讃岐守家来・後藤弥兵衛と申者致点付、後藤点と相唱、京都町人北村四郎兵衛と申者賣弘、其後大坂町人炭屋五郎兵衛と申者賣弘来候。然処、此度御寄合西尾主水様御家来・西尾壽閑と申者之蔵板之由ニて、後藤点删正と申五経賣出候者有之、甚難渋仕候趣申出候。右は西尾壽閑蔵板に相違も無之、市中賣捌等も御學問所伺相済候儀にも御座候哉、此段及御問合候様被申付候。

松平讃岐守内
岡井郡太夫

下ヶ札

御書面書物之義は、弘化四未年十二月酒井雅楽頭
家来・布川絃吾と申者、開板仕度段伺書差出候ニ付、
伺之通不苦候段申達候。其後嘉永三戌年十月
寄合西尾主水家来・西尾壽閑と申者、布川絃吾
より右板木譲受蔵板ニ仕度段、伺書差出候ニ付、承り
届置候。尤市中賣捌等之儀ハ、町奉行所差圖次
第之事にて、學問所ニおゐて差構無之候事。

（8）（地冊　三十一丁オモテ〜三十一丁ウラ）

一同年八月廿四日総教衆より御書留を以新次郎え相渡幷
同人より差出候御請書両通之写左之通り

田邉新次郎え

先達て酒井雅楽頭家来・布川絃吾より五経後藤
訓點本開刻願出候節、御場所取扱方不行届様
旁議相聞候。右は、開刻願之書、布川絃吾より直ニ

請取差出候は、聊故障無之儀を、紘吾名前にて書肆・貞助を以、桜井久之助え相頼候を、平生開板改方を取扱候身分ニ不似合之取斗、無念之事候。以後右様心得違無之様、可被心掛候事。

亥八月

御請書　田邉新次郎

先達て酒井雅楽頭家来・布川紘吾より五経後藤点本開刻願之儀、取扱方不行届、以後心得違無之様相心得可申旨、被仰渡奉畏候。全心付無念之至奉恐入候。此段申上候。以上

亥八月　田邉新次郎

(9)（地冊　三十一丁ウラ〜三十二丁オモテ）

西尾壽閑より差出候一札之写

差出申一札之事

一學問所御改済之文字相除候様、被　仰付奉畏候。則刊り取相納申候。且亦是迄賣捌候分共、追々取戻シ、右文字相除可申候。御請如此御座候。以上

嘉永五子年正月　　西尾壽閑印

御學問所

御役人衆中

(10)(地冊　一丁ウラ~三丁オモテ)

一　嘉永五壬子年八月七日達ス

三名殿

池田播磨守

酒井雅楽頭家来

布川絃吾

寄合

西尾主水家来／孫左衛門父隠居

西尾壽閑

右絃吾義、後藤点刪正五経蔵板願弘化三午年十二月学問所伺済ニ相成候処、去々戌年十月右蔵板壽閑譲請度旨申立、同月是又伺済相成候旨、両人之者とも申立候。

右之通、相違無之候哉、此節上野黒門町喜三郎

店貞助義、後藤点五経重板いたし候趣相聞吟味
中ニ有之。右ニ付前書伺済之否、早々承知いたし度、此
段及御掛合候。
　子八月
下ヶ札答
御書面御掛合之趣致承知候。右は、絋吾壽閑両人
前書之通申立候義相違無之候。此段及御挨拶候。
但、弘化三午年十二月學問所伺済より有之候処、
右は弘化四未年十二月ニ有之候。此段為念
得御意置候。
　八月

(11)（地冊　三丁オモテ～六丁ウラ）

一　同年同月
　林　大学頭殿
　筒井肥前守殿　　池田播磨守
　林式部少輔殿
先達て及御掛合候上野黒門町喜三郎店

貞助儀、後藤点五経重板いたし候吟味追々取調候処、同人義去ル丑年書物問屋停止後、後藤点易経・詩経等武家方蔵板いたし候を承、右者賣口宜品ニ付、引受可賣捌と職人手間料等立替候代リ、右書物摺立売渡候処、翌寅年、都て書物板行いたし候節は町年寄舘市右衛門え申立、奉行所差図受可申旨之町觸有之、并去ル辰年重板類板之儀ニ付、廉々申渡置候趣意え對シ候ては、勝手侭ニ賣捌候儀不相成は勿論、殊ニ右は、大坂板後藤点を重板いたし候ニ等敷書籍ニ候所、頭書ニ異同有之類板とも可准と利得ニ泥ミ、自己勝手之了簡ヲ以、蔵板主へは品よく申成、其後も内々ニテ賣出シ罷在候故、右之趣板元共及承故障申立、町年寄え取調之義相願候節、深糺受候ては恐入候由ニテ、右武家蔵板主より貞助え板木引受、板元え相渡内済致度旨申立、町年寄より先役・遠山左衛門尉え伺出候ニ付、右一件之もの呼出一ト通及吟味候處、前段之通内済行届居吟味下相願候間、以来之儀急度申付、請証文取之承届、右一条は事済ニ相成。然ル処、其後貞助儀、寄合西丸《ママ》主水家来・孫左衛門父隠居西尾壽閑儀、酒井雅楽頭家来・布川紘吾校正いたし候後藤点五経、学問所伺済にて蔵板いたし候を、尚又伺済にて紘吾より壽閑え譲受彫刻いたし候由承、右入用金之内、貞助より他借いたし、追々壽閑え用立板刻出来候ニ付、書物問屋共より町年寄え賣弘之儀願出候積之処、願済迄は間合有之、右用立金借入候方え返済差支候迚、壽閑より八拾部受取、内々貞助より賣捌候ニ付、大坂表板元より寺社奉行え同人其外相手取及出訴、吟味中後藤点之文字削去、西尾点と相直候積訴答及熟談、壽閑より右之趣学問所え相伺差支無之由ニ付、其段寺社方え申立吟味下ケ相成済口証文差出候処、右吟味中、貞助内心ニは以来西尾点と相改り候ては、必定賣泥ミ損失可致と利徳ニ迷、元来右板刻は大坂板の後藤点を重板いたし候同様之書物にて、前書辰年申渡ニ前板有之ヲ不存体ニ致成、後日相顕おゐてハ、急度可申付旨之廉ニ相背候處、摺立候五経之内二十五部賣残之旨申成、吟味中差出改受文字削去、其餘五十五部手残しいたし、右吟味前後内々賣渡罷在候處、右之趣相聞被呼出吟味受、無申披誤《ママ》入候旨申立候間、吟味詰御仕置可申付者ニ有之候。依之、右板刻之後藤点大坂板之原本ニ為引合候所、聊圖説を加へ、標注は加除も多く、重板ニは不相見候へ共、本文之儀は系之延縮有之而已にて、字行ニ大小無之重板ニ相見候旨、書物掛り名主幷同問屋行事共申立、右は大坂原本え薄紙を掛、本文を描写いたし候草稿ヲ以板刻いたし候儀ニて、事実重板と相聞候ニ付、右板木取上有無勘弁いたし候処、寺社奉行吟味中後藤点之字を削去、西尾点ニ相直候段は、全同済之趣意にて、吟味下承届候儀有之、今般吟味詰相成候上は、右對談ニ可拘筋無之、前書申渡ニ振、殊ニ貞助儀、右書物之儀ニ付ては再犯同様之及所業候者之儀、旁此上右五経世上え流布いたし候ては取締ニも拘候間、壽閑より板木取上ケ、絶板可申付と存候処、一旦学問所伺済ニ相成候儀ニ付、右之通、申渡落着申付候て御差支無之候哉否、早々御挨拶有之候様いたし度存候。且又貞助之外、後藤点四書五経蔵板伺済賣弘申付候分、口々有之、是とても重板ニ紛敷分可有之哉、當時取調中ニ有之候へ共、貞助とは訳違再犯之儀ニも無之候間、大坂原板主當人呼出遣置候間、右出府之上為及示談、得と取調追て可及御相談候。依之、先ツ此段及御掛合候。

子八月

林　大學頭

筒井肥前守

林式部少輔

池田播磨守殿

右答如左

(12)(地冊　六丁ウラ~九丁ウラ)

上野新黒門町喜三郎店貞助儀、後藤点五経

重板いたし候ニ付、兼て御申渡之義有之候処、其後程々
之取斗ヲ以、内々賣捌いたし、此度吟味詰ニ至リ候ては、
貞助再犯同様之及所業候者之儀、旁此上は右五経
世上へ流布いたし候てハ、取締ニも拘り候間、板木持主
西尾壽閑より板木取上ケ、絶板御申渡可被成之処、學
問所伺済之品ニ付、右之通落着相成候て差支無之哉
之旨御問合、且又貞助之外後藤点四書五経開板伺
済賣弘候口々有之候間、是とても重板ニ紛敷分可有
之、當時御取調中、尚追て御相談可有之旨、御掛合之趣
致承知候。右後藤点五経刻板之儀は、最初酒井
雅楽頭家来・布川絃吾開板改之義、学問所え願
出候ニ付、開板不苦旨申渡、其後寄合西尾主水
家来・孫左衛門隠居壽閑え板木相譲り度義、申上
候ニ付承り置、且又後藤点を西尾点と改度段伺出候
ニ付、是亦差支無之趣申渡置候。然ル處、右書物開
板一件ニ付、前文之通貞助儀御申渡之趣ニ背キ、種々
之取斗いたし候ニ付て、同人身分何様之御咎御座候共、
御法度通り之儀は於拙者は存寄無御座候得共、貞助不

埒之儀有之候迚、開板相成候聖経を絶板と相成候は如
何哉と存候。都て学問所ニ於て開板相改候儀は、異教・
忘《ママ》説等を認候類ニ無之、儒書其外雑書小説ニ至ル
迄、世上有用之書勿論、左も無之候共、差障り不申書物
は開板差許候儀ニ有之、殊ニ四書五経類ハ天下之
人々必用之物にて、貴賎とも銘々も壱部宛ハ所持可有之
義、都鄙之差別なく数部刻板出来致し居候様致度
候。既ニ先年中書物屋持株有之候節、素讀稽古人共
四書五経買入度と存候ても、摺出候間合ニて大ニ差支
候趣も承り及候義有之、此類は數板出来居不申
てハ差支可申候。右故、近時學問所ニ於て開板改被
仰出候以後、同様之品向々より度々願出候得共、其都度
差許シ成候間、當時世上後藤点本之四書五経刻本
定て数種可有之と存候。元来書物之義は、外賣物と
違ひ、板元持株有之候様相成候ては、稽古人等手軽
に買入候儀も難相成、大ニ差支申候。尤書物柄ニより
自分著作を蔵刻ニ致し置候品は、他處にて勝手次第
開板ニ致候ては作者迷惑いたし候儀も可有之候得共、

童蒙素讀之為ニ聖経え訓点を加へ候迄之儀は、某之著作トは申難く、且讀法可也ニ相成り候。是上は、其後開板致し候もの、別ニ存寄無之者、強て訓点を改候儀ニは相成不申間、後藤点本を其侭ニ所々にて致開刻候共、差支は無之儀候。既ニ林大學頭家祖・道春点之四書集注本、新古数板有之候処、元より道春自著之品ニも無之、訓点を施し候迄之義、是迄数代之内差構ひ不申候。此度貞助所業不埒ニ付、同人引合有之候後藤点五経絶板も御申渡可被成義は、たとへ西尾壽閑所持之板木壱部ニ限り候共、聖経を絶板ト申候ては、其書物世上之害ニなり候書物同様ニ相成り、名義ニ於て如何と存候。此上後藤点四書五経之分、追々御取調可有之趣ニ候得共、右等之處、篤と御勘弁有之度候。右ニ付ては、歴史・諸子・詩文集等、其外和漢之書類、都て書物屋持株有之候様ニ移り来り候ては、和板之書物類開板甚差支ニ相成候。書物屋共は商賣之儀、利潤を争ひ候は當然之儀ニ候へ共、天下有用之書物開板等之儀ニ付、書物屋行事共彼是と差支之儀申出候ては、文学御教育之筋、自然差塞可申と存候。尤書物賣捌之儀ニ付、奉行所本定之廉々可有之、且書物屋行事共え兼て御申渡之振合も可有之候間、拙者共心得迄ニ御写御廻し被下度、猶又御相談致し候儀も可有之候。此段御答旁及御掛合候。以上

子九月

(13)(地冊　十五丁ウラ～十九丁オモテ)

表書／上

書物問屋行事共

道春様御点四書之儀は、寛永之比御学問流行之砌、凡百通り程も彫刻出来候趣、往古より申傳、巨細取調は不仕候得共、板木焼失等にて残本之儀も其餘も流布致居候哉ニ奉存候。御尋ニ付、此段申上候。以上

但、御同点五経之儀は、漸四五枚も可有之奉存候。

書物屋行事

神明町家持／岡田屋

嘉永五子年九月七日

嘉七　印

御番所様

表書／上　書物問屋行事共

後藤点四書五経之大坂南革屋町炭屋五郎兵衛

所持一枚ニ限り候段、同人申立候ニ付、経書類にて三部

之内、一枚ニ限り候品有之哉、取調被仰付候間、取調左ニ

奉申上候。

一後藤点／四書　大坂　炭屋五郎兵衛

一一斎点／四書集註　同　象牙屋次郎兵衛

一鼇頭四書　京　勝村治右衛門

一貝原点／四書　同　出雲寺文治郎

一四書便講　江戸　須原屋伊八

一四書鈔説　大坂　伊丹屋善兵衛

一四書正解　京　天王寺屋市郎兵衛

一四書直解　京　出雲寺文治郎

一四書松陽講義　大坂　河内屋茂兵衛

一後藤点／五経　大坂　炭屋五郎兵衛

一一斎点／音訓五経　右同人

一貝原点／五経　江戸　和泉屋吉兵衛
一五経集註頭書　京　出雲寺文治郎／外一人合板
一五経集註半紙本　大坂　河内屋喜兵衛
一七経孟子考文　江戸　須原屋茂兵衛
一周易正文　同　和泉屋金右衛門
一毛詩正文　京　勝村治右衛門
一尚書正文　右同人
一禮記正文　江戸　和泉屋金右衛門
一論語正文　江戸　須原屋茂兵衛
一孟子正文　江戸　和泉屋金右衛門
一古文孝経　江戸　須原屋新兵衛
一孔子家語　同　岡田屋嘉七
一王注老子経　同　須原屋茂兵衛
一郭注荘子　京　勝村治右衛門
一春秋左氏傳　大坂　敦賀屋九兵衛
一國語定本　同　河内屋源七
一史記評林　同　敦賀屋九兵衛
一漢書評林　京　出雲寺文治郎

一後漢書　右同人
一三國志　大坂　敦賀屋九兵衛
一晋書　京　風月庄右衛門
一歴史綱鑑補　大坂　河内屋太助
一十八史略　京　菱屋孫兵衛
一元明史略　右同人
一名臣言行録　同　風月庄右衛門
一世説新語補　大坂　河内屋茂兵衛
一文選〔傍〕訓大全　京　風月庄右衛門
一唐詩選　江戸　須原屋新兵衛

右之書類は、右板元共ニ限り一枚にて、先年類板も無御座、右書物他にて彫刻仕候儀、決て不相成、従来之自法ニ御座候。今般問屋再興被仰付之上は、商法如前ニ古復《（ママ）》仕候心得ニ御座候。尤原本ニ加除有之、板元え示談行届候得共、類板難相成と申儀ニは無御座候。此段奉申上候。以上

書物問屋行事共

嘉永五子年九月　神明町／家持

嘉七印

横山町三丁目／仁左衛門地借
金右衛門

御番所様

⒁『嘉永撰要類集』拾五[104]

子十月三日掛合来ル、同十日下ヶ札付挨拶致ス

對馬守殿　池田播磨守

上野北大門町書物屋貞助儀、後藤点五経重板いたし、専ら賣捌候趣相聞候ニ付、風聞相糺候処、同人ニも不限、自餘之もの共ニも同様之及所業候哉之風聞有之候ニ付、呼出相糺候處、貞助之外は一事之心得違迄ニ付吟味下ヶ相願候間、可承届と存候處、同人儀は兼て之申渡又は先年差出置候請書等ニも相背候ものニ付、吟味詰之上御仕置

可申付、右ニ付板木取上方之儀
学問所伺済之品故、及問合
候所、別紙之通申越候ニ付、
尚又再下札を以可及答と存候。
右は自然諸問屋再興調ニも
拘り候間、別紙書類六冊相添、
此段及御相談候。
子十月

下ヶ札
御書面之趣致承知候。別紙
御挨拶案一覧いたし候處、
拙者儀何之存寄無之候。
依之、書類返却、此段及
御挨拶候。
子十月
井戸對馬守

(15)(地冊　九丁ウラ〜十四丁オモテ)

一　同年播磨守より下ヶ札ヲ以申越如左

御書面、五経之類は必用之書物にて、部数刻板出来候方可然との趣意、且新刻書籍之義ニ付、御議論之趣等詳悉被申越候趣、致承知候。元来後藤点五経之儀ハ、天明四辰年九月京都五條高倉東へ入ル町書物問屋・四郎兵衛より、其節の同所町奉行・丸毛和泉守御役所え申出、願済之上開板いたし、其後大坂南革屋町同渡世・五郎兵衛え譲受候。板木も同人ニ限、三都を始外ニ類板無之書物ニ有之。去ル寅年、新板書物之儀ニ付町觸後、新規開板又は素人蔵板もの引受賣弘願とも、町年寄・舘市右衛門え申出候儀、重板之差別不相立候ては、混雑いたし候ニ付、先役共評議之上、前板有之ヲ不存躰ニいたし、願受之儀は不相成段、去ル辰年書物掛名主共へ申渡置候儀にて、既五郎兵衛所持板木の如く、其書物問屋一板ニ限賣出候類取調候処、別冊之通、其書肆限りの板木に取極、賣買いたし来候書物之内、経書も数多有之、其餘〔105〕敷儀ニ可有之、右は、前々より商法にて、尤御改革後より重板之申渡以前迄、纔之間は勝手次第之儀にて格別ニ候得共、右前後は元板主え無沙汰ニ新刻いたし候儀は難相成、況右申渡後は、板元え不引合新刻致候儀は不相成儀ニ付、重板いたし候は尚更不届之筋ニ有之、右体持株之様ニ極置候段、問屋共自法ニ候迚、従来之儀を同渡世之もの利欲ニ走り、流行之書籍重板は勿論、不遂示談勝手侭ニ新刻ニ致し候は、同家業の実意を失ひ、渡世ヲ糶リ取候筋ニ相當、畢竟新ニ上梓いたし、多分之費用相掛り候は、右利徳ヲ以仕埋候上、板元ニ相成類板等猥ニ不相成様規定いたし置、若身上窮迫いたし候得は、右板木賣買ヲ以融通いたし候は商人之倣、無餘義業法にて、書物屋ニ限り候儀ニ無之、諸問屋共右事情ヲ以相立候掟は、同趣意ニ可有之儀、然ルを貞助儀、旧来書物渡世之身分にて、後藤点流行致し賣捌方利徳有之故ヲ以、重板シ申渡を押隠、壽閑入費え差加金いたし、同人を欺願済以前板木受取、内々賣鬻、寺社奉行吟味之節も、西尾点と改、訓点は重板之侭にて内済いたし、其節不残所持之分差出西尾点と改届候由申偽、内実部数手残いたし置売渡居剰、其後市右衛門え賣弘之儀申出、可願受と致成候段、重畳之不届ニ有之。勿論、貞助御仕置筋ニ付ては御存寄無之趣ニ候共、右次第柄不出顕にては、自然板木取上候條理不相立候故、申述候儀にて、尤重板いたし候もの板木取上候儀は、當四月評定所一座掛にて大坂八幡筋御前町兼次郎儀、願済之上賣弘候古刀銘鑑ヲ内證にて重板いたし候依科、板木取上所拂申付候例有之。且寅年御觸書末文ニ、願済ニ無之新刻致し候ハヽ、何書物ニ不限板木焼捨と有之旨等ヲ以、参考致候得ハ、聖経之無差別、右様發法相立、下々え示し置候処、法ニ背候書籍《本文マヽ》發覚吟味詰ニ相成、當人御仕置申付候ても、右書物依然として世上え流布いたし候ては、失躰之儀、規則ニ拘り候筋故、取上候は必定と見受、併學問所伺済之品ニ付、及御掛合候儀に有之、素より於紘吾・壽閑は、右重板之申渡は書物屋限りの事故、不相弁候とも、壽閑は貞助より金子差加候迚、願済前猥ニ板木相渡為摺取候故、終ニ同人御仕置請候仕儀ニ至り候段、心得方等閑而已とは難申、右五経、壽閑よりも賣渡候趣及承西丸御目付鈴木四郎左衛門家来・玉城忠兵衛買取候次第も相成候儀にて、全壽閑利心より起候所業卑劣之至、板木ヲ取上損毛致候共當然之儀、乍去、御申越之通、訓点を加候迄にて、外著述を重板いたし、著述主之功を奪候とは聊差別も有之、殊ニ聖経を絶板と申渡候ても、名義にも拘候との御論も有之候間、勘弁致候處、重板之義ニ付申渡候節、各様え御達は不致儀と相見、書記無之、右故彼是不都合之儀も出来候儀、且は絶板と申付候ては、費も不少、於事実は不好筋ニ付、旁今般之義絶板之沙汰不及、板木取上其餘西尾点之名目は削去、道春点に改点いたし候積にて、右入用をも見込入札いたし候様、書物問屋共え申付、落札之ものえ板木相渡改点之上、再学問所改済、定例之手續ヲ以賣弘之義申渡候積取斗候ハヽ、御掛合之主意にも協ひ、奉行所取締筋ニ拘り候儀も無之、両全にて可然哉と存候間、尚御存寄被御申聞候様致度、右之外口々取調中後藤点四書五経賣弘願済之分は、未筆耕中又は彫刻中にて賣出候哉も有之候得共、いつれも原板主え不逐掛合願受候段、不行届之儀ニ付、外点ニ改賣買いたし度分御掛合、以前より一同書面申立、貞助とは違ひ一時之心得違迄にて、此程五郎兵衛病氣ニ付、忰・五郎助出府いたし候間、示談之義申諭候處、道春点ニ相改、再学問所え相伺候積、熟談行届吟味下之儀相願、右は新古数板有之、差定候板元無之、殊ニ大学頭殿御家祖之訓点ニ候得は、刻板相増候は至當之儀と被存候ニ付、右熟談之趣ヲ以可承届と存候。且新刻之書物持株有之候様相成候ては、御差支相成候との儀、一應御尤ニ候得共、今般問屋組合再興被仰付、諸商人商法古復《（ママ）》之調中ニも有之、此度は板木取上有無之御贈答迄ニ付、右廉は別段之事故、可否之難及御答候。町々え別紙辰年申渡写幷書物問屋差出候書

付共三冊相添、猶又對馬守へも打合之上御相談旁
及御掛合候。
子十月

(16)(地冊 十九丁オモテ~十九丁ウラ)

子十一月四日
一池田播州より昨日左之懸合差越候間、今日於御場所申
談之上、下ヶ札及答、如左
三名殿 池田播磨守
後藤点五経京板之儀ニ付、當九月中御掛合之趣、
先月十四日尚御相談旁御挨拶およひ置候処、右は
六月中より吟味取掛候一件にて、最早六ヶ月ニ相成、
御老中方へ御届も遠達致し候儀ニ付、可相成候ハヽ、
早々御挨拶有之候様致し度、此段及御掛合候。
子十一月
下 御書面御掛合之趣、致承知候。
ヶ 取調出来次第、自是可及御挨

札　　拶候。此段以下ヶ札及御答候。
十一月五日　三名

(17)（地冊　二十丁オモテ〜二十六丁ウラ）

同月十一日
一池田播磨守え過日之答差遣ス如左
池田播磨守殿　　　　三名
御下ヶ札之趣致熟覧候処、後藤点本五経は當時大坂革屋町五郎兵衛ニ限り、其外類板無之書物ニ有之、去ル寅年新板書物之儀ニ付、新規開板又は素人蔵板もの引受賣弘願候とも、町年寄・舘市右衛門え申出、重板之差別相立可申様、書肆共え御申渡被置候処、御改革後より重板之御申渡以前迄、纔之間は勝手次第之儀ニ付、格別に候得共、右前後は元板主え引合不申新刻は不相成儀等御申渡候事共、委細致承知候。然處、拙者共方にては、去ル寅年中開板改被仰渡候以後、其御役所にて於て重板之儀ニ付、御申渡、其後諸商賣問屋組合再興被仰付候ニ付、書物も同様持株相立候様可相成との義等、拙者共ニは御通達無之、其御役所御取扱而已之義ニ候間、此程中より之御掛合方都て致齟齬候義も有之候へ共、今更其義は暫さし置、此度御掛合之趣ヲ以て、及御談候ハ、今般諸問屋御再興之御趣意ハ拙者共相心得不申儀ニハ候へ共、諸物日用差支之義出来候より被仰出儀ニ可有之歟、書物之刻板義は書物屋共利潤を争ひ候迄之義ニて、此義ハ外商賣物同様相成り候上は、却て人々修業日用之差支に相成り、諸物とハ差支之筋合相違ニ候。殊ニ四書五経は人々倫理五常之道を心得候為之書物にて、天下一人とても不可欠之もの、此類幾部同様之刻板出来候とも不苦儀、其外とも有用之書ハ同様ニ有之度候、開板改之義拙者共へ被仰渡候ニ付、被仰渡之御趣意を以て天下有用之書は勿論、其餘差障り無之分ハ一々開板差許シ来候間、書肆共のミならす諸家蔵板も追々出来候義に至り候。既ニ先達て及御答候通、後藤点四書五経数ヶ所より願出候とも、不残差許置候。此度貞助種々之謀計有之候事より、其外迄後藤点四書五経御取調相成旨之如く、後藤点大坂一板ニ相定可申哉之趣ハ、全く貞助不埒より其餘之書物迄開刻差塞り候儀相聞へ、如何可有之哉、左候ハヽ、江戸表のミならず在々所々童蒙素讀修業候もの何程さし支可申歟、近来文学之道厚御世話有之候ニ付、貴賎之差別なく学問心掛候様漸相成候処、第一其者共之必用可相成書物一板に限り候ては、文學御教育之筋ニ拘り如何と被存候。別紙御写御廻シ御座候書物屋共より書出し候。寛永之比は道春点本百通りも刻板有之由は、道春始て訓点を付候故之義と存候。今度西尾壽閑蔵板後藤点本、書肆・貞助取計ひ不埒ニ付、板木取上之上外書肆共之内え入札御申渡、落札之ものへ御引渡之上、右点を道春点ニ改点被致候ハヽ、大学頭家祖之訓点ニ付、刻板相増候とも至當之義ニ付、書物屋共願出候通、御申渡可被成、御問合之趣、拙者共ニ於て何共難及御挨拶候。右は一躰、讀書之法歳月を歴るに随ひ、追々其道相開候は和漢共同様之儀、況訓点之義は童蒙之其道ニ入りやすき様にいたし候物にて讀法に従ひ、多少之損益有之、且訓点とても自然時世に従ひ繁簡之異詞（ママ）有之義にて、二百年前之訓点當時に至り一々よろしくと申義ニハ無之、右等之義は其時代之師家にて取捨有之儀ニ候。且又後藤点本と唱へ候とも、易経之首巻ニ七代目大学頭序文有之候通、其比大学頭自身改点を可被致之處、門人後藤弥兵衛点本大畧同意ニ付、直ニ其方を採用被致候儀相記し有之、同書之表紙裏副葉へ林家正本とも記し有之候は、定て御一覧可有之。此訓点は即チ其比大學頭家点同様ニ御座候故、天下之人々大半は此本を素讀ニ相用ひ候儀にて、往古道春点本之盛行候義ハ一様ニ御座候然處、道春点本ハ数板有之候とも差支無之、後藤点本は一板ニ限り候ては一事両様之儀ニは相成不申哉、扨又點者後藤弥兵衛ニ於ては、自分点本師家にて取用ひ、其上世上へ遍く及候其身後之栄不過之儀、其子孫といへとも何程満悦之義とも被察候處、商人共利徳を争ひ候ニより手狭ニ相成り候は、第一点者之素意ニ戻り可申、此程及御答候。自分著作蔵刻之類を、外にて勝手次第刻板候とは、事替り申候。尤右等之差別有之義ハ申迄も無之、御弁別御座候とも、其御役所にて諸商賣物問屋相立候上は、同様不相成ては自然御さし支之義も有之候ニ付、天下必用之書物にても外商賣物共一様ニ御取扱被成度との趣きは、御察し申候へ共、拙者共ニ於て文學盛行相成候上は、弥手廣く御教化相達候様可致之意にて、御掛合方都て相違相成候間、開板改取調方之義等、尚又勘考之上、御支配方へ一應相伺可申と存候。右ニ付てハ御相談之義御座候ハヽ、可被仰聞候。

折角文学之道盛りニ相移り候處、開板之義種々差塞り候ては、御趣意も相貫き不申様可相成、且拙者共方にて改済之書物、其御役所に於て、書物屋行事共申立之趣を以て、開板御差止相成候ては、被仰渡之御趣意を以て改候詮も無之、且ハ書物屋行事共之取扱にて開板之規矩相立候義ニ相移り、向後有用之書物開刻不相成之弊ニ至り可申。猶又御書中にて初て致承知候、古刀銘鑑重板ニ付、評定所一座御評決板木取上焼捨被仰渡候由、此書類ハ何様相成候とも存寄無御座候得共、拙者共方にて一旦改済之品ニ候へは、一應は為心得御達有之候方と存候。此後改済之書物類ハ、たとへ小品たりとも開板差障り候次第有之候ハヽ、御掛合御座候様致度候。左も無之ては、拙者共改之規則に拘り、不都合之義ニ候。尤此節諸問屋組合御調中之由ニ候得は、書物開板之義ハ御治定被仰渡候以前、拙者共へ御掛合御座候様致度候。後より彼是と及議論候ては、御同様ニ不都合之義出来可致ニ付、此段及御相談候。右は御儒者共申談之上、以孫札及御答候。

子十一月　三名

同月十四日

一池田播州より左之達書差し越ス、落手之旨及答候

三名殿　　池田播磨守

上野新黒門町喜三郎店貞助儀、後藤点五経重板致し候一件吟味ニ付、板木取上方之義御相談、旁及御掛合候處、去ル十一日、孫御下ヶ札ヲ以委細被御申越候趣、

承知いたし候。猶同役共得と評議之上、可及御挨拶候。
然ル所、右一條之義、當六月中より吟味取掛、最早六ヶ月ニも至、本人貞助儀、永々手鎖預申付置候儀にて、右御掛合済迄見合候ては、一件拘り合之もの共も不少可及難義候間、板木取上方之儀ハ不及沙汰、此節落着申渡候様可致と存候。尤後藤点開板之儀は、学問所御改済、吉川町清兵衛店佐助外壱人より、去亥十一月中賣弘之儀、舘市右衛門え願出取調中ニ付、右は追て可及沙汰積り申渡候得共、差支無之候ニ付、此段及御達候。

子十一月

一右来紙え答下札にて差遣ス

下ヶ札

御書面之趣、委細致承知候。但是迄開板差免候四書五経後藤点は、数多之義にて荒増取調候處、別紙之通ニ御座候。依之、御心得迄ニ右別紙相添、此段及答候。

子十二月　三名

四書五経後藤点開板之儀

差免し候分

一天保十三（ママ）辰年六月／四書後藤點　芝三島丁／市兵衛

一弘化三年四月／五経後藤點　同／吉蔵／外壱人

一弘化四未年十月／四書字引附後藤点　下谷大工屋鋪／庄次郎

一嘉永二酉年十一月／五経片假名付圖入後藤点　土屋紀伊守家来／中澤忠三郎

一嘉永二酉年十一月／書経詩経礼記春秋／後藤点／平假名付　本石町十軒店／勝五郎

一嘉永三戌年正月／標箋／音旨　四書後藤点　土屋紀伊守家来／中澤忠三郎

一嘉永三戌年十一月／四書後藤点　小普請組酒井内蔵助支配／鈴木多吉家来／宮野庄蔵

一嘉永四亥年二月／四書増音改正後藤点　芝三島丁／吉兵衛／外六人

一嘉永四亥年三月　易経書経詩経／後藤点／片仮名付　清水附書院番／安田庄兵衛

一嘉永五子年十月　四書後藤点　大坂南革屋丁／五郎兵衛

(18)『嘉永撰要類集』拾五 [106]

子十一月十八日掛合来ル同十二月四日下ヶ札付挨拶致ス

對馬守殿　池田播磨守

兼て御相談済書物重板之儀

ニ付、学問所より別紙之通り

孫下ヶ札を以挨拶有之、猶及答
候様ニては急速掛合整申間鋪と
被存候間、追て可及挨拶、尤拘合
之もの難儀可致候間、吟味中之
一件は落着申渡、板木取上
有無之儀は、追て可及沙汰積を以、
学問所え去ル十五日達相添候間、
明十九日落着申渡候積ニ御座候。
依之、勘弁致候処、書物問屋
商法書上候迄は間も可有之、書物
問屋は貴様方御取扱故追て商法
書上候ハヽ、御打合有之候様致度、其節
得と御評議之上、可及挨拶と存候。
依之、別紙掛合書、幷学問所え之
達書案相添、此段及御相談候。
子十一月

下ヶ札

御書面之趣致承知候。御別紙
案之通、御達有之、拙者儀何之
存寄無之候。依之、書類返却、
此段及御挨拶候。
子[107]　井戸對馬守

(19)（地冊　二十六丁ウラ～二十八丁オモテ）

十二月七日
一池田播州より左之通り申越ス
三名殿　池田播磨守
上野新黒門町貞助書物重板之儀ニ付、及御掛合
候處、孫下ヶ札ヲ以被御申聞候趣致承知候。右は追て可及
御挨拶候間、貞助一件落着申渡候積り、去月十四日
及御達置候通、同十九日落着申渡候。依之、尚勘弁致
候処、再應御相談之趣は書物問屋ニ不限、総て諸問屋
商法え差響、當時拙者共取扱候再興調ニ付ては、不容
易儀にて、得と評議を尽シ、文学御教育之趣意ニも協ひ、
且自餘之差響ニも不相成様、其宜ニ随ひ勘弁致し度、

元来諸問屋再興ニ付ては、文化以前ニ復候趣意ヲ以、
被仰出候義ニ付、悉再興調済之上、一統商法之書
上為致可否之及沙汰積、去亥七月中町年寄共え
申渡、下々之者共も其心得にて罷在候義ニ有之、凡再興
調済ニ至候得共、未皆済ニ不至、尤書物問屋再興は相
済候ニ付、此上文化以前之商法書上候時節ニ至
候ハヽ、御打合可申候間、其節委細に御存寄被御申
聞、當御相談之上、若し難決義も候ハヽ、拙者共より
相伺可申。依之、商法書上迄は、右一条調は停置
可申候間、尚又此段及御達候。

子十二月

十二月十五日

一右来紙え下札にて及答如左

御書面之趣致承知候。追て御懸合
之節、尚又存念可申進候。且拙者共
方ニても相伺候様可致候。此段及御
答候。以上

十二月　　三名

(20)『嘉永撰要類集』[108]

子十二月廿日達来ル
　對馬守殿　　　池田播磨守
先達て御相談済書物重板
一件板木取上有無之儀追て
可及打合旨学問所え及掛合
候處、別紙下ヶ札之通挨拶有之
候間、可及御相談候。依之、右下ヶ札
寫及御達候。

時系列順のやりとりを概略すると以下の内容になる。

（1）天保十五年一月三十日付で、町名主・舘市右衛門より書物掛名主へ申渡があった。天保十三年六月の町觸以降、新規の出版や販売許可において、重板の区別がつかなくては混乱が生じるため、以下のように理解して取り計らうようにという内容である。

取り決めは、

①以前から板木があることを知らないように装い願出て、後日願出た場合は厳重に言いつける

②板木の磨滅あるいは焼失などがあった板元と相談済みで願出た分は、重板でも差支えがない
③他人の著した草稿を、無断で刊行を願出るのはあるまじきことであり、心得違いがないようにする
④同じ書籍でも、加除は類板であり、異同を書いて願出ること

となっており、同じ日付で小網町の名主・伊兵衛と他八名の名前と押印がある。

この部分は『市中取締続類集』「書籍重板之部　下」[109]に全文が一致する記述がある。

（2）弘化四年十二月九日に布川絃吾より提出された、開板伺書である。「後藤点刪正　五経」の開板願に対して許可が下り、完成後に納本するように伝えている。伺書の宛先は記載されていないが、内容から学問所と推定できる。

（3）嘉永三年十月に西尾寿閑より提出された伺書である。（2）において開板許可済みの「刪正五経」の板木を西尾寿閑が譲り受けて、改めて開板願を提出している。同年十月二十日に許可が下りている。（2）同様伺書の宛先は記載されていないが、内容から学問所と推定できる。日付が（1）と異なり、布川絃吾からの伺が「弘化三年丙午十二月」となっているが、これは後のやりとりで訂正されている。

この部分は『市中取締続類集』「書籍重板之部　下」[110]に同じ記述があり、本書と同じく布川絃吾からの伺は「弘化三年丙午十二月」となっている。また、本書「嘉永三庚戌年十月西尾壽閑より之伺書」の部分が『市中取締続類集』では、

「
西尾主水内
孫左衛門父隠居
伺書　西尾壽閑

桜井方へ御渡し物」

という表書と「覺」という文字がある。

（4）嘉永四年二月付、寺社奉行・脇坂淡路守安宅[三]より、三名つまり学問所の林大学頭（壮軒）・筒井肥前守（政憲）・林式部少輔（復斎）宛の交渉である。内容は、寺社奉行が取り扱っていた訴訟に関する問合せである。大坂の炭屋五郎兵衛と江戸の須原屋茂兵衛および須原屋源助の板元三者が販売していた『後藤点　五経』を、江戸の貞助・佐助・清七という三人が重板・販売している件につき、販売差止および板木を没収しようとしたところ、貞助以下三人より、該当の『後藤点　五経』は学問所への伺が済んでおり、板木没収には応じられない旨を申し立てた。旧来の『五経』と区別がつきにくいが、重板ではなく、販売しても差支えがないのかどうか、学問所の見解を求めている。

（5）嘉永四年三月付で、三名こと学問所の林大学頭・筒井肥前守・林式部少輔より、脇坂淡路守安宅宛の別紙回答である。弘化四年十二月九日に布川紘吾へ改済みとした板を、嘉永三年十月に西尾寿閑が譲り受けて開板伺を出した件において、学問所での改は公道に拘る、あるいは風俗・人心を害する書物を改めることを専らとし、重板に関してはこれまで言い渡されておらず、学問所としては差支えない、という内容である。

（6）嘉永四年五月二十日付で、西尾寿閑より学問所へ提出された伺である。『後藤点　五経』に関して、大坂の炭屋五郎兵衛という板元から異議申し立てがあり、現在脇坂淡路守安宅が取り調べている。開板の際に、後藤元茂（『五経』を訓訳した後藤芝山の子）の子孫へ掛合しなかったのかという尋問があったので、開板はすべて学問所の改が済み次第彫刻するということで、子孫へは交渉しなかったと答えた。五月十七日に脇坂より、交渉しなかったことは不届きであるので、後藤点の文字を削除するように申し渡された。後藤点删正という書名で改済みとなっているものを勝手に変えることはできないため、再度学問所へ伺うという内容である。これに対して学問所からは、寺社奉行の決定通り後藤点の文字を削除して支障がない、という返答である。

この部分は『市中取締続類集』「書籍重板之部　下」[112]に同じ記述があり、本文は一致するが、本書で「嘉永四辛亥年五月西尾壽閑より之伺書面」の部分が、

「　　寄合
　　　西尾主水家来
　　　　孫左衛門父隠居
　　　　　西尾寿閑」
　　伺書

という表書と「奉伺候覚」となっている。

（7）嘉永四年五月二十九日に高松藩儒者・岡井郡太夫（蘭室）[113]より、学問所への掛合である。後藤点は後藤弥兵衛（芝山）が訓点を付し、京都の北村四郎兵衛および大坂の炭屋五郎兵衛が販売していたが、今回西尾寿閑蔵板の「後藤点刪正　五経」が販売されて迷惑している。販売に関しても学問所への伺が済んでいるのか、という問合せに対して、販売の件は町奉行所の命令によることで、学問所では差支えないという回答をしている。

（8）嘉永四年八月二十四日に総教衆（林大学頭・林式部少輔・筒井政憲）[114]より田邊新次郎へ（儒者の田辺石庵）[115]渡された書付と、書付の内容に対する承諾書である。布川絃吾より開板願が提出された際の取り扱いに不注意があった。布川絃吾から直接願を受け取っていたならば差障りはなかったが、絃吾の名前で書肆・貞助によって、桜井久之助[116]へ依頼したのは、改を扱っている地位に不相応な処理であり、落度である。以後心得を誤らないように心掛けること、という総教衆からの書付に対して、田辺新次郎からは取り扱い不注意であったこと、今後誤解のな

いよう承り、配慮が足りなかったと認めて謝罪する内容の承諾書が同月に提出されている。
（9）嘉永五年一月に西尾寿閑より学問所に提出された証文である。学問所改を受けた書物に記される「学問所改済」の文字を削除し、更にこれまで販売した分も回収して同様の処理をする旨が記載されている。
（10）嘉永五年八月七日に到着した、江戸南町奉行・池田播磨守（頼方）[117]より学問所の三名（林大学頭・筒井肥前守・林式部少輔）宛の掛合と、学問所からの回答である。内容は、池田播磨守より「後藤点刪正　五経」に関して、布川絃吾と西尾寿閑への開板許可に関する確認で、貞助という者が重板で吟味されている旨が伝えられている。学問所からは布川絃吾・西尾寿閑の申し立て通りであることが伝えられ、布川絃吾の開板願が弘化三年十二月ではなく弘化四年十二月であると、（3）での誤りを訂正している。
この部分は『市中取締続類集』「書籍重板之部　下」[118]に同じ記述があり、本文は同一である。日付が「子八月四日」で本書の日付と異なる。また、表書が

「林　大学頭殿
　筒井紀伊守殿
　林式部少輔殿」

と記載されており、また、下ヶ札にも三名の名前が記されている。
（11）嘉永五年八月付、池田播磨守より学問所の林大学頭・筒井肥前守・林式部少輔宛の掛合である。上野黒門町在住の貞助が後藤点五経を重板した件において、天保十二年の書物問屋仲間停止以降、貞助は後藤点易経・詩経等、武家が所蔵していた板木で印刷・販売していた。翌天保十三年に開板はすべて町年寄に申請し、奉行所の指示を仰ぐという町触があり、併せて天保十五年には（1）の重板・類板に関する申渡があった。貞助が扱っ

ていた五経は、大坂板元の後藤点をほぼ重板した書籍であったため、板元から差障りの申告があった。関係者を呼び出し、取り調べて和解となった。だが、その後貞助は、西尾寿閑が布川絃吾校正の後藤点五経を譲り受けたことを伝え聞き、必要な資金を貞助が貸すこととしながらも、用立てた資金の返済に差支えがあるといって、寿閑より八十部を受け取って内密に売り捌いたので、大坂の板元が寺社奉行へ訴え出た。その取調中に、後藤点の文字を削って西尾点と改めることを原告・被告で示談に及び、寿閑から学問所へ伺書を提出し、差支えないということであったので、寺社奉行への訴えが取り下げられて和解が成立した。取調中に貞助は、西尾点に改題すると売れ行きが悪くなり損失が出ると考え、改を受けて文字を削除し秘密裡に販売していた。その件で取り調べたところ弁解はなく、裁きを終わらせようとしているところである。貞助は再犯と同じであり、またこのような五経が世の中に流通しては、取締りに拘わるので、板木を取り上げ、絶板という処罰を申付けたいと思う。一旦学問所の改が済んでいるが、絶板という判決で差障りはないか、という内容である。

この部分は『嘉永撰要類集』拾五[119]および『市中取締続類集』「書籍重板之部　下」[120]に同じ記述があり、本書と本文は一致するが、日付は両書とも八月二十一日となっている。

(12) 嘉永五年九月に、学問所の林大学頭・筒井肥前守・林式部少輔より、(11) の内容を受けて池田播磨守への回答である。貞助の重板は再犯同様の行為であり、また重板の書物が流布するのは取締にも拘わるため、西尾寿閑より板木を取り上げ、絶板の処罰を下す件において、貞助がどのような刑罰となっても、学問所として意見はないが、開板している聖経を絶板とするのは如何なものかと思われる。四書五経類は人々が必ず用いる書物であり、銘々が一部ずつ所持するべきものである。書物屋が株を持っていた頃(問屋仲間が禁止される以前)は、漢文素読の学習者が買いたいと思っても、印刷の頃合により差障りがあったということを聞いている。元々書物は、他の商品とは異なり、板元が株を持っていては学習者が手軽に購入しにくい。幼いものが素読をするために、聖経に訓点を加えているのは著作とは言い難い。たとえ西尾寿閑所持の板木に限定されるとしても、聖経を絶板とするのは、その書物が世間にとって有害であるということと同じであり、道義的に如何かと思われる。天下必用の書物の開板に際して、書物屋行事が差障りを申し出ることで、教育関係はすっかり塞がってしまうと思われる。ただし、書物の販売に関しては、奉行所と書物屋行事にも都合があるであろうから、学問所へ参考として写しを回していただきたい、という内容である。

この部分は『嘉永撰要類集』拾五[121]および『市中取締続類集』「書籍重板之部　下」[122]に同じ記述があり、本書と本文はほぼ一致するが、日付は『市中取締続類集』では九月四日となっている。

(13)　嘉永五年九月七日に書物屋行事・岡田屋嘉七より奉行所宛に提出された四書五経等の書名および板元調査結果である。道春点五経は数板あるが、経書類は板元の独占が書物問屋仲間内の自法であった。これらの書物に類板はなく、他での開板は許されない。嘉永四年の問屋仲間再興を受けて、書物問屋行事は従来の取り決めに戻す考えであることが記されている。

(14)　この部分は『嘉永撰要類集』拾五[123]および『市中取締続類集』「書籍重板之部　下」[124]に同じ記述があり、両書の記述は一致するが、本書には記載のない部分である。嘉永五年十月三日付、池田播磨守より江戸北町奉行・井戸對馬守(覚弘)への掛合で、同年同月十日に井戸對馬守より池田播磨守への回答があった。内容は、貞助の後藤点五経重板に関して調査したところ、他にも重板している者がいたが、貞助以外は思い違いであった。貞助に関しては刑罰を申付けるべきだが、学問所の改を受けた書物であり、問合せたところ、別紙のように寄越したので再度下ヶ札で回答しようと思う。この件は諸問屋仲間再興調査にも関係するため、別紙書類六冊を添えて相談したい、という池田播磨守に対して、井戸對馬守からは意見はない、という回答があった。
（15）この部分は『市中取締続類集』「書籍重板之部　下」[125]に同じ記述があり、「子十月十四日挨拶下札遣」と朱書きされている。本書では「同年」とあるが、嘉永五年十月十四日付、池田播磨守より学問所への下ヶ札で、（12）の内容を受けている。四書五経類は人々が必ず用いる書物で、その書物の開板に対する（学問所としての）意見は承知した。後藤点五経は、大坂の炭屋五郎兵衛が京都の北村四郎兵衛から板木を譲り受け、他には類板のない書物である。天保十三年以降は、重板の区別で混乱が生じないように協議をし、以前から板木があることを知らないように装い願出ることは禁止されている。板元限定の書物は非常に多くあり、これは以前からの商法である。書物問屋による自法とはいえ、重板や勝手に新規開板することは、同業者の真意を損なうもので、稼業を競り取ることに当たる。貞助は寿閑へ費用を用立てることで改済以前の板木を受け取って内々に販売していた。寺社奉行による重板の取調に対して、西尾点へと書名を改めて訓点はそのままにするということで和解したが、所持している分を残らず差出し西尾点に改めると虚偽を申し立て、手元に残した分を販売していた。不法行為を重ねているため、貞助の処分は勿論のことだが、こうした事態が明らかにならなければ、板木を取り上げるという道理が成立しない。先に、改済で販売されていた『古刀銘鑑』重板により、板木取上・所払となった例がある。違法な書物が現れて裁判が終結し、当人が処罰されても書物が依然として流通していては失態であり、板木取上は決定的である。しかしながら、申越のように、訓点を加えているだけで、他人の著作を重板し、著作者の功績を奪うこととは違いがある。また、聖経を絶板とすることは名義にかかわるとのご意見もあり、許すこととした。重板の件においては、学問所の方々へは御達をしていなかったようで記録がなく、それゆえに不都合が生じていた。今回は、絶板命令は下さず、板木を取り上げて、残りの書物の西尾点という書名は削除、道春点に改めることにしている。これらの書物・板木を入札するように書物問屋へ申付けて、落札者へ板木を渡し、再び学問所改が済んだ後、定例の手続きを経て販売する旨を申し渡すつもりであり、学問所・奉行所の両全であると思われる。貞助の外に重板したものは心得違いであり、示談を申諭し、道春点に改めて再び学問所へ伺を出す予定である。道春点は新旧数板あって定まった板元がない上に、大学頭家祖の訓点なので板の増加は当然と思われる。新規開板の書物に持株があることは差支えるという件は、現在問屋組合が再興し、商人・商法が元の体制に戻る途中であり、今回は別の事として回答しがたい。更に井戸對馬守と打ち合わせてからご相談したい、という内容である。

（16）嘉永五年十一月四日付で、池田播磨守から学問所の御三名（林大学頭・筒井肥前守・林式部少輔）へ、後藤点五経の件において、取調が六カ月となり老中へ届けなければいけないので、可能であれば早く調停したい旨が伝えられ、翌十一月五日に学問所の三名（林大学頭・筒井肥前守・林式部少輔）から承知する旨の下ヶ札が返されている。

この部分は『市中取締続類集』「書籍重板之部　下」[126]に同じ記述がある。

（17）この部分は三通のやりとりである。

一通目は、嘉永五年十一月十一日付、学問所の三名（林大学頭・筒井肥前守・林式部少輔）より池田播磨守へ（15）の内容を受けての回答である。後藤点五経の板元は、現在大坂の炭屋五郎兵衛に限定されており、その他にも類板のない書物があること、天保十三年の新板書物に関する觸以降、天保十五年に重板に関して申渡されるまでの期間は別として、板主へ照会せずに新規開板してはならないという申渡しがあったことは承知した。しかしながら、天保十三年に（学問所へ任務として）開板改を申し渡されて以降、重板の件や諸問屋組合再興の件、書物の持株が以前同様となる件など、学問所へは通達がなく、奉行所のみで取り扱っていたため、掛合に齟齬が生じていた。諸問屋再興に関して学問所では心得がないが、書物の出版においては書物屋が利潤を争っているまでのことであり、他の商品と同様に扱うのは、日常学習の差支えとなる。特に四書五経は倫理五常の道を理解するための書物で不可欠なものである。この類の書物は同じ板が何部あっても差支えがない。有用な書物はこれと同様に、開板改を仰渡されている学問所では開板を許可してきた。既に回答している通り、後藤点四書五経は数ヶ所から願出ていても、残さず許可している。後藤点が大坂の一板に限定されるのでは、貞助の不法によって他の書物まで開板が滞ってしまうと聞いている。近頃は貴賤の差別なく学問を心掛けるようになってきているところであり、そうした人々が必ず用いる書物が一種類に限定されては、学問教育問題に関係してくる。西尾寿閑が所蔵していた後藤点本を、貞助の不法によって板木取上とし、書肆へ入札させて落札者へ引き渡すという件は、大学頭家祖の訓点であり、板が増加するのは当然であるとはいえ何とも回答しがたい。訓点は子どもが学問に入りやすいようにした書物であり、時代によって異なるものである。二百年前の訓点が現在に相応しいことはなく、その時代によって取捨がある。また、後藤点本と称されてはいても、『易経』の首巻に七代目大学頭の序文があり、その頃に大学頭自身が訓点を改めて、門人の後藤弥兵衛の訓点本にほぼ同意して採用している旨を記し、表紙裏の副葉に「林家正本」とも記している。この訓点は当時の大学頭家点と同じである。道春点本は数種類あっても差支えなく、後藤点本が一種類に限定されるというのでは一事両様にならない。天下が必用とする書物においても、他の商品と同じように取り扱いたいという趣旨は推察するが、学問所においては学問が盛んになった場合、手広く教えを達成したいという意向である。開板改の取調方にあたっては更に考慮の上、支配方へ伺うつもりである。とりわけ学問が盛行になりつつあるところに開板が滞っていては、趣意を貫くことができない。学問所で改済の書物が、奉行所において書物屋行事の申立により開板差止となっては、改が無益になってしまう。また、書物屋行事が取り扱う開板の基準が変更され、今後有用な書物の新規出版の弊害になるかもしれない。なお、書面で初めて知った『古刀銘鑑』に関しては、どのようであろうとも意見はないが、心得としてご連絡いただきたい。今後改済の書物は、開板に差支えがあった場合、学問所の改規則に拘わるため、掛合していただきたい。とはいえ、現在は問屋組合再興の取調中であり、書物開板に関して決まりが付いて仰渡される以前に掛合をしていただきたい。後から議論に及ぶと双方にとって不都合が生じるため、この件に関して相談したい、という内容である。

二通目は、嘉永五年十一月十四日に池田播磨守より学問所の三名（林大学頭・筒井肥前守・林式部少輔）へ宛てた達書である。貞助の後藤点五経重板取調の件は、着手より六カ月になるため、関係者も少なからず難儀している。板木取上の件は処分に及ばず、今回は落着を申し渡したいと思う。後藤点開板の件は、学問所改済の佐助他一人より、昨年十一月に舘市右衛門へ販売の願出があり取調中である。これに関しては追って報告するが、差支えがないことをお知らせする、という内容である。

三通目は、嘉永五年十二月に学問所の三名（林大学頭・筒井肥前守・林式部少輔）より、二通目に対する回答である。二通目の内容を承知した旨と、学問所改開始以降、嘉永五年十二月までに許可した四書五経後藤点に関して、別紙にまとめて報告する、という内容である。

この部分は『市中取締続類集』「書籍重板之部　下」[127]に同じ記述がある。

(18) この部分は『嘉永撰要類集』拾五[128]および『市中取締続類集』「書籍重板之部　下」[129]に同じ記述があり、両書の記述はほぼ一致するが、本書には記載のない部分がある。嘉永五年十一月十八日付、池田播磨守より井戸對馬守宛である。学問所より別紙の通り応答があった。関係者が難儀をしているので、吟味中の一件は判決を申渡し、板木取上に関しては追って始末をするつもりである。書物問屋の商法にあたっては時間があるが、北町奉行所の職掌であるので、追って商法を書き上げたら打ち合わせをしたい。その時に評議をして回答したいと思う、という内容である。これに対して、嘉永五年十一月四日に江戸井戸對馬守より池田播磨守宛に、特に意見はないという内容の回答があった。

（19）嘉永五年十二月七日付、池田播磨守より学問所の三名（林大学頭・筒井肥前守・林式部少輔）宛である。十一月十九日付で貞助の一件に判決が下った旨と、問屋再興の取調は容易なことではないので、学問教育の趣意にかない、その他への影響がないように熟考したい。書物問屋は既に再興が済んでおり、文化度以前の商法を書き上げる時には、詳細にご意見を伺って相談したい。商法を書き上げるまで、この取調に関してはとどめ置く、という内容の達があった。これに対して、嘉永五年十二月十五日付で学問所の三名（林大学頭・筒井肥前守・林式部少輔）より池田播磨守へ、書面の内容を了承し、追って話し合う節に所存を伝える、という内容の回答があった。

この部分は『嘉永撰要類集』拾五[130]および『市中取締続類集』「書籍重板之部　下」[131]にほぼ同じ記述があるが、『嘉永撰要類集』では学問所からの返答の日付が「十二月」のみとなっており、『市中取締続類集』「書籍重板之部　下」では朱書きで「子十二月十七日来」となっている。

（20）この部分は『嘉永撰要類集』拾五[132]に記述があり、本書には記載のない部分である。嘉永五年十二月二十日に池田播磨守より井戸對馬守宛に、（19）の嘉永五年十二月十五日付学問所よりの回答の写しを伝える内容である。

以上が『五経』重板に関する時系列別のまとめである。本項目から明らかになることは、

①改をめぐる学問所と奉行所間の齟齬

②学問所内での改に関する過誤

である。①に関しては、（15）と（17）から、（1）に記載されている天保十五年一月三十日付、重板・類板に関する申し渡し、書問屋組合最古の件、書物の板株が天保の改革以前の状態に戻る件が、学問所へは通達されていなかったために生じた行き違いであることがわかる。また、②に関しては、（8）に過失の実態をみることができる。項目番号四「手蔓で改を受ける書肆」において、奉行所を経由して学問所改を受けるべきところを、学問所内の伝手を頼り直接改を受ける書肆が存在することが問題となっているが、本項目では学問所の威信にかかわる重大な問題へと発展していった事実がうかがえる。

『五経』重板に関しては、彌吉光長が「後藤点五経の重版と江戸町奉行の政策」[133]において、

町奉行と林大学頭外との掛合に根本的な考え方の差があったとし、（12）の「此類は數板出来居不申てハ差支可申候。右故、近時學問所ニ於て開板改被仰出候以後、同様之品向々より度々願出候得共、其都度差許シ成候間、當時世上後藤点本之四書五経刻本定て数種可有之と存候」に対して、

この意見は行政的思想の欠陥を露呈したもので、頗る重大な意義を含んでおり、出版の検閲も自由の域を広めるかのように見えるが、この裏面には江戸学者が板株の権利を張り廻らされて、註釈や原文の発表が不可能な事情にあった反感も含まれているのではあるまいか。

という考えを示している。

なお、本項目に対して中村喜代三は、

天保十五年（弘化元年）正月幕府は著作権及び版権に関する私法的法令を発布して、これらの権利侵害者を取締った（開板指針地《ママ》）。幕府が自ら出版物に関する私権の保護を令したのは、これが所見の最初である。

としている。[134]

項目番号二六　『紀伊国名所図絵後編』について（地冊　三十二丁ウラ〜三十三丁ウラ）

林　大学頭
筒井肥前守
林式部少輔

○／紀伊殿／御城附衆／

紀伊國名所図繪後編六冊

右は、御家中・加納諸平方選述にて、若山書林・帯屋伊兵衛より、若山表御役場え願済ニ相成、此度通壱丁目書物屋・伊兵衛、紀州住宅ニ付店預り人弥七事引受賣弘度旨、井戸對馬守御役所え願出候ニ付、賣弘不苦品ニ候哉之趣、對馬守より拙者共え、右書物之摺立本相添問合有之、則相改候処、賣弘不苦品ニ付、其段對馬守え及答候事ニ御座候。去ル天保十三寅年中、諸向えも御觸渡有之候通り、當時は學問所にて書物開板相改候事故、武家・町家に不拘、致開板候節は、右之板下タ本差出し改相請、開板不苦品は、學問所改済之致押印差戻し候上にて、夫

に致彫刻候事ニ相成居候間、以来は御役場等え開
板願出候節は、右之振合ニ被準、板下タ本御差越、彫刻不
苦哉之儀、御問合有之候方ニ御心得被置候様致度存候。
此段及御掛合置申候。以上

子五月

下ヶ札

御書面之趣致承知候。其筋え相達置可申候。
不案内にて手違ニ相成候処、無故障御調済相
成、致大慶候。此段、御挨拶旁御答可申達
旨、役人共申候。

五月廿九日

『紀伊国名所図絵後編』の江戸での売弘願が、和歌山の書肆・帯屋伊兵衛から江戸北町奉行・井戸對馬守（覚弘）へ提出されたが、学問所改を受けていないことに関して、紀伊殿御城附衆と学問所の林大学頭（壮軒）・筒井肥前守（政憲）、林式部少輔（復斎）からの掛合である。本文中の「子五月」は、『紀伊国名所図絵後編』の刊年が嘉永四年であることから、嘉永五年と推定される。地方版の開板は、各奉行所（この場合は「若山表御役場」）経由で学問所の改を受ける手順である旨、また、今回は該当書の内容に問題がないため、改を受けていなくとも江戸での売弘を許可した旨、学問所から通達があった。五月二十九日には紀伊殿御城附より、学問所改を受ける旨

に「不案内」であったことと、開板後であったものの改済となったことへの謝意が返されている。

『紀伊国名所図絵後編』の編者・加納諸平は江戸末期和歌山藩の歌人、国学者であり、天保六年に『紀伊国名所図絵』第三編新撰を命じられている。[135]『紀伊国名所図絵後編』は嘉永四年四月の刊行であり、同じ年の三月には天保の改革以来停止となっていた問屋仲間が再興されている。本項目は、問屋仲間復興後も学問所改が継続されていたが、その認識がなかった一例である。

項目番号二七 『黄中詠草』について（地冊 三十三丁ウラ〜三十五丁ウラ）

○以 切紙致啓上候。然は、京都中岡崎村浪人・香川杢著
候黄中詠草四冊、東寺丁五条下ル間之丁二丁目書林・
丁子屋平兵衛より、御先役・水野下総守殿御役所え去々
戌年十一月中願済ニ相成、江戸神明丁家持書物屋・嘉七
方え引受賣弘度旨、井戸對馬守御役所え願出候に付、
差支無之哉否之儀、右摺立本相添、對馬守より拙者共え
問合有之候処、右書物は素差支無之品故、其段對馬守へ
相答置候得共、近来諸向共新刻いたし候書物は、學問
所え問合改済之上、開板相成候儀、是迄も御承知にて
其都度々御問合有之候事故、以来共御役所え開板願
出候節は、右板下タ本を以御問合有之、差支之否共拙者

共見究申進候上、夫々え仰渡候振合ニ御心得可被成候。
此段、可得其意、如此御座候。以上

林大學頭／或ハ少輔カ／㊞
子五月
筒井紀伊守㊞
林式部少輔／大學頭カ／㊞

河野對馬守様
浅野中務少輔様

御切紙致拝見候。然は、當地中岡崎村浪人・香川杢著候黄中詠草四冊、東寺丁五條下ル間之町二丁目書林・丁子屋平兵衛より、先役水野下総守御役所え去々戌年十一月中願済相成、此度其御地神明町家持書物屋・嘉七方え引續賣弘度旨、井戸對馬守御役所え願出候ニ付、差支無之哉否之儀、右摺立本相添、對馬守より各様え御問合申候処、右書物ハ素差支無之品故、其段對馬守え被御答置候、近来諸向共新刻いたし候書物を學問所え及御問合御改済之上、開板相成候儀、是迄も其都度々及御問合候事故、以来共御役所へ開板願出候節ハ、右板下タ本ヲ以及御問合、差支之否は各様御見究被御

申聞候上、夫々申渡候振合ニ相心得可申旨、被御申聞候
御紙面之趣、致承知候。右は和哥詠草を開板いたし候
儀にて、畢竟軽き品ニ付、狂哥・發句之類に準し候様
相心得、不及御問合、先役共手限り承届候趣ニ御座候。
以来ハ、先達て御伺済之趣被御申聞候、狂哥・發句・怪談・
游話之類・香・茶・挿花・碁・将棋・庖丁料理之書冊、且全ク
當座一枚摺之類にて、差支ニも相成間敷と見究候類
は、拙者共限りにて承り届、右之外は一々及御問合候様
可致と存候。御報旁、右之段可得御意、如此御座候。以上

六月十三日　　浅野中務少輔㊞
　　　　　　　河野對馬守㊞

林大學頭様
筒井紀伊守様
林式部少輔様

京都から学問所改願があった『黄中詠草』が、江戸で販売願が出た件に関して、学問所の林大学頭（壮軒）・筒井紀伊守（政憲）、林式部少輔（復斎）と京町奉行の河野對馬守（通訓）[136]・浅野中務少輔（長祚《ながよし》）[137]との嘉永二年の掛合である。浅野中務少輔の前任である水野下総守（重明）在任中に改済となっていた京都開板『黄中詠草』に

関して、江戸での売弘願が井戸對馬守（覚弘）より出された件に関して、『黄中詠草』は既に改が済んでいる旨が、学問所から京町奉行へ通達されている。『黄中詠草』売弘願は、『市中取締類集』「第二二〇件」[138]に江戸南北奉行所による嘉永五年の記録[139]があり、他の地域から提出された改の有無は江戸町奉行ではわかりかねるので、学問所から遠国奉行に照会する旨の取り決めが弘化二年に江戸南町奉行所と学問所の間でなされており、『黄中詠草』はこの取り決めに該当する、という内容になっている。この項目は、地方版の改に関して学問所が照会していた一例である。

『黄中詠草』（『黄中詠藻』）は江戸時代中期から後期の歌人・香川景柄[140]（本書では香川杢）の歌集[141]である。

項目番号二八　『鉏雨亭随筆』について（地冊　三十六丁オモテ〜三十七丁ウラ）

○以　切紙致啓上候。然は、去酉年中、當地宮後西河原丁東
一學と申者、鉏雨亭随筆上下二巻開板仕度旨願
出候ニ付、其節草稿差進差支有無及御問合、即御改御座
候処、開板不苦品ニ付、御調印押切御返却被成候。尤出来之
上壱部學問所え相納候様可申渡旨、御達有之候処、此節出
来之趣にて差出候間差進申候。宜御取斗可被下候。尤草稿
は上下二巻にて候処、紙数は同様ニテ、上中下三冊ニ相
仕立、猶又、序文一學存生中願置、死後出来ニ付、今般
書入候旨申出候。右等差支有無、御挨拶被仰聞候様いた

し度、夫迄は賣出し等為差控有之儀ニ御座候。此段、可得御意、如此御座候。以上

六月廿七日　　　　山口丹波守

林大學頭様

筒井肥前守様

林式部少輔様

御紙面致拝見候。然は、去酉年中、其御地宮後西河原町東一學儀、鉏雨亭随筆上下二巻開板仕度旨願出候ニ付、其節草稿御差越し、差支有無御問合ニ付相改候処、開板不苦品ニ付、調印押切返却いたし、且出来之上一部學問所ゑ可相納旨、御申渡有之候様御達申候ニ付、則御申渡之処、此度出来之趣にて、御差越之品致落手候。尤草稿は上下二巻ニ候処、紙数は同様にて上中下三冊ニ相仕立、猶又、序文一學存生中願置、死後出来ニ付、今般書入候旨申出候。右等差支有無、御問合之趣致承知候、一体序文之儀も草稿にて改相済候上、開板可致先格ニ候へども、此度所は別ニ差支之儀も無之候間、賣弘不苦旨、御申渡可被成候。

乍去、以来之例には不相成様、御心得可被成候。此段及
御答候。以上
七月十日
御三名㊞
山口丹波守様

上下二巻で開板願を出して許可を受けていた『鉏雨亭随筆』に関して、①紙数は同数のままで装訂を上中下三巻に変更、②著者没後の出板となった旨を追加して書き入れているが問題があるかどうか、という二点を伊勢山田奉行・山口丹波守（直信）[142]から学問所の林大学頭（壮軒）・筒井紀伊守（政憲）、林式部少輔（復斎）へ問合せしている。これに対して、差支えないが以後は許可しないという学問所からの回答である。

『鉏雨亭随筆』は項目十六と同じく東夢亭の著作である。

項目番号二九　『正学指要』が改を受けずに売弘（販売）（地冊　三十七丁ウラ～三十九丁オモテ）

○井戸對馬守殿　　御三名
正學指要　　三冊
右之書、巻首ニ高松芳孫著と相記し、其者自序ニ嘉永五年四月と有之候。素學問所相改済不申品之処、此節折々賣捌候者有之趣及承候。右芳孫儀、去ル天保十四卯年正月中、同人著述いたし候日東易蘊・

極數図説・易蘊象系・志學便蒙之四種、開板願出
候旨、御先役衆より御問合ニ付、一同順覧いたし候處、
何れも妄誕不経にて、取留も無之品故、開板不相成
旨、及御答申候。此度之正學指要も矢張同様之書
故、迚も開板被差免間敷と存候て、内々刊行いたし候
事と相察候。依ては、右書物を其侭差置候ては、開板
改方御趣意も立不申、殊ニ、右様之書物世上流布いた
し、万一末々愚昧之者ども尊信いたし候ては、甚心得違
にも相成、風俗にも拘り候事故、得と取調度候間、正學
指要内々賣捌候書物屋共、且高松芳孫、當時之身
分・住居幷開板之始末等、承知致し居候者も可有之
候間、是又、委敷御聞糺之上、具ニ被仰越候様致し度、
此段及御懸合候。以上

丑四月

下ケ札

御書面御懸合之趣致承知候。組廻り同心共
え申渡、探索為致候処、高松芳孫儀は
高家中條中務大輔家来にて、著述之正

學指要開板いたし、内々弟子内え配り候
由、相聞候得共、書物屋共へは差出不申候
ニ付、賣捌引受候ものハ無之哉ニ相聞候
段申聞候。右躰願済無之書冊開板
いたし候始末は、吟味之上、咎可申付と
存候。此段及御挨拶候。

丑五月　　井戸對馬守

学問所改を受けていない『正学指要』が販売されていた件において、学問所の三名（林大学頭（壮軒）・筒井紀伊守（政憲）、林式部少輔（復斎））から江戸北町奉行・井戸對馬守（覚弘）へ嘉永六年四月に問合せがあり、奉行所による調査の結果、著者・高松芳孫は高家である中條中務大輔（信礼）[143]の家来で、『正学指要』は弟子のみに配布していたということであった。しかしながら、改を受けずに出版していた事実においては吟味の上処罰する、という井戸對馬守からの回答である。

高松芳孫こと高松貝陵は、漢学や易学を修めた[144]人物である。『増訂　国書解題』[145]に、

増補占法要略　二巻　高松芳孫

占筮法の大要を述べたる「占法要略」を増補したるものなり。弘化三年丙午（二五〇六）の自序を附し、翌四年出版す。

◎高松芳孫は貝陵また易蘇堂と號し、神田お玉ヶ池に住し易學を以て鳴る。著書は本書の他に「日東易蘇」、

「殷易索考」等あり。

『日本儒林叢書』第4冊「論辨部書目」の「例言」[146]に、

抱腹談　一巻　高松芳孫著

本書は高松芳孫の著にして、著者佐藤一斎を訪ひて、易説を談せしが、千古未発と自負せる説も、一斎の顧みる所とならず、退いて論書を作りて呈せる者是れなり。一斎、芳孫各々対手の易説を評して、互に抱腹に堪へずと云ふ。これこの書名を付せる所以なるべし。

所収本は井上巽軒先生所蔵本を底本となし、東洋文化誌所載（一本と称す）を以て参稽したり。

著者芳孫の経歴歿年等詳かならず。著書には本書の外に正学指要、日東易蘇等あり。

『続続日本儒林叢書』「例言」[147]に、

正学指要　二巻　高松貝陵著

本書は正学窮理以下朱鑑に至る八目を掲げて、自家の意見を叙述したるものなり。

所収本は刻本に拠る。但し刊行年月未詳。

著者貝陵の伝は未詳。

とある。以上の資料と本書の内容から、高松芳孫は易学を専門とし、学問所儒者・佐藤一斎と『易経』に関して互いの学説を交わした結果、「妄誕不経（言説に根拠がなく、道理に合わない）」と判断され、著作の開板が許可されていなかったことがうかがえる。

項目番号三〇　『信州善光寺如来之縁記』について（地冊　三十九丁ウラ〜四十一丁オモテ）

○　學問所え　　　　／紀伊殿／御城附／

紀伊殿領分勢州松坂常念寺隠居・敬純と申者、著述之信州善光寺如来之縁記、上木弘通之儀願出候ニ付、御差支之有無、去ル子年中及御懸合、一旦御調済ニ相成、賣弘之儀とも不苦旨、御答御座候処、猶又増補いたし度旨、及再願候ニ付、再御調之儀、去年九月中申達候処、最前御調済之内御差支有之候由にて、朱引之分删改致し、猶又差出候様可申渡旨、同十二月中御答御座候ニ付、其段願人え申渡させ候処、則朱引弐ヶ所之内、壱ヶ所は認替、今壱ヶ所を佛法再興之由来にて、佛法之眼目にも有之、且壱枚除改等いたし候てハ、図画其外前後七八枚え掛り、文段ニ首尾難貫、依之、品々難渋之次第も有之候間、何卒其侭御差置被下候様、及歎願候。右は自己之新述にも無之、古書之趣を編集致し候事ニ付、強て御差支にも不相成候ハヽ、最初御調済之所ニ御差置被成下候儀は相成間敷哉、此段御頼談旁申達候。

八月

下ヶ札　八月廿二日

朱引二ヶ所之内、此度御差出被成候方は御認替之通にて開板不苦候。且又、去丑年再度改被差出候節、兼々改済之内、差支之ヶ所刪去候様申進候処、右ヶ所刪去候ては不都合之趣ニ付、最初改済之通居置度旨、御掛合ニ候得共、最初全見落候事にて、其侭難差置候。開板調之儀は多論之事ニ候間、若差支之ヶ所見落し、開板差許候後にても、心付候節は及沙汰為相刪候義可有之段、主膳正殿え兼々伺済ニ有之候。旁以其侭ニ難居置候事。

一度改を受けた『信州善光寺如来之縁記』が、再度増補願を出した際に二ヶ所の訂正を指示されたが、一ヶ所は「仏法の眼目」であり、またその一枚を除くと書物全体の構成に影響するので削除せずに刊行してもよいか、という紀伊殿御城附からの問合せに対して、学問所からは削除するように回答している。

▽項目番号三〇

項目番号三一　『満清紀事』について（地冊　四十一丁オモテ〜四十一丁ウラ）

○　池田播磨守殿　　　　　御両名

一満清紀事　　壹冊

右は、近来清朝兵乱之始末共記録致し候ものにて、尤、作者之姓名・蔵板主名前・年月等も無之、但漢文之侭ヲ活字板ニ致し候様子相見へ候。右書物、内々賣買致し候趣ニ候。全ク學問所改受不申候品ニ候間、何方にて出来候哉、早々御糺被成御申聞候様致度、此段申進候。以上

卯三月

作者名・板元名・出版年月が記されていない『満清紀事』という書物が売買されている件において、安政二年三月に学問所の御両名から江戸南町奉行・池田播磨守（頼方）への問い糺しがあった件である。『市中取締續類集』書籍之部　六十[148]の記述から、御両名が林大学頭（復斎）と林圖書之助（鶯渓）[149]であることがわかる。この『満清紀事』[150]に関して、本書中には「漢文之侭ヲ活字板ニ致し候様子相見へ候」とある。活字板による出版は天保十三年九月の觸[151]で整版同様に改を受けることになっていたはずだが、『満清紀事』の出版ではこの手続きが無視されていたことがうかがえる。『市中取締続類集』では、この後に池田播磨守からの回答と町名主・舘市右衛門からの書付があり、『満清紀事』に関する調査が難航していた旨[152]が記されている。

『満清紀事』は中国の太平天国の乱に関する著作で、『和刻本明清資料集』第一集の解題[153]によれば、平山謙二郎が、神奈川に来航した米船中の廣東人羅森のもとで借鈔したものであると、東大圖書館所藏鈔本にある

と、著者が幕臣の平山謙二郎こと平山省斎（敬忠）[154]であったことがわかる。[155]

項目番号三二　唐本の活字版作成・所持・販売について（地冊　四十一丁オモテ～四十二丁オモテ）

〇學問所え　　／紀伊殿／御城附／

新渡之唐本を訂正・注釈等も不相加、有姿之侭彫刻、又ハ活字板ニ摺立、蔵書にいたし置候儀、御調請等之儀、及御問合候にも不及儀ニ御座候哉、且又、右書物弘通いたし度節は、如何相心得可然哉、御問合之事。

下ヶ札　六月廿日

御書面御問合之趣、致承知候。右、唐本有姿之彫刻、又は活字板ニ摺立候共、學問所え差出、改受候筈ニ候。右書物弘通之儀は、勝手次第ニ候。且又、書物屋ニて賣買いたし候節は、賣弘之儀町奉行え書物屋共より願出候事。

辰六月

新規舶載の唐本を訂正・注釈なしで、開板もしくは活字版で作成する際の改と販売にあたり、紀伊殿御城附からの問合せに対し、どのような印刷方法であっても改が必要であり、販売は町奉行へ書物屋から願出る旨、学問所から回答している。回答の「辰六月」は、紀伊殿御城附からの問合せ内容が天保十三年の觸を受けていると考えられることから、天保十五年と推定する。

項目番号三三　『類従三代格　残編』について（地冊　四十二丁オモテ～四十四丁ウラ）

○林大學頭殿　／尾張殿／御城附／

一類聚三代格跋　壱枚

尾張殿御家中

植松庄左衛門

右は、類聚三代格残編四巻、新規跋文を加へ出板致度旨相願、右跋文草稿差出候間、及御問合候事。

九月

辰十一月九日下ヶ札

跋文彫刻不苦候事。

再問合左之通り

林　大學頭殿　　　　　尾張殿
林図書之助殿　　　　　御城附

別紙下ヶ札御答之趣にては、類聚三代格跋は彫刻不苦候得共、残編彫刻方之御答無之、彫刻為致不苦候哉、今一應及御問合候事。

十二月

下ヶ札

御書面御掛合之趣致承知候。類聚三代格残編於學問所相改可申候間、右草稿早々差出候様可被申付候。依之、跋文一枚並別紙共返達、此段及御答候。

辰十二月朔日　　御両名

尾張殿

御城附

両名殿

類聚三代格残篇四巻、新規跋文を加へ彫刻致度旨、御家中之者相願候ニ付、追々及御問合候。就夫、今般御答下ヶ札之趣にては、草稿差出候様御挨拶有之候処、右書物、先年彫刻方及御問合候節、古来流布之書

ニ付、書名而已申達不苦趣、且又序跋を加へ候ハヽ右序跋草稿而已差出候様御挨拶有之候ニ付ては、今般彫刻可致残篇之儀も、古来流布之書にて、最前及御問合候跋文を加へ候而已之儀にて、暫差急候訳も有之候間、先年彫刻之節之通り、草稿不差出候テ相済候様致度、今一應及御問合候事。

十二月

下ヶ札

御書面御懸合之趣致承知候。類聚三代格残篇之儀、は流布にも余り見受不申候。且、躰ニ寄候儀、既ニ先年但し書を以躰ニ寄書物御差越有之候様御達申候儀も可有之、及御答置候ニ付、右類聚三代格残篇、早々差出候様可被申付、此段御答候。

辰十二月十四日　　御両名

『類聚三代格　残篇』に新規跋文を加えて出版にあたり、古来流布している書物であるので序跋の草稿を提出せずに済ませたいという紀伊殿御城附に対して、『類聚三代格　残篇』は流布しているとはいえず、書物と序跋文を共に提出が必要であるという学問所の林大学頭（復斎）と林圖書之助（鴬渓）からの回答である。林鴬渓が学問所御用となるのは安政元年であることから、本項目のやりとりは安政三年と推定される。

本項目の『類聚三代格　残篇』は項目番号一〇「尾張殿御城附と学問所とのやりとり」の続編と考えられる。植松庄左衛門こと植松茂岳は江戸後期から明治時代前期の国学者。尾張国名古屋藩士。名は茂岳（一時、藩主の諱を避けて成岳・懋嶽）、通称は庄左衛門、松蔭・不言・不知と号した。寛政六（一七九四）年十二月十日、名古屋藩士小林常倫の次男として名古屋城下流川町で出生。十歳で父を失い貧しかったため、版木彫刻を業としていた鈴屋門の俊足植松有信の養子となって国学を学び、有信の死後は本居大平に就学。天保六（一八三五）年に藩校明倫堂に出仕、のち藩主の侍講となり、『尾張志』の撰述、『古事記』・六国史の校合、熱田文庫の建設、真福寺本の調査にあたった。[156]

項目番号三四　『三国通覧』出板に関連する処分（地冊　四十五丁オモテ～四十七丁オモテ）

寛政四子年五月十六日

松平陸奥守家来・林嘉膳同居之弟、林子平

松平越中守殿御差圖

其方儀、假令利欲ニ不致候共、一己之名聞ニ拘、取留候義無之風聞、又は推量を以、異國より日本を襲候事可有之趣、奇説・異説を取交著述致し、右之内

御要害之儀等も相認、其外地理相違之繪圖相添、
書本又は致板行ニ、室町市兵衛方へ送り遣候始末、不憚
公儀仕方不届至ニ付、兄・林嘉膳え引渡、於在所蟄居
申付之

室町弐丁目權八店／須原屋
市兵衛

其方儀、林子平より差越候三國通覧と申書は、奇怪・
異説等相認候本にて、右添へ候日本并外國之繪圖は、
地理相違等も有之、一体不憚義ニ候処、行事之改を
受候ハヽ、既ニ其方も其砌は行事乍相勤不心付、右体
如何成書物并畫圖等致板行賣出候段不埒ニ付、
板木并所持之三國通覧取上、身上ニ應し重
過料

本石町三丁目
新兵衛店／金兵衛事
道　記

本石町四丁目／源助店
甚四郎

通一丁目小兵衛店
茂兵衛
紀伊国住宅ニ付店支配人
店助
同所三丁目佐右衛門店
次郎兵衛

其方共儀、先達て本屋行事相勤候節、林子平著述之三國通覧、右へ添候繪圖共、市兵衛より改メ請度旨申聞候ハヽ、念入改可申処無其儀、既ニ（二字墨消）八十七部買請賣拂候始末、書物類之儀ニ付ては、前々より厳重之儀も有之候処、行事相勤身分にて等閑ニ相心得、致方不行届之段不埒ニ付、過料拾貫文宛申付之

室町三丁目治兵衛店
文助／他二十七人

其方共儀、右一件ニ付口書申付候処、不念之筋も無之間構無之

石町役人

寛政四子年五月十六日

林子平辞世

親もなし妻も／なし／子もなしはんも／板木／なし

金もなければ／ど／死たくもなし

「奇説異説」を著述し、誤った日本と外国の地図を添付していたとして、『三国通覧』こと『三国通覧図説』[157]の著者・林子平[158]と書肆・須原屋市兵衛[159]、および開板を許可した本屋行事へ処分が下されている。

松田清は、

周知のように寛政四年五月、子平は前年出版した『海国兵談』のために幕府より板木没収のうえ禁固の罪を得た。翌年に子平が没してから四九年目の天保十二年に、初めて幕府から赦免の令達があり、子平の名誉回復に熱心であった林通明（通貴の父、子平の甥友通の長男）は子平埋葬の地龍雲院に墓碑を建てることができた。アヘン戦争によって海防問題が焦眉の急となった時代であるから、子平の赦免は幕府にとっても意義あるものであっただろう。仙台藩においても天保十二年の赦免後、子平顕彰の動きが始まった。文政五年に一関から医学校教授に迎えられた蘭方医佐々木仲沢が林通明などに取材して最初の林子平伝を顕したのである。

と、天保期における林子平の名誉回復に関して述べている[160]。

また、本書が複数の手控であることは、本項目が他の部分と明らかに異なる墨跡であることからうかがえる。

項目番号三五　文化元年五月　絵双紙問屋行事への町触（地冊　四十七丁ウラ）

文化元子年五月

繪双紙問屋行事共

繪双紙類之儀に付、度々町觸申渡之趣有之候処、如何成品商売いたし、不埒之至に付、今般吟味之上、夫々咎申付候。以来左之通、可相心得候。

○一枚絵・草紙類、天正之頃以来之武者等名前を顕し画候儀は勿論、紋所・合印・名前等紛敷認〆候儀も決て致間敷候○一枚繪に和歌之類、並景色之地、又は角力取・歌舞妓役者・遊女之名前等は格別、其外之詞書一切認間敷候○彩色摺致し候絵本・双紙等、近来多く相見へ不埒に候。以来繪本・双紙等は墨斗にて板行いたし、彩色を加へ候義無用に候。

文化元年五月「絵双紙問屋行事共」への申渡である。一枚絵や草紙類に対して、①天正以降の武者等の名前・紋所・合印などは禁止、②和歌・景色・相撲取り・歌舞伎役者・遊女などの名前の他、詞書禁止、③彩色画の禁止という、禁止事項を伝達している。『市中取締類集　十八』「第五四件」[161]別紙に同じ記載があるが細部において異なる。

項目番号三六　禁制の『泰平年表』『殿居嚢』『青標紙』に関連する処分（地冊　四十八丁オモテ〜四十九丁ウラ）

泰平年表者、大野氏／権之丞／小十人／所編集也。先是殿居嚢／折本有／二編／青標紙／折本／都て三部編集

版行て、依密鬻罪、天保十二辛丑年六月被預
九鬼家／式部少輔／一万九千五百石
小十人本多左京組
大野権之丞
其方儀、御政務筋に拘り候儀、不容易事共彫
刻致し、繪本屋・伊助え相渡候段、不届之至候。依
之、九鬼式部少輔え御預被仰付者也。
大野鍬之助
父・権之丞不届有之候に付、九鬼式部少輔え御預被
仰付、依之、其方儀改易被　仰付者也。
右、堀田備中守殿御差図於評定所、岡村丹後守・遠山
左衛門尉・桜井庄兵衛立合、丹後守申渡之。
但、同年九月大野権之丞病死に付、死骸為検使、
同廿七日御徒目付・生駒藤蔵・満田作内、丹後国
綾部え被遣、拝領物金十両ツヽ被下。
下谷車坂町
栄蔵店
江戸払　本屋　伊助

神田旅籠町三丁目
長四郎店

敲之上江戸払　同　喜兵衛

本銀町弐丁目重右衛門店

東四郎尾州住宅に付店支配人

江戸払　同　喜助

本所中の郷町
長八店

江戸払　板木師　喜兵衛

禁制の『泰平年表』『殿居嚢』『青標紙』の版行・密売により、著者・大野権之丞こと大野広城[162]と、出版関係者である本屋や板木師が処罰された件である。大野広城の著作『泰平年表』は、徳川家康誕生以降の主な歴史を記した内容で、『殿居嚢』[163]『青標紙』[164]は、ともに幕府の法制・儀式・典礼などの武家故実を扱った内容である。幕府の儀式典礼等を懐中本にし、一般役向の武士が携帯可能となるように作成されたが、許可なくして幕府の内情を公表したかどで大野広城は丹波綾部藩の九鬼家への預という拘禁刑に処され、息子である大野鍬之助には改易が申し渡されている。

本項目においても、他の部分と墨跡が異なり、本書が複数人による手控であることがうかがえる。

項目番号三七　錦絵起源金六説（地冊　四十九丁ウラ）

錦繪は

明和二年の頃、唐の彩色ずりに習て、板木師金六と云もの、板木へ目当をつける事を工風して、初て制出す。

天保十三壬寅年八月、錦繪遊女其外女ノ繪役者繪等堅被制禁、同十五弘化元年ト改元、此比よりそろ〳〵女の繪はじまりし也。

本項目は、版木師・金六が錦絵を考案したとする風説と、天保の改革により禁止となった浮世絵版画が二年後には再開されていたという記述である。版木師・金六に関しては滝澤解『燕石雑志』（文化八年刊）[165]にもみられる。金六については未詳である。

項目番号三八　流行錦絵之聞書（歌川国芳画「源頼光公館土蜘蛛作妖怪図」他）（地冊　四十九丁ウラ〜五十三丁オモテ）

○流行錦繪之聞書

一天保十二丑年五月中、御改革被仰出、諸向問屋仲間組合と申名目御停止に相成、其外高価之商人並身分不相応驕奢《キヨウシヤ・ヲコリ》之もの、又は不届成もの御咎被仰付、或は市中端々売女之類・女医師之堕胎《ダヽイ》／俗に子お／ろしと云／御制禁に相成、都て風俗等、享保・寛政度之古風に立戻り候様被仰渡候處、其後同十四卯年八九月之比、堀江町壱丁目繪草紙屋・伊波《バ》屋専次郎板元、田所町治兵衛店・孫三郎事画名歌川国芳《ヨシ》／国芳は歌川／豊国之弟子也／画にて、頼光《ヨリミツ》公御不例《レイ》四天王直宿《トノヒ》種々成不取留異形之妖怪《ヨウカイ》出居候図出板いたし候。然ル處、右繪に市中にて評致候は、四天王は其比四人之御老中／水野越前守様／真田信濃守様／堀田備中守様／土井大炊頭様／にて、公時《キントキ》渡邊両人打居候碁盤《ゴバン》は、横に成居盤面之目嶋なれば、此両人心邪《ヨコシマ》に有之べく、扨、妖怪之内土蜘《ツチクモ》は、先達て南町御奉行御役御免に相成候矢部駿河守様の／但定紋／三ツ巴也／由、蜘の眼《め》巴に相成居候、又引立居候小夜着は富士の形チ、富士は駿河之名山なればは駿河守と云判事《ハンジ》物之由、飛頭蛮《ヒトウバン・ロクロクビ》は御暇に相成候、中野関翁《セキワウ》／播磨守父／隠居ナリ／にて、其比世上見越したると申事の由、天狗は市中住居不相成、巣山渋谷豊沢村え引移被仰付候修験、鼻之黒キは夜鷹と／市中明地又は原／抔え出候売女也／申売女也。長ノ字之付候杓子《シャクシ》を持鱣にて鉢巻いたし候坊主は、芝邊寺号失念日蓮宗にて、鱣屋の娘を囲妾にいたし、其上品川宿にてお長と申飯売と女犯一件にて遠嶋に相成候もの丶由、筆を持居候は御役御免に相成候奥御祐筆之由、頭に劔《ケン》の有るは、先達て江戸十里四方御構に相成候、歌舞妓役者・市川海老蔵、成田不動之劔より存付候由、頭に赤子之乗居候は子《コ》おろし、常之字付候挑灯は当百銭之由、纏に相成候蛸は足之先キより存付、高利貸分銅は両替屋、象《ザウ》に乗候達磨は、先達て貪欲《トンヨク》一件にて遠嶋に相成候牛込御箪笥町真言宗にて歓喜天《カンキテン》守護いたし候南蔵院之由、其外、家業御差留・御咎等に相成候もの共之恨《ウラ》ミに有之由、専ら風聞強く候故、内密御調に相成候。右に付、市中好事《コウツ》之者、調度繪草《エソウシ》屋え日々弐三人宛尋参候得共、繪草紙屋にても最早売々不仕候。右は全乍説に程能附会風評致候共、恐入る事に有之候。乍併、諺《コトワサ》にいふ天に口なし人をもつて言わしむると申事あれバ、若自然右を案し、又乍承夫を紛敷画候は不とどき至極之もの共也

一其頃風評を消んと、四天王並保昌《ホウセウ》五人にて土蜘退治之繪同画にて出板いたし候得共、蜘之眼に矢張三ツ巴を画候なり。然れ共四天王直宿《トノヒ》妖怪之繪は、人々望候得共、土蜘退治は売レも不宜候由、右に付、存付候哉。

一同年閏九月中之由、間錦《アイニシキ》と唱候小サキ繪にて、四天王直宿頼光公御脳《ノウ》之図、最初と同様にて後に一図土蜘居候図にて、堀江

町／右は里俗おや／じ橋角と申候／山本屋久太郎板本、本所亀戸町画師・歌川貞秀事伊三郎／貞秀は歌川国貞之弟子にて／前出国芳より繪之筆意劣り候なり／右は下画にて、御改を受相済候上出板いたし候。右へ二重板工夫いたし、土蜘を除き、其跡え如何之妖怪を画、二様ニいたし売出し候。右化物は、前書と少々書振を替、質物利下ケは通ひ帳を冠り、高利貸は座頭、亀の子鼈甲屋、猿若町え替地被仰付候三芝居は紋所、高料之植木鉢、其外、天狗は修験、達磨は南蔵院、当百銭之桃灯、夜鷹・子おろし等凡最初と似寄候画売々いたし候処、好事《コウズ》之者争ひ買求候由、右も同様、御調に相成、同年十月廿三日南御番所え／御奉行鳥居／甲斐守様也／御呼出之上、改受候錦繪え増板いたし候は、上を偽候事不届之由にて、画師・貞秀事伊三郎、板元・山本屋久太郎、手鎖御預ケ被仰付、御吟味に相成候。其比、武家方にて内証板に同様之壱枚摺拵、夫々手筋を以て売々致候由に候得共、一見不致候。

一同年八月中、禁裡《キンリ》墨塗、一名墨合戦之戯《タワム》れ繪、国芳画にて出板致候に付、是又、如何之繪にも有可哉と評議有之候処、右はいまた内裏《ダイリ》大和之奈良に遷都《セント》之比、勅《チヨク》命有之公卿、墨を塗合候戯れ、是を墨合戦と唱へ、其頃画師・土佐何某に写させ給ふ古《コ》繪巻物之写之由にて、如何之繪には無之由、同年九月中同画にて一将棊之駒之軍繪出板いたし候所、右之内、可見咎處は飛車之成龍王と可書處、龍口《タツノクチ》ト有之、桂馬《ケイマ》は雁馬《ガンノウマ》ト有之、其外之駒之文字、何れも寄せ字に有之、角《カク》行矢《ヤ》を射居、其矢楯《タテ》にあたり居候。是を下説に、惣テ物事筋違にて矢も楯もたまらぬと申判事物之由、評致候由、及承候得共、是は別段御調は無之、其後も将棊之繪草ぞうし等出板いたし候。

本項目では、浮世絵に関する風聞が記されている。天保十四年刊の歌川国芳画[166]「源頼光公舘土蜘蛛作妖怪図」（板元・伊場屋仙三郎[167]）他二図への風聞、および歌川貞秀[168]の錦絵に対する風聞と、貞秀と版元・山本屋久太郎への処罰に関する記録である。

「源頼光公館土蜘作妖怪図」は病の床にいる頼光、宿直をする頼光の家臣である四天王、そして土蜘蛛の妖怪を描いた三枚続きの錦絵である。構図は右図上方（後方）、頼光の背後から土蜘蛛の妖怪が巣網を打ちかけようとしており、その手前に頼光四天王の一人、卜部季武がいる。中図下方（前方）に碁を打つ頼光四天王の渡邉綱と坂田金時、左図下方（前方）に同じく頼光四天王の碓井貞光が大きく描かれている。画中目を惹きつけるのは、右図から中図・左図上方（後方）にかけて次第次第に大きく描かれている、土蜘蛛が出現させたと思しき夥しい数の妖怪たちである。頼光と四天王が人物も居場所も彩色を施され描かれているのに対し、百鬼夜行を髣髴する妖怪の大群は、一部に朱が用いられている以外ほぼ白黒の薄墨で描かれている。闇に蠢く妖怪の群れは、一体一体が小さく描かれながらも、それぞれに何かを激しく訴えている表情を有しており、頼光と四天王を呑み込まんばかりの勢いがある。この錦絵に描かれた源頼光と四天王は改革を進める幕府側の諷喩で、土蜘蛛と妖怪の一群は改革でお咎めを受けたり何らかの損失を被ったりした人々ではないかという噂により、「源頼光公館土蜘作妖怪図」は江戸中の評判となった。改革を風刺したとされるこの絵に対しては先学に多くの研究あり、前田愛は、

その怪異な構図と色調は改革下の江戸市民の梗塞した心理状態に訴える効果をはらんでいたといっていい。

と評価しており、[169] また南和男『幕末江戸の文化　浮世絵と風刺画』[170] で詳しく考察されている。当時流行した妖怪の判読に対する風聞が記載されている『天保雑記』『天保改革鬼譚』『浮世の有様』の各資料を比較してまとめた南は、本書も引用し、

同一の妖怪を指してさまざまな解釈、うけとりかたをしているしていることが知られる。それは当時の江戸や大坂でいかにさまざまな推測のもとに、人々がそれぞれ勝手な解釈をしていたかを示している。これを見ても国芳の全く意図しないことが、国芳の真意のようにみなされ、まことしやかに江戸市中や大坂で流布していたかを物語るものである。

と、描いた国芳の意図を離れ「それぞれ勝手な解釈」がなされていた、としている。[171] また、『藤岡屋日記』の天保十五甲辰年正月十日の項[172]には

源頼光土蜘蛛の画之事

最早ハ去卯ノ八月《（ママ）》、堀江町伊場屋板元にて、哥川国芳の画、蜘蛛の巣の中に薄墨ニて百鬼夜行を書たり、是ハはんじ物にて、其節御仕置に相なりし南蔵院・堂前の店頭・堺町名主・中山知泉院・隠売女・女浄るり・女髪ゆいなぞの化ものなり、その評判になり、頼光ハ親玉、四天王ハ御役人なりとの江戸中大評判故ニ、板元よりくばり絵を取りもどし、板木もけずりし故ニ、此度は板元・画師ニさわりなし。

とあり、江戸中で「源頼光公館土蜘作妖怪図」を見た人々がそれぞれの思いで描かれた妖怪を解釈し評判になっていたこと、予想を超えた評判に対し、版元である伊場屋仙三郎が早急に絵の回収および版木の処分という対処を講じた故にお咎めなしとなったとしている。同じく、『武江年表補正略』巻の三では、「天保年間記事」[173]に、

浮世繪師國芳か筆の狂畫、一立齋廣重の山水錦繪行る、

此頃、國芳、頼光病床四天王ノ力士直宿を書タル圖ニ、常ニアル圖ナレド化者ニ異變ナル書サマシタリ、其内ニ入道ノ首ハ巳前小産堀ト呼處本所ニアリ、爰ニ挑灯屋ニテ凧ヲ賣シガ、畫ヲカキ得ズ、猪ノ熊入道トテ、彩色ハ藍バカリニテ書タル首、即コレニテ悪畫ヲウツシタルナリ、コノ評判ニテ人々彼是アヤシミタルモヲカシ、板元ノ幸ニテ賣カタ多カリキ、近時モ療治ヲスル所ノ、ツマラヌ錦繪ヲ色々評判ウケテ賣タリ、皆不用意ニシテ幸アリシナリ、

とあり、「源頼光公館土蜘作妖怪図」以来、国芳の錦絵が売り上げを伸ばしていたことがうかがえる。

主として書物の改に関連する項目が多い中、浮世絵版画の風聞を扱った本項目は異質である。この点は、第二章第二節第三項で詳述することとする。

項目番号三九　貸本統制（地冊　五十三丁オモテ）

○辻番人共、役者似顔・遊女繪並人情本・彩色入表紙・草双紙等売々仕間敷品売捌、貸本屋共は好色本・人情本・其外御制禁之本類、今以内々貸歩行、右渡世之もの、向後御制禁之品往還売並貸本等仕間敷旨、精々被仰含、早々行届

候様御取斗可被成候。尤、兼て被仰渡も有之候事故、此節猶又、右え被仰渡等有之候様、心取違不仕事立不申様、無急度御取斗可被成候。以上

辰三月　　　　　　繪草紙掛り

右は天保十五辰年三月、右掛りより一統え達有之候写

御禁制の役者似顔絵・遊女絵・人情本・彩色草双紙・好色本などの販売・貸本禁止に関する天保十五年三月の達である。

項目番号四〇　『観延政命談』について（地冊　五十三丁ウラ）

戸田采女正殿御指図　　牛込中里村町／家主喜右衛門方に居候

此者義は元奥御右筆仲沢／達之助方に侍奉公致居候者　　品田郡太

其方儀主人供先等にて及承候迚去々亥年御仕置ニ被相成候谷中延命院日道不如法之始末御仕置等之次第不取留儀ヲも取交全部拾六冊之読本に綴観延政命談と外題ヲ認貸本渡世之もの共へ売渡候段武家方勤中之儀別て不届に付江戸払申付之

通新石町次助店

善蔵／外拾四人

其方共書物之儀に付てハ前々御觸も有可之所観延政命談又は

本項目は、延命院事件[174]を扱った『観延政命談』の著者である品田郡太および該書を賃貸した貸本屋への処罰に関して書かれているが、文は途切れている。『筆禍史』にはほぼ全文が引用されている。

『観延政命談』は、現在も東京都荒川区西日暮里にある延命院の住職・日道の女犯を扱った物語で、貸本屋を通して世上に流布した。

以上が、本書の内容である。

第三節 『開版指針』の構成

本項では、『開版指針』全体の構成から本書の目指した「指針」に関して考察していく。

『開版指針』の特徴が天保の改革時に実施された出版統制にまつわる記述の多さとその内容であり、書物の出版・流通に関する問題点、特に天保の改革において実施された「改《あらため》」[175]、すなわち出版前の草稿調査とそれをつかさどった昌平坂学問所に関連する項目の多さが特質であることは、前項の内容通り明白である。寛政・天保の改革期を中心とする近世の発禁・筆禍・検閲に関する先行研究は、出版統制の結果から検討されている。対して本書は、出版統制を実施した幕府側の見解がうかがえる点においても特徴的な資料といえる。

本書においては、具体的な指針は明記はされていない。しかしながら、江戸町奉行所が編纂した『市中取締類集』『市中取締続類集』、あるいは、法令先例集である享保・天保・嘉永期『撰要類集』における出版関連の記述とは、重複する部分もありながら、資料としての在り方が異質である。この点に関しては奉行所と学問所という組織の違いに基づく差異ばかりではないと考えられる。本書が問題としていることはどのようなことか、その問題対象はどこにあるいは誰にあったのか、という点を検討することは、本書の成立意義を確認することでもある。以下、考察にあたり、本書中の四十項目において扱われている内容を分類した第二表および時系列に並べ替えた第三表としてまとめた。

分類別として最も多いのは学問所改に関する項目で、改の内容に関する八項目（項目番号二・六・二二・二三・二四・二九・三〇・三三・三六）と改の手続に関する二一項目（項目番号三・四・五・八・一〇・一一・一二・一三・一四・一五・一六・一七・一八・一九・二〇・二一・二五・二六・二七・二八・三三）がある。続いて、地方での出版に関する十一項目（項目番号三・一一・一三・一四・一六・一七・二五・二六・二七・二八・三〇）があげられる。この十一項目はすべて改の内容もしくは改の手続に関する項目と重なり合っている。この重複からは、天保十三年六月から実施された学問所改が、それ以前の、各所の書物問屋による自主規制という地域限定的な出版統制から、全国統一的な体制へと転換を図ったにもかかわらず、実際には有効性の低い状態であった事実がうかがえる。この点に対して木村八重子は、

幕府の法令は江戸の地において殊の外厳しい。江戸後期に多色摺絵本が禁止されると、上方では摺出されているが江戸では影をひそめる事象などでこのことは歴然としている。[176]

と、法令順守に地域差があった事実に言及している。

活字板に関する六項目（九・一〇・一五・一九・三一・三二）は、天保の改革以降新たに加わった出版の「指針」といえる項目である。天保十三年九月には、活字板によって作成される書物も学問所改の対象となっていたが、[177]『開版指針』の内容からはやはり改の有効性が低かったことがうかがえる。江戸時代の印刷・出版物は、大多数が整

第二表　『開版指針』の内容分類

項目番号	書画・内容	分類
一	享保七年十一月の触「書物之儀ニ付町触」	触
二	禁制の『堅瓠集』	改
三	遠国出版に関する甲府徽典館と大学頭とのやりとり	手続・地方
四	手蔓で改を受ける書肆	手続
五	売弘（販売）に関して、大学頭から儒者への達	手続・学問所
六	『御教諭謹守録』の丁数変更	改
七	御三家御城附への回答様式	学問所
八	「官許」の書物の売弘（販売）	手続
九	儒者の著述と『大学問答』の売弘（販売）	学問所・活字板
一〇	尾張殿御城附と学問所とのやりとり	手続・活字板
一一	会津藩板『四書輯疏』の書肆開板	手続・地方
一二	『貫之集類題』の納本重複	手続
一三	大坂開板の漢籍『曝書亭文集』『清名家古文所見集』に関して	手続・地方
一四	『清名家古文所見集』の江戸における売弘（販売）	手続・地方
一五	『日本外史』『日本政記』の出板	手続・活字板
一六	『唐詩正声箋注』の開板と売弘（販売）	手続・地方
一七	『明律国字解』の京都開板	手続・地方
一八	学問所の改について	手続
一九	活字版『せめては草』	手続・活字板
二〇	写本『後三年軍記画巻』の売買	手続
二一	新刻伺と売弘伺	手続
二二	『聖武記採要』が開刻伺なく売弘（販売）	改・海外情報
二三	学問所から天文方への依頼	改
二四	『海外新話』が改を受けずに開刻	改・海外情報
二五	『五経』重板問題	手続・学問所・地方・権利
二六	『紀伊国名所図絵後編』について	手続・地方
二七	『黄中詠草』について	手続・地方
二八	『鉏雨亭随筆』について	手続・地方
二九	『正学指要』が改を受けずに売弘（販売）	改
三〇	『信州善光寺如来之縁記』について	改・地方
三一	『満清紀事』について	海外情報・活字板
三二	唐本の活字版作成・所持・販売について	活字板
三三	『類従三代格　残編』について	手続・改
三四	『三国通覧』出板に関連する処分	海外情報
三五	文化元年五月　絵双紙問屋行事への町触	触
三六	禁制の『泰平年表』『殿居囊』『青標紙』に関連する処分	触・改
三七	錦絵起源金六説	風聞
三八	流行錦絵之聞書（歌川国芳画「源頼光公館土蜘蛛作妖怪図」他）	風聞
三九	貸本統制	触
四〇	『観延政命談』について	風聞

第三表　『開版指針』項目時系列

項目番号	書画・内容	年
一	享保七年十一月の触「書物之儀ニ付町触」	享保 7
三四	『三国通覧』出板に関連する処分	寛政 4
三五	文化元年五月　絵双紙問屋行事への町触	文化元
四〇	『観延政命談』について	文化 2
三六	禁制の『泰平年表』『殿居嚢』『青標紙』に関連する処分	天保 12
一五	『日本外史』『日本政記』の出板	天保 13 ～ 15
二	禁制の『堅觚集』	天保 14
三	遠国出版に関する甲府徽典館と大学頭とのやりとり	天保 14
四	手蔓で改を受ける書肆	天保 14
五	売弘（販売）に関して、大学頭から儒者への達	天保 14
六	『御教諭謹守録』の丁数変更	天保 14
八	「官許」の書物の売弘（販売）	天保 14
九	儒者の著述と『大学問答』の売弘（販売）	天保 14
三八	流行錦絵之聞書（歌川国芳画「源頼光公館土蜘蛛作妖怪図」他）	天保 14 以降
三二	唐本の活字版作成・所持・販売について	天保 15
三九	貸本統制	天保 15
一〇	尾張殿御城附と学問所とのやりとり	天保 15 ～弘化 2
一三	大坂開板の漢籍『曝書亭文集』『清名家古文所見集』に関して	天保 15 ～弘化 2
二五	『五経』重板問題	天保 15 ～嘉永 5
三七	錦絵起源金六説	弘化以降
一四	『清名家古文所見集』の江戸における売弘（販売）	弘化 2
一六	『唐詩正声箋注』の開板と売弘（販売）	弘化 2
一七	『明律国字解』の京都開板	弘化 2
一一	会津藩板『四書輯疏』の書肆開板	（弘化 2）
一二	『貫之集類題』の納本重複	（弘化 2 年刊）
一八	学問所の改について	弘化 5
一九	活字版『せめては草』	嘉永元～ 2
二〇	写本『後三年軍記画巻』の売買	嘉永 2
二四	『海外新話』が改を受けずに開刻	嘉永 2
二八	『鉏雨亭随筆』について	嘉永 2
二一	新刻伺と売弘伺	嘉永 3
二二	『聖武記採要』が開刻伺なく売弘（販売）	嘉永 3
二六	『紀伊国名所図絵後編』について	嘉永 5
二七	『黄中詠草』について	嘉永 5
二九	『正学指要』が改を受けずに売弘（販売）	嘉永 6
三〇	『信州善光寺如来之縁記』について	嘉永 6
三一	『満清紀事』について	安政 2
三三	『類従三代格　残編』について	安政 3
七	御三家御城附への回答様式	不明
二三	学問所から天文方への依頼	不明

板という板木を用いた方法により印刷されており、板木という印刷道具は、同時に板株あるいは板木株と呼ばれる物質に付随する権利でもあった。整板によって作成された書籍と木活字によって作成された出版物に関して、中野三敏は、

本屋の造る本が営業品として魅力を示すことに専念するのに対し、こちらは私家版の配り本ゆえ稚拙さを恐れる必要はない[178]。

としている。整板を用いた書籍は商品であり、木活字は配布物であったわけで、天保十三年九月以前は改を受ける必要がなかった、いわば書物ではなく印刷物という扱いであった。整板による出版物が主流であった当時において、ここで、少数かつアンダーグラウンド的な出版物ともいえる活字板に注目していることと、更に写本の売買に関する記述(項目番号二〇「写本『後三年軍記画巻』の売買」)があることを併せると、現代的な著作権意識、つまり板木という物質への権利ではなく、書物の内容に対する意識の萌芽が本書にあるのではないかと推察できる。既存の印刷技術に基づく権利や写本という区別を廃することは、当時の出版状況下では革新的な考えである。

また、海外情報に関する四項目(項目番号二一・二四・三一・三四)も本書のもう一つの新たな「指針」であり、そして『開版指針』成立の時代背景に由来する項目である。第三表からわかるように、本書で扱われている内容は概ね天保期以降の事項である。この時期は異国船がほぼ毎年渡来していた[179]。このような状況下、海外情報は需要の増加もさることながら、本書で扱われている違法な情報供給も後を絶たなかった。項目番号二二『聖武記採要』が開刻伺なく売弘(販売)」に至っては、学問所で学んでいた鷲津郁太郎(毅堂)による違法出版であり、改を職掌とする学問所にとっては組織の威信にかかわる問題であった。項目番号三一「『満清紀事』について」もまた、幕臣・平山謙二郎による、いわば業務中に入手した海外情報の漏洩である。『満清紀事』に関しては、前述の木

活字印刷の問題も絡んでくる。木活字による印刷に関しては、大内田貞郎が、

木活字版による印刷が、子供をも交えた、いわゆる素人の手で、ごく内輪に、家内工業的な規模でも行うこともできる可能性を秘めていたとみてよかろう[180]。

と、その印刷技術は簡易であるとし、また多治比郁夫は、

近世後期に活字板が重宝がられたのは、ひたすら印刷するさいの簡便さにあったようである。活字を誂えておけば、くり返し印刷が可能である。組版を作って印刷することは素人でもできるし、活字を彫ることさえも自分でできないことではない。整版による印刷の経費に比べ、活字版はすこぶる安価であったろうと考えられる[181]。

と、少部数しか印刷できない欠点に対して費用面での利点を述べている。つまり『満清紀事』の発行は、簡単で費用が少ない方法で、当時需要が高まっていた極秘情報が流布したという点で、まさしく出版の「指針」を再考する機会となったといえよう。項目番号二四「『海外新話』が改を受けずに開刻」や項目番号三四「『三国通覧』出板に関連する処分」といった海外情報の流出はあとを絶たないばかりか、徐々にその発信元が、法令に従うべき武家の中枢、幕臣へと変化していた。そのような動きをいかに抑制するのかということが、幕府にとっての課題であったと考えられる。

本書がこうした幕府の意向に従っているであろうことを示すために、次ページに本書で扱われている書物の著者および項目内容から判明している関連先をまとめてみた。

武家による情報流出に関して述べたことに加えて、第四表により本書で扱っている出版物が武家あるいは儒者・国学者などの学者が関係していることを示したい。キリスト教に関連する内容を扱っている項目番号二・六を除

第四表　『開版指針』中の出版物著者および関連先

項目番号	内容	編著者	関連先
二	『堅觚集』	褚人獲	
六	『御教論謹守録』		
九	『大学問答』	古賀小太郎（侗庵）	儒者
一〇	『類聚三代格』	植松茂岳 等	尾張家
一一	『四書輯疏』	安部井褧（帽山）	松平容敬
一二	『貫之集類題』	鈴木信成／海野幸典	海野幸典
一三	『曝書亭文集』『清名家古文所見集』	朱彝・陳兆麒	学問所
一四	『清名家古文所見集』	陳兆麒	学問所
一五	『日本外史』『日本政記』	頼山陽	儒者
一六	『唐詩正声箋注』	東褧（夢亭）	儒者
一七	『明律国字解』	荻生徂徠	儒者
一九	『せめては草』	渋井徳章	堀田正睦
二〇	『後三年軍記画巻』	伊勢貞丈	伊勢貞丈
二一	新刻伺と売弘伺の手続	水野忠央／林復斎	水野忠央
二二	『聖武記採要』	鷲津毅堂	学問所
二四	『海外新話』	嶺田楓江	嶺田楓江
二五	後藤点『五経』	後藤芝山	学問所内
二六	『紀伊国名所図絵後編』	加能諸平撰／神野易興撰／小野広隆画図	紀州家
二七	『黄中詠草』	香川景柄／香川景嗣	学問所
二八	『鉏雨亭随筆』	東褧（夢亭）	儒者
二九	『正学指要』	高松貝陵（芳孫）	儒者
三〇	『信州善光寺如来之縁記』		紀州家
三一	『満清紀事』		平山謙二郎
三三	『類聚三代格　残編』		尾張家
三四	『三国通覧』	林子平	林子平
三六	『泰平年表』『殿居囊』『青標紙』	大野広城	大野広城
三八	「源頼光公館土蜘作妖怪図」	歌川国芳	老中・奉行
四〇	『観延政命談』	品田郡太	奥右筆

外すると、本書の「指針」が武家を中心とした「指針」であることが第四表により明らかとなる。天保の改革においては、学問所改という新たな制度を設け、出版前の草稿調査に加えて、調査対象も拡大していたことは先述の通りである。その一方で、項目番号二一「新刻伺と売弘伺」で触れたように、十万石以上の大名には出版を奨励している。これは、いわば幕府として良書の出版を推進し、悪書を掃討する政策である。寛政期以降、禁止事項と処罰で統制してきた出版に対して、天保期においては模範となる書物を世に送る役割を武家が担うべきという出版方針を示したことになる。活字板による書物に改が実施された理由として、こ

のような武家や学者の出版を推し進める狙いも考えられよう。岸本眞実は、
　木活字による諸書の出版が盛んになるのは、天明・寛政期以降である。
とし、その要因の一つとして「武英殿聚珍版」の影響を示し、更に、
　他の一つの要因は、寛政異学の禁（寛政二年）以来の学問の発展にある。これは松平定信による寛政の改革の一端として行われたものだが、林家の湯島聖堂を官学の昌平黌として改組し、そして開幕以来の官学である朱子学の振興を計ったものである。以後昌平黌では、盛んに出版事業が推進されるのだが、それが寛政の改革後急激に増加した諸国の藩校や同時代に解説が活発化する私塾の教科書その他の出版を刺戟したことである。そして、これらの出版に、数量的、技術的、経済的に木活字印行が適していたのである。儒書や医書・本草書・兵書等実学の書が、近世木活字版に多く見られるのはこの為である。[182]
と、実学書印刷に活字板が用いられていた点をあげている。
　天保の改革における出版政策は、問屋仲間を停止させて板株を無効にする一方で、幕府として適切である書物を低コストで市場に送り出すという面を持っていたと考えられる。今田洋三は、
　出版物の質的変化について、私は、第一につぎの二点を指摘したい。第一に、封建社会の動揺の激化のなかで、これにいかに対処するか、という問題に関連する著作物の大量出現である。第二に、一般庶民むけの寺子屋用教科書が書籍市場における中心的商品となってきたということである。[183]
と、幕末における出版状況において、書物の供給と需要の面において質的変化が生じてきたことに触れている。
　本書冒頭の項目番号一に享保度の觸が掲げられていることから、この觸が出版基本法として認識されていたことがわかる。しかしながら、享保度の觸は実効性に乏しかった。佐藤悟は、

享保改革の一環として享保七年十一月に出された条目は、これ以降修正は加えられるものの、幕府の出板取締りの基本法となり、それに伴い好色本の禁止など従来放置されてきた分野でも規制が加えられることになった。小説類も風俗矯正・奢侈取締りの一環として規制の対象となった。しかし幕府の取締り方針は書物問屋による自己検閲という特異な方法を採用し、その結果、これ以降の取締りは時期や地域によって異なるという曖昧な形態をとることになった。[184]

としている。自己検閲という緩やかな形式ではもはや対応しきれない緊迫した事態が、出版物を取り巻く需要・供給という社会的環境の中に生じてきていたのである。こうした社会的変化に対応するため、天保期以降の出版構造に劇的変化が求められたことは想像に難くない。

また藤田覚は、

寛政改革以後、実践的な学問を求められた林家・学問所は、歴史書・地誌・系図等の編纂を通して幕府のイデオロギー攻勢を担ってきたが、天保期以降は、イデオロギー統制の主役として幕政の前面に登場したことが明らかになった。寛政から文化文政期の歴史書等の編纂は、幕府による歴史意識の操作、イデオロギー攻勢という視角からの検討が必要であり、その中での林家・学問所の位置を再検討することが求められている。[185]

と述べている。林家による出版統制の正統性は幕府の正統性であり、武家の正統性は封建制に基づく社会の正統性でもある。幕末の異国船渡来によって、揺れ動く社会情勢を察知し情報を求める人々に、幕府の毅然とした対応が求められていた時期の「指針」は、的確な情報を迅速かつ地域差なく伝えるための書物である、と考えられる。

なお、項目番号三八「流行錦絵之聞書（歌川国芳画「源頼光公館土蜘蛛作妖怪図」他）」で問題とされている錦絵「源頼光公館土蜘作妖怪図」は、一見すると無関係に見えるが、その内容が天保の改革を諷刺しているとして取り上げられる構図であり、取締りの対象としてこの「指針」に含まれると考えられる。この錦絵に関しては、第二章第二節第三項で詳しく検討したい。

[1] 昌平坂学問所の職掌は、小野将「近世後期の林家と朝幕関係」『史学雑誌』一〇二巻六号　山川出版社　一九九三年　一一三五〜一一五七頁を参考に抜粋した。
[2] 手続に関しては多治比郁夫「開板出願から販売許可まで」『京阪文藝史料　第五巻』（日本書誌学大系89―5）　青裳堂書店　平成十九年　二八〇〜二八五頁を参考とした。
[3] 草稿調査が済んだ原稿には「学問所改」と押印されている。国立国会図書館所蔵の写本『亜墨竹枝』（請求記号　詩文―4）が好例で、同様に弘化三年序の刊本『亜墨竹枝』（請求記号　W338―7）も所蔵している。
[4] 東京大学史料編纂所編纂『大日本近世史料　十八　市中取締類集　書物錦絵之部　一』　東京大学出版会　一九八八年　三五〜三六頁
[5] 木活字の印刷に対しては以下の觸が出されている。

「天保十三寅年九月廿六日

越前守殿御渡

大目付

御目付　江

新板書物之儀ニ付而ハ、先達而相触候趣も有之候所、以来者活字板之儀も、於学問所相改候筈ニ候間、諸事先頃相達候通相心

得、是迄有来之分ハ、其儘ニ而差置、此後出板之分計、其節々
　改請候様可仕候、
右之通、可被相触候、
　九月
右之通、大目付、御目付江相達候事、
　九月廿六日」
石井良助・服藤弘司編『幕末御触書集成』第五巻「七十八　歴書其外書籍幷板行等之部　四七一四」岩波書店　一九九四年
三〇一頁

[6]「群庶軒印」は未詳。参考として、「群庶軒」に関しては牧野富太郎『植物一日一題』筑摩書房　二〇〇八年　四八頁「二十四歳のシーボルト画像」中に、

（前略）「この肖像は彩色を施した全身画で、白井君の記しているように二十四歳で文政九年（1826）東都に来ったときの写生肖像絵で、これは『本草図譜』の著者、灌園《かんえん》岩崎常正《つねまさ》の描いたものである。そして私は当時これを本郷区東京大学近くの群庶軒書店から購求したもので、同書店ではこれを岩崎家の遺族から買い入れたものであった。」

という記述がある。

[7]『帝国図書館和漢図書書名目録』二編（帝国図書館　明治三十六年刊）採録時点から二冊となっている。

[8]高柳真三・石井良助編『御触書集成』岩波書店　昭和九年　九九三～九九四頁

[9]東京大学史料編纂所『大日本近世史料　柳営補任　二』（東京大学出版会　一九六三年　三四頁）によれば、享保二年二月三日から元文元年八月十二日まで江戸町奉行に在任。

[10]中野三敏『和本のすすめ』岩波書店　二〇一一年　四五頁

[11]国立国会図書館所蔵（請求記号　185―37）四雪草堂刊

[12]「褚人穫」譚正璧編『中國文學家大辭典』香港上海印書館　中華民国五十年　一四〇六頁

[13]『堅瓠秘集』巻四　九丁オモテ～十丁ウラ　国立国会図書館所蔵（請求記号　185―37）

「大西國三主／紫桃軒雜綴大西國在中國西六萬里而／遙地名歐海國列三主一理教化一掌會／計一專聽斷其尊雖等人皆畏聽斷者旁／國侵掠亦聽斷者徵發調度然不世及須／其人素積望譽年過八十而有精力者衆／共推立之故其權不久而勢於運用人亦／不甚歆（二字欠）地多犀象虎豹人以捕獵為／生亦有稻麥菜茹之屬文字自為一體皆／秉教於天主不知有中國儒釋道教天主／者最初生人生物之主也立廟共祠之其／言天謂有三十二層地四面懸空日大於／地地大於月地之最高處有闕日月行度／適當闕處則光為映蔽而食五星高低不／等火最上水最下金木土參差居中故行／度周天有遲速皆著圖立說頗有可採處／世廟末年國（二字欠）瑪竇者結十伴航海漫／游歷千餘國經六萬里凡六年抵安南人／廣東界時從者俱死瑪竇有異術善納氣／內觀故疾孽不作居廣二十餘年盡通中／國語言文字瑪竇紫髯碧眼面色如桃花／年五十餘如二三十歲人見人膜拜如禮／人故樂與之交萬曆丁酉李君實遇之豫／章與劇談出示其國異物一玻璃畫屏一／鵝卵沙漏狀如鵝卵實沙其中而顛倒滲／泄之以候更數攜有彼國經典綵罽金寶／雜飾之其紙如美婦之肌云其國之樹皮／治薄之耳因贈之詩云雲海盪朝日乘流／信綵霞西來六萬里東泛一孤槎浮世常／如寄幽棲卽是家那堪作歸夢春色任天／涯瑪竇不復作歸計以天地為階闥死生／為夢幻較之達磨流沙之來抑又奇矣」

［14］左高美里「「大学頭」「祭酒」「惣教（総教）」の呼称について」　橋本明彦編集『昌平坂学問所日記』三巻　斯文会　平成十八年　四二四頁

［15］東京大学史料編纂所『大日本近世史料　柳営補任　二』東京大学出版会　一九六三年　三五頁

［16］藤田覚『天保の改革』吉川弘文館　平成元年　一二〇～一二一頁

［17］東京大学史料編纂『大日本近世史料　十八　市中取締類集　書物錦絵之部　一』「第五件」　東京大学出版会　一九八八年　三五～三六頁

［18］天保十三年十月二十四日より弘化二年三月十五日まで甲府勤番頭

東京大学史料編纂所編『大日本近世史料　柳営補任　五』東京大学出版会　一九六五年　一〇八頁による。

［19］天保十二年四月二十八日より弘化二年十二月十日まで甲府勤番頭

東京大学史料編纂所編『大日本近世史料　柳営補任　五』東京大学出版会　一九六五年　一〇五頁による。

［20］文部省編『日本教育史資料』七　臨川書店　昭和四十五年　七〇一～七〇二頁

［21］東京大学史料編纂所編纂『大日本近世史料　市中取締類集　十八　書物錦絵之部　一』東京大学史料編纂所　一九八八年

一四七〜一四八頁

［22］国立国会図書館所蔵『天保撰要類集』九十三　上　書物板行之部　下　六（請求記号815―1）所収「書物板行改方之儀町年寄ゟ名主共え申渡之事」

［23］東京大学史料編纂所編纂『大日本近世史料　市中取締類集　十八　書物錦絵之部　一』東京大学史料編纂所　一九八八年　一四四〜一四五頁

［24］国史大辞典編集委員会編『国史大辞典』十一巻　吉川弘文館　平成二年　六八六頁

［25］左高美里「「大学頭」「祭酒」「惣教（総教）」の呼称について」橋本明彦編集『昌平坂学問所日記』三巻　斯文会　平成十八年　四二四頁

［26］東京大学史料編纂所編纂『大日本近世史料　市中取締類集　十八　書物錦絵之部　一』東京大学史料編纂所　一九八八年　一三三〜一三四頁

［27］国立国会図書館所蔵『天保撰要類集』九十三　上　書物板行之部　下　一（請求記号815―1）所収「天保十四卯年十一月／林大学頭弁学問所御儒者著述之新刻もの改方／之儀ニ付大学頭え懸合之事」

［28］東京大学史料編纂所編纂『大日本近世史料　市中取締類集　二十一　書物錦絵之部　四』東京大学史料編纂所　一九九四年　一八五〜一八七頁

［29］東京大学史料編纂所『大日本近世史料　柳営補任　二』東京大学出版会　一九六三年　三八頁

［30］国立国会図書館所蔵（請求記号196―129）大坂・秋田屋太右衛門　東都・和泉屋善兵衛

［31］「古賀侗庵」日本古典文学大辞典編集委員会編集『日本古典文学大辞典』二巻　岩波書店　一九八四年　五三六〜五三七頁

［32］左高美里「「大学頭」「祭酒」「惣教（総教）」の呼称について」橋本明彦編集『昌平坂学問所日記』三巻　斯文会　平成十八年　四二五頁

［33］左高美里「「大学頭」「祭酒」「惣教（総教）」の呼称について」橋本明彦編集『昌平坂学問所日記』三巻　斯文会　平成十八年　四二四頁

［34］東京大学史料編纂所編纂『大日本近世史料　市中取締類集　十八　書物錦絵之部　一』東京大学出版会　一九八八年　三五〜

三六頁
［35］「類聚三代格」 国史大辞典編集委員会編『国史大辞典』十四巻 吉川弘文館 平成五年 六八一～六八二頁
［36］弘化四年刊『大成武鑑』出雲寺萬次郎 四十丁ウラ 国立国会図書館所蔵（請求記号 800―41）には「御城使 荒川善蔵」とある。また、嘉永三年刊『大成武鑑』出雲寺萬次郎 四十丁ウラ 国立国会図書館所蔵（請求記号 800―37）には「荒川吉蔵」とあり、『開版指針』の表記が誤りであると考えられる。
［37］西島醇『儒林源流』東洋図書刊行会 昭和九年 七一頁には「安部井褧 字章卿、號芝浦。又帽山。會津人。又學林衡。弘化二年正月二十六日没。年七十四。著四書輯疏。」とある。
［38］笠井助治『近世藩校に於ける出版書の研究』吉川弘文館 一九六二年 一三九頁
［39］小川渉『会津藩教育考』「第二十二 開版方」会津藩教育考発行会 昭和六年 三〇七頁
［40］国立国会図書館所蔵（請求記号 139―251）嘉永元年刊 見返しに「會津藩藏版」印あり。
［41］東京大学史料編纂所編纂『大日本近世史料 市中取締類集 十九 書物錦絵之部 二』東京大学史料編纂所 一九八八年 二六三～二六六頁
［42］国立国会図書館所蔵（請求記号 202―247）
［43］「遊翁詠草」日本古典文学大辞典編集委員会編集『日本古典文学大辞典』六巻 岩波書店 一九八四年 一〇六頁
［44］東京大学史料編纂所『大日本近世史料 柳営補任 二』東京大学出版会 一九六三年 三八頁によれば、天保十四年十月十日から嘉永元年十一月八日まで江戸町奉行に在任。
［45］東京大学史料編纂所編纂『大日本近世史料 市中取締類集 十八 書物錦絵之部 一』東京大学史料編纂所 一九八八年 二四九頁
［46］東京大学史料編纂所編纂『大日本近世史料 市中取締類集 十八 書物錦絵之部 一』東京大学史料編纂所 一九八八年 二八三頁
［47］東京大学史料編纂所編纂『大日本近世史料 市中取締類集 十八 書物錦絵之部 一』東京大学史料編纂所 一九八八年

二五〇～二五三頁
[48] 国立国会図書館所蔵『天保撰要類集』九十三 上 書物板行之部 下 十二（請求記号815―1）所収「天保十五辰年十月／大坂表開板之書物御當地之もの引受／賣捌候処学問所改不相済品ニ付調之上以来／京大坂開板ニ不限何レにて出来候共御當地之／もの引受候新刻不洩様舘市右衛門え伺出／左様同人方にて書物掛弁組々世話掛名主共え／申渡之事」
[49] 東京大学史料編纂所編纂『大日本近世史料 市中取締類集 十八 書物錦絵之部 一』東京大学史料編纂所 一九八八年 二五四頁
[50] 国立国会図書館所蔵『天保撰要類集』九十三 上 書物板行之部 下 十二（請求記号815―1）所収「天保十五辰年十月／大坂表開板之書物御當地之もの引受／賣捌候処学問所改不相済品ニ付調之上以来／京大坂開板ニ不限何レにて出来候共御當地之／もの引受候新刻不洩様舘市右衛門え伺出／左様同人方にて書物掛弁組々世話掛名主共え／申渡之事」
[51] 東京大学史料編纂所編纂『大日本近世史料 市中取締類集 十八 書物錦絵之部 一』五十七件 東京大学史料編纂所 一九八八年 二八四～二八五頁
[52] 国立国会図書館所蔵『天保撰要類集』九十三 上 書物板行之部 下 十二（請求記号815―1）所収「天保十五辰年十月／大坂表開板之書物御當地之もの引受／賣捌候処学問所改不相済品ニ付調之上以来／京大坂開板ニ不限何レにて出来候共御當地之／もの引受候新刻不洩様舘市右衛門え伺出／左様同人方にて書物掛弁組々世話掛名主共え／申渡之事」
[53] 東京大学史料編纂所編纂『大日本近世史料 市中取締類集 十八 書物錦絵之部 一』東京大学史料編纂所 一九八八年 二八三頁
[54] 東京大学史料編纂所編『大日本近世史料 柳営補任 五』東京大学出版会 一九六五年 四九頁 天保十三年八月より弘化四年九月三日まで大坂町奉行（東屋鋪）
[55] 東京大学史料編纂所編『大日本近世史料 柳営補任 五』東京大学出版会 一九六五年 四六頁 弘化元年十二月廿七日より嘉永二年十一月廿八日まで大坂町奉行（西屋鋪）
[56] 東京大学史料編纂所編纂『大日本近世史料 十八 市中取締類集 書物錦絵之部 一』東京大学出版会 一九八八年 三五～三六頁

［57］黒羽兵治郎編『大坂町奉行所御触書総目録』清文堂出版　昭和四十九年　より抜粋
［58］大阪市役所『大阪市史』四下　大阪市役所　大正二年　一五三九～一五四〇頁
［59］国立国会図書館所蔵『天保撰要類集』九十三　上　書物板行之部　下　十二（請求記号　815―1）所収
「天保十五辰年十月／大坂表開板之書物御當地之もの引受／賣捌候処学問所改不相済品ニ付調之上以来／京大坂開板ニ不限何レにて出来候共御當地之／もの引受候新刻不洩様舘市右衛門え伺出／左様同人方にて書物掛幷組々世話掛名主共え／申渡之事」の中に以下の写しが収載されている。
「神保町書物屋嘉七差出申候
寅五月廿六日大坂表御觸渡之写
一此度問屋唱方等之義ニ付御觸達し有之／候付ては都て株札幷問屋仲間組合等／差止候義當三月以来追々御觸之節／竹材木屋賣買筋等之義先唯今／迄之通可相心得旨申渡候処猶又取調／之上右之分も差構無之候ニ付今般／拾人材木屋差止外同様素人／直賣買勝手次第申付候
一本屋之義右同様申渡置候処是又／差構無之候ニ付今般本屋行司／差止素人直賣買勝手次第申付／候乍併本屋之義は猥相成候ては取締ニ／拘候ニ付以来新規ニ右商賣相初候／ものは月番之奉行所え可届出候其／砌委細取締之廉可申渡候且新作之／書物等致板行候節も前同様奉行所え／下差出改請可申候尤右躰手／廣相成候迚前々賣買差止又は／絶板等申付有之候書類決て取扱／申間敷候
右之趣町中可觸知もの也
寅五月」
［60］大坂市役所『大阪市史』四下　大阪市役所　大正二年　一五五二頁
［61］東京大学史料編纂所編纂『大日本近世史料　十八　市中取締類集　書物錦絵之部　一』「第五件」東京大学出版会　一九八八

年　三五～三六頁

[62] 東京大学史料編纂所編纂『大日本近世史料　十八　市中取締類集　書物錦絵之部　一』「第五件」東京大学出版会　一九八八年　八七～八八頁

[63] 大坂市役所『大阪市史』四下　大阪市役所、大正二年　一六二〇頁

[64] 東京大学史料編纂所編『大日本近世史料　柳営補任　五』東京大学出版会　一九六五年　一二頁

[65] 東京大学史料編纂所編『大日本近世史料　柳営補任　五』東京大学出版会　一九六五年　九頁

[66] 東京大学史料編纂所編『大日本近世史料　柳営補任　五』東京大学出版会　一九六五年　九頁

[67] 多治比郁夫「『日本外史』の校正本」『京阪文藝史料　第五巻』（日本書誌学大系89―5）青裳堂書店　平成十九年　二九九～三〇一頁

[68] 東京大学史料編纂所編纂『大日本近世史料　市中取締類集　十八　書物錦絵之部　一』「第五七件」東京大学史料編纂所　一九八八年　二六五頁～二六七頁（注は省略）

[69] 東京大学史料編纂所編纂『大日本近世史料　市中取締類集　十八　書物錦絵之部　一』「第五七件」東京大学史料編纂所　一九八八年　二六三頁～二六五頁（注は省略）

[70] 東京大学史料編纂所編纂『大日本近世史料　市中取締類集　十八　書物錦絵之部　一』「第五七件」東京大学史料編纂所　一九八八年　二六七頁～二六八頁

[71] 東京大学史料編纂所編纂『大日本近世史料　市中取締類集　十八　書物錦絵之部　一』「第五七件」東京大学史料編纂所　一九八八年　二六九頁～二七〇頁

[72] 江戸町奉行在職は弘化元年九月十五日より同二年三月十五日までと、安政三年十一月十八日より同五年五月二十四日までの二度。東京大学史料編纂所編『大日本近世史料　柳営補任　二』東京大学出版会　一九六五年　三五・三八頁による。

[73] 東京大学史料編纂所編『大日本近世史料　柳営補任　二』東京大学出版会　一九六五年　三五頁による。

[74] 東京大学史料編纂所編『大日本近世史料　柳営補任　五』東京大学出版会　一九六五年　一三七頁　天保十五年十月十五日より弘化四年七月十七日まで伊勢山田奉行在任。

［75］富士川英郎「東夢亭『鉏雨亭随筆』―儒者の随筆（十三）―」『新潮』七十二巻八号　新潮社　一四六～一四八頁
［76］国立国会図書館所蔵『天保撰要類集』下―九（請求記号815―1）
「天保十五年辰年正月　明律國字解新板彫刻之儀願出候処、乍外国之事、仕置筋等之儀を認候書物ニ候得共、差免候ても如何ニも有間敷哉、林大学頭えも問合候筋ニ候ハヽ、通達之義、可然取斗候様、京都町奉行より掛合之事
天保十四卯（朱墨　十五辰）年正月十三日着
鳥居甲斐守様　田村伊勢（朱墨　豫）守
鍋島内匠頭様　伊奈遠江守
以切紙致啓上候。然は明律國宗（朱墨　字）解、此度新板彫刻之義願出候ニ付、取調候処、右は乍外国之事、仕置筋の儀を認候書物ニ付、容易難差免哉ニ御座候得共、享保年中明律本文彫刻之板木當地本屋渡世之方ニ所持致し来、尤彫刻願済之義は天明八申年當地火災之節、御役所書留多分焼失難相分御座候得共、従来摺立賣弘来候義は相違も無之趣ニ相聞、此度願出候は畢竟板木在来候明律本文之國字解彫刻之儀ニ付、差免候ても敢て如何ニも有間敷哉ニ存候得共、一應御問合申候。則右國字解草稿幷為御見合在来明律共壱部ツヽ進之候。且又、當八月醫書新板願出候もの有之候節、掛り御目付榊原主斗頭・桜井庄兵衛え及問合候義、其節之返書ニ右様之類願出候もの有之候節は、各様え可及御掛合旨、庄兵衛幷中川勘三郎より返書差越候義も御座候に付、右返書之趣ヲ以、各様え及御掛合候義に御座候間、否御報被御申聞可被下候。
右可得御意、如斯御座候、以上
十二月廿四日　伊奈遠江守印
田村伊豫守印
鳥居甲斐守様
鍋島内匠様
猶以、新板願出候節、其品ニ寄改之義可及掛合積、當五月林大学頭え及懸合置候義も有之候得共、其後本文御目付より之返書之趣も御座候ニ付、此度各様え及御懸合候得共、大学頭え掛合可然義ニ候得ハヽ、乍御面倒同人え御通達之義可然取斗可被下候。此段御頼得御意候。

天保十五辰年正月廿八日林大学頭え懸合遣ス

鳥居甲斐守殿　林大学頭

鍋島内匠頭殿　林式部

林大学頭殿　鳥居甲斐守

林式部殿　鍋島内匠頭

明律國字解

右は於京都表新板彫刻之義願出候趣ニて、有来候明律相添、同所町奉行田村伊豫守・伊奈遠江守より掛合有之、各様え可及御問合筋ニ候ハヽ、拙者共より可申旨申越候ニ付、一覧之上、則右書冊、来紙写共差進申候。差支之否拙者共まて御挨拶有之候様いたし度、此段及御掛合候。

辰正月

下ヶ札

本書致吟味候処、新板彫刻賣弘不苦候。尤出来之上一部学問所可相納旨御達可被成候。

天保十五辰年二月　日

田村伊豫守様　鳥居甲斐守

伊奈遠江守様　鍋島内匠頭

御切紙致拝見候。然は明律國字解、此度新板彫刻之儀願出候ニ付、御取調有之候處、右は乍外国之事仕置筋等之儀を認候書物ニ付、容易に御差免難（朱墨見せ消し　被）成哉ニ候得共、享保年中明律本文彫刻之板木、其俵（朱墨　表）本屋渡世之もの方ニ所持いたし来、尤彫刻願済之義は天明八申年其表火災之節、御役所御書留焼失いたし、難相分座候得共、従来摺立賣弘来候義は相違も無之、此度願出候は在来候明律本文之國字解彫刻之儀ニ付、御差免有之候ても、敢て如何ニも有之間敷御見込ニ候處、一應御問合有之候趣ニて、右國字解草稿并為見合在来明律共壱部ツヽ御差越し直却（朱墨見せ消し　去卯）八月醫書新板願出候者有之候砌、其節之掛御目付榊原主斗頭・桜井庄兵衛へ御問合之節、右様之類願は、拙者共え御掛合可有之旨、庄兵衛幷中川勘三郎より御挨拶およひ候ニ付、御掛合有之候儀之趣、承知いたし候。然ル處、右躰之板行もの類は於学問所相改候義ニて御端書ニ林大学頭え御掛合可有之義ニ候ハヽ、拙者共より可及通達旨、被御申越候間、右書類は同人幷林式部方へ差遣、被御申越候趣、相違候處、新板彫刻相成候ても不苦趣ニ有之、尤出来之上一部学問所え相納候様御通達可申旨、挨拶有之候。

右御報可得御御意、如斯御座候。以上

二月　鍋島内匠頭

鳥居甲斐守

田村伊豫守様

伊奈遠江守様

追て内匠義（朱墨　内匠頭と）士官被　仰付候。以上」

[77] 東京大学史料編纂所編纂『大日本近世史料　市中取締類集　十九　書物錦絵之部　二』「第一一九件」「二九一號」　東京大学史料編纂　一九九〇年　二一三頁〜二一四頁

[78] 国立国会図書館所蔵『嘉永撰要類集』八（請求記号　815—10）

「書籍開板賣弘願出候節學問所改済押切有之方は糺之上手限にて承届不苦開板改被仰出候以前刻板ニ相成候品賣弘相願候節は問合候様學問所ゟ掛合之事」

[79] 弘化三年十二月十五日より嘉永五年二月廿五日まで京都町奉行

東京大学史料編纂所編『大日本近世史料　柳営補任　五』　東京大学出版会　一九六五年　一二頁による。

[80] 弘化四年九月より嘉永四年五月廿六日まで大坂町奉行（東屋鋪）

東京大学史料編纂所編『大日本近世史料　柳営補任　五』　東京大学出版会　一九六五年　四九頁による。

[81] 嘉永二年正月廿日より同三年八月廿四日まで京都町奉行

東京大学史料編纂所編『大日本近世史料　柳営補任　五』東京大学出版会　一九六五年　九頁による。
[82]天保十四年十一月より嘉永三年七月廿八日まで所司代
東京大学史料編纂所編『大日本近世史料　柳営補任　五』東京大学出版会　一九六五年　五頁による。
[83]国史大辞典編集委員会編『国史大辞典』七巻　吉川弘文館　昭和六十一年　六〇～六一頁
[84]「責而話草」日本古典文学大辞典編集委員会編集『日本古典文学大辞典』三巻　岩波書店　一九八四年　六二八頁
[85]彌吉光長『未刊史料による日本出版文化　第二巻　大坂の本屋と唐本の輸入』ゆまに書房　昭和六十三年　一〇八頁
[86]彌吉光長『未刊史料による日本出版文化　第二巻　大坂の本屋と唐本の輸入』ゆまに書房　昭和六十三年　一〇〇頁
[87]多治比郁夫「木活字本の刊行者―3つの場合―」『図書館界』十六巻三号　日本図書館研究会　昭和三十九年　八四～九二頁
[88]多治比郁夫「梯晋造（南洋）の木活字本」『京阪文藝史料　第五巻』（日本書誌学大系89―5）青裳堂書店　平成十九年
三五五頁～三六二頁
[89]宮武外骨『筆禍史』改訂増補再版　朝香屋書店　大正十五年　一四八～一四九頁
[90]橋本明彦編集『昌平坂学問所日記』三巻　斯文会　平成十八年　四五頁の「己酉日記」（嘉永二年）四月十九日には、
「一伊勢家著書二十八冊及巻物之町奉行懸合書幷惣教添翰共被相廻　右三口出役所留記相済、当座返事差出、三口共調書物箱中江書付共入置候」

という記述がある。
[91]「伊勢貞丈」日本古典文学大辞典編集委員会編集『日本古典文学大辞典』一巻　岩波書店　一九八四年　一四八～一四九頁
[92]今田洋三『江戸の禁書』吉川弘文館　二〇〇七年　一五五～一五七頁
[93]「水野忠央」国史大辞典編集委員会編『国史大辞典』十三巻　吉川弘文館　平成四年　三二九～三三〇頁
[94]多治比郁夫「開板出願から販売許可まで」『京阪文藝史料　第五巻』（日本書誌学大系89―5）青裳堂書店　平成十九年
二八〇～二八五頁によれば、

「先ず、板元の書肆が、本屋仲間の行事に開板を願い出るのであるが、そのさい、出版しようとする書物の草稿を提出しなければならない。本屋行事は、草稿を仲間中に廻覧し、重板類板の差構がなければ、開板御願書を作成、草稿を添えて総年寄を経て町奉行に差出す。同時に、本屋行事と板元の書肆は、新板願出印形帳に捺印する。奉行所から開板許可が下りると、書肆は印刷にとりかかり、書物が出来上れば、本屋行事を経て惣年寄・奉行所に上ケ本（献本）する。このとき、本屋仲間は板元の書肆から白板歩銀（出版賦課金）を徴集し、添章（販売許可書）を下付する。これで手続きはすべて完了である。」と、開板手続きに関して述べている。この手続きは天保の改革により、「従来出版後の取締りに重点を置いていた幕府が、天保十三年六月から、開板前に検閲を行うこととなった。奉行所に提出された草稿は江戸の学問所に送られ、そこの検閲を通過し学問所の改印を得て、はじめて開板が認められることとなった。」と、変更になっている。

〔95〕東京大学史料編纂所編纂『大日本近世史料　市中取締類集　書物錦絵之部　三』東京大学出版会　一九九二年　七〜一〇頁

〔96〕国立国会図書館所蔵『嘉永撰要類集』拾一（請求記号　815—10）

「拾一　書籍新刻賣弘願差出候節學問所改印有之草稿取上来候処蔵板主え下ヶ遣候様致し度旨學問所ゟ掛合右ニ付医學館天文方え同断草稿下ヶ遣し候義幷一旦改済之方は直ニ賣弘申付候義掛合之事」では、冒頭部分に一致する。

〔97〕「丹鶴叢書」日本古典文学大辞典編集委員会編集『日本古典文学大辞典』四巻　岩波書店　一九八四年　二〇四頁

〔98〕石井良助・服藤弘司編『幕末御触書集成』五巻「七十八　歴書其外書籍幷板行等之部　四七一一」岩波書店　一九九四年　三〇〇頁

〔99〕永井荷風『改訂　下谷叢話』十九　富山房　昭和十四年　九三〜九九頁

〔100〕「山路諧孝」国史大辞典編集委員会編『国史大辞典』十四巻　吉川弘文館　平成五年　一四六頁によれば、江戸時代後期の天文方で、初代山路主住と同じく弥左衛門と称した。安永六年（一七七七）生まれ。父は天文方をつとめた山路才助徳風。文化六年（一八〇九）暦作測量御用手伝を仰せ付けられ、翌七年父のあとを襲って天文方となる。文政十二年（一八二九）高橋景保がいわゆるシーボルト事件に関わったため、その後任として蘭書和解御用を命ぜられる。以来安政三年（一八五六）蕃書調所が創設されるまでその任は継続している。安政五年致仕、文久元年（一八六一）五月三十日病死。八十五歳。

〔101〕東京大学史料編纂所編纂『大日本近世史料　市中取締類集　書物錦絵之部　二』東京大学出版会　一九九〇年　二五二

〜二五九頁

〔102〕東京大学史料編纂所編纂『大日本近世史料　十九　市中取締類集　書物錦絵之部　二』東京大学出版会　一九九〇年　二五四〜二五五頁

〔103〕『海外新話』の一件に関しては渡辺守邦「海外新話一件始末―近代へのもう一つの可能性」東京教育大学国語国文学会編『国文学　言語と文芸』七十六号　桜楓社　昭和四十八年　一六一〜一八四頁に詳しい。

〔104〕国立国会図書館所蔵『嘉永撰要類集』五十四ノ下　拾五（請求記号815―10）

〔105〕国立国会図書館所蔵『市中取締続類集』書籍重板之部　下（請求記号812―4）では「夥」。

〔106〕国立国会図書館所蔵『嘉永撰要類集』五十四ノ下　拾五（請求記号815―10）

〔107〕国立国会図書館所蔵『市中取締続類集』書籍之部および書籍重板之部（請求記号812―4）では「子十二月」。

〔108〕国立国会図書館所蔵『嘉永撰要類集』五十四ノ下　拾五（請求記号815―10）

〔109〕国立国会図書館所蔵『市中取締続類集』書籍重板之部　下（請求記号812―4）

〔110〕国立国会図書館所蔵『市中取締続類集』書籍重板之部　下（請求記号812―4）

〔111〕東京大学史料編纂所編『大日本近世史料　柳営補任　一』東京大学出版会　一九六三年　六二頁
弘化二年五月九日より嘉永四年十二月二十一日まで寺社奉行

〔112〕国立国会図書館所蔵『市中取締続類集』書籍重板之部　下（請求記号812―4）

〔113〕「蘭室（岡井）」　杉村顕道編『儒海―儒者名鑑―』　大久保書院　昭和五十年　一九八頁

〔114〕左高美里「「大学頭」「祭酒」「惣教（総教）」の呼称について」　橋本明彦編集『昌平坂学問所日記』三巻　斯文会　平成十八年　四二四〜四二五頁

〔115〕「田辺石庵」『日本人名大辞典』講談社　二〇〇一年　一一八五頁

〔116〕橋本明彦編集『昌平坂学問所日記』二巻　斯文会　平成十四年　三八一頁の弘化三年七月二十八日に「一陶靖節像伝一軸墨本出来ニ付宮崎次郎太夫ゟ為納本差出候旨桜井久之助持出申し候、受取置申候　一軸箱入」という記述があり、学問所の関係者であることがうかがえるが、詳細は不明。

〔117〕東京大学史料編纂所編『大日本近世史料　柳営補任　二』東京大学出版会　一九六五年　三五頁
嘉永五年三月三十日より安政四年十二月二十八日まで江戸町奉行
〔118〕国立国会図書館所蔵『市中取締続類集』書籍重板之部　下（請求記号812―4）
〔119〕国立国会図書館所蔵『嘉永撰要類集』五十四ノ下　拾五（請求記号815―10）
〔120〕国立国会図書館所蔵『市中取締続類集』書籍重板之部　下（請求記号812―4）
〔121〕国立国会図書館所蔵『嘉永撰要類集』五十四ノ下　拾五（請求記号815―10）
〔122〕国立国会図書館所蔵『市中取締続類集』書籍重板之部　下（請求記号812―4）
〔123〕国立国会図書館所蔵『嘉永撰要類集』五十四ノ下　拾五（請求記号815―10）
〔124〕国立国会図書館所蔵『市中取締続類集』書籍重板之部　下（請求記号812―4）
〔125〕国立国会図書館所蔵『市中取締続類集』書籍重板之部　下（請求記号812―4）
〔126〕国立国会図書館所蔵『市中取締続類集』書籍重板之部　下（請求記号812―4）
〔127〕国立国会図書館所蔵『市中取締続類集』書籍重板之部　下（請求記号812―4）
〔128〕国立国会図書館所蔵『嘉永撰要類集』五十四ノ下　拾五（請求記号815―10）
〔129〕国立国会図書館所蔵『市中取締続類集』書籍重板之部　下（請求記号812―4）
〔130〕国立国会図書館所蔵『嘉永撰要類集』五十四ノ下　拾五（請求記号815―10）
〔131〕国立国会図書館所蔵『市中取締続類集』書籍重板之部　下（請求記号812―4）
〔132〕国立国会図書館所蔵『嘉永撰要類集』五十四ノ下　拾五（請求記号815―10）
〔133〕彌吉光長「後藤点五経の重版と江戸町奉行の政策」『彌吉光長著作集　第三巻　江戸時代の出版と人』日外アソシエーツ　一九八〇年　一九七～二一三頁
〔134〕中村喜代三『近世出版法の研究』日本学術振興会　昭和四十七年　六二頁
〔135〕国史大辞典編集委員会編『国史大辞典』三巻　吉川弘文館　昭和五十八年　四九七頁
〔136〕東京大学史料編纂所編『大日本近世史料　柳営補任　五』東京大学出版会　一九六五年　九頁

嘉永三年九月二十日より同六年十一月九日まで京都町奉行

〔137〕東京大学史料編纂所編『大日本近世史料　柳営補任　五』東京大学出版会　一九六五年　一二頁

嘉永五年閏二月十日より安政五年六月五日まで京都町奉行

〔138〕東京大学史料編纂所編纂『大日本近世史料　二十　市中取締類集　書物錦絵之部　三』東京大学出版会　一九九二年　二四〇～二四九頁

〔139〕国立国会図書館所蔵『嘉永撰要類集』五十四ノ下　拾四（請求記号　815―10）

「他国おゐて開板願済之書物當地にて賣弘願出候節學問所改済無之分は賣弘不願出様致し度旨學問所ゟ掛合」には学問所と北町奉行とのやりとりのみが記録されている。

〔140〕「香川景柄」国史大辞典編集委員会編『国史大辞典』三巻　吉川弘文館　昭和五十八年　一五九頁

〔141〕「黄中詠藻」日本古典文学大辞典編集委員会編集『日本古典文学大辞典』二巻　岩波書店　一九八四年　五一四頁

〔142〕東京大学史料編纂所編『大日本近世史料　柳営補任　五』東京大学出版会　一九六五年　一三七頁

嘉永三年九月二十三日から安政五年正月十一日まで山田奉行

〔143〕東京大学史料編纂所編『大日本近世史料　柳営補任　一』東京大学出版会　一九六三年　五〇頁

天保六年十二月二十四日より嘉永三年十二月廿日まで高家在任。

〔144〕「高松貝陵」市古貞次編纂『国書人名辞典』三巻　岩波書店　一九九六年　一六三頁による。

〔145〕佐村八郎『国書解題』増訂二版　林平次郎発行　明治三十七年　一二二二頁

〔146〕関儀一郎編『日本儒林叢書』四冊「論辨部」東洋図書刊行会　昭和四年　一九頁

〔147〕関儀一郎編『続続日本儒林叢書』東洋図書刊行会　昭和十年　五～六頁

〔148〕国立国会図書館所蔵『市中取締續類集』書籍之部　一ノ四　六十（請求記号　812―4）

〔149〕「林鶯渓」『日本人名大辞典』講談社　二〇〇一年　一五二三頁

〔150〕『満清紀事』に関しては長澤規矩也「満清紀事の編刊について」長沢先生喜寿記念会編纂『長沢規矩也著作集』八巻　汲古書院　昭和五十九年　三二六～三二九頁に詳しい。

［151］石井良助・服藤弘司編『幕末御触書集成』五巻「七十八　歴書其外書籍并板行等之部　四七一四」岩波書店　一九九四年　三〇一頁

［152］国立国会図書館所蔵『市中取締續類集』書籍之部　一ノ四　六十（請求記号　812—4）

「御書面之趣承知いたし舘市右衛門え／申付内調爲致候処別紙之通申立候／弥風説之通り河田丈之助著述ニ／候ハヽ各様にて取締方御勘弁も／可有之哉猶被御申越候趣ニ寄得て／風聞爲探仕義ニ寄吟味取掛候／方ニも有之哉と存候間得と御勘弁／被申聞候様存候依之別紙市右衛門／差出候書付満清紀事壱冊相添／此段及御回答候／卯三月／池田播磨守

満清紀事之儀取調申上候書付／舘市右衛門

満清紀事　壱冊／右は近来清朝兵乱之始末共／記録致候者にて尤作者姓名蔵板／主名前年月等も無之但漢文／之侭を活字板ニ致し候様子ニ相見候／右書物此節内々賣買致候趣／全く學問所改請不申品ニ候間／何方にて出来候哉早々御糺被仰聞／候様いたし度旨林大學頭殿林／圖書之助殿御掛合書御下ヶ被成／候取調可申上旨被仰渡候

一満清紀事　壱冊／活字板／右は書物問屋手元にて記録いたし候／品には相聞不申候風説には御儒者／塾河内丈之助著述并活字植候／者は牧野豊前守家来岸渕蔵／弟子之様にも申之候得共聢と突留／候義に寄不申且書物問屋共も／後日引合恐れ候哉更に手掛り／無之様申候を必先之名前等相顕シ候／訳に無之段書物掛名主ともゟ／申會漸書物問屋行事とも／手段を以壱冊取入差出候間入／御内覧此段申上候尚市中取締掛／中えも御尋被成下候様仕度則／御渡被成候御掛合書奉返上候以上／卯三月　舘市右衛門」

［153］長沢規矩也による解題『和刻本明清資料集』一集　古典研究会　一九七四年　七頁

［154］「平山省斎」国史大辞典編集委員会編『国史大辞典』十一巻　吉川弘文館　平成二年　一〇七八頁

［155］羅森が平山謙二郎に冊子を貸したという記述は『江戸』一巻一綴　江戸旧事采訪会　大正四年所収の羅森「日本日記」にみられる。松浦章・内田慶市・沈国威編著『遐邇貫珍の研究』関西大学東西学術研究所　平成十六年によれば、この「日本日記」は一八五三年から一八五六年にかけて香港で刊行された中国語月刊誌『遐邇貫珍』に掲載された同名記事である。

［156］「植松茂岳」国史大辞典編集委員会編『国史大辞典』二巻　吉川弘文館　昭和五十五年　三四頁

［157］「三国通覧図説」国史大辞典編集委員会編『国史大辞典』六巻　吉川弘文館　昭和六十年　五三四～五三五頁

[158]「林子平」国史大辞典編集委員会編『国史大辞典』十一巻　吉川弘文館　平成二年　六八〇頁

[159]「須原屋市兵衛」日本古典文学大辞典編集委員会編集『日本古典文学大辞典』三巻　岩波書店　一九八四年　五六五頁

[160] 松田清『洋学の書誌的研究』臨川書店　平成十年　四八頁

[161] 東京大学史料編纂所編纂『大日本近世史料　十八　市中取締類集　書物錦絵之部　一』「第五四件」別紙　東京大学出版会　一九八八年　二四〇～二四一頁

[162]「大野広城」『日本人名大辞典』講談社　二〇〇一年　三七四頁

[163]「殿居嚢」日本古典文学大辞典編集委員会編集『日本古典文学大辞典』四巻　岩波書店　一九八四年　四七八頁

[164]「青標紙」日本古典文学大辞典編集委員会編集『日本古典文学大辞典』一巻　岩波書店　一九八三年　一四頁

[165] 国立国会図書館所蔵『燕石雑志』三（請求記号 142—73）「九　わがをる町」の一部分より「錦繪《ニシキヱ》ハ明和二年の比唐山《コロモロコシ》の彩色摺《サイシキスリ》にならひて板木師《ハンキシ》金六といふ／もの版摺某甲《ハンスリナニガシ》を相語《カタラヒ》版木《ハンキ》へ見當《ケンタウ》を付《ツク》る事を工夫《クフウ》してはじめて四五遍《ヘン》の／彩色摺《サイシキスリ》を製《セイ》し出《イタ》せしが程なく所々《ショショ》にで摺出《スリイダ》す事になりぬと金六みづ／からいへり」

[166]「歌川国芳」日本古典文学大辞典編集委員会編集『日本古典文学大辞典』一巻　岩波書店　一九八三年　二八八～二八九頁

[167]「伊場屋仙三郎　団扇（仙）堂」井上隆明『改訂増補　近世書林板元總覧』（日本書誌学大系76）青裳堂書店　平成十年　九六頁

[168]「歌川貞秀」『日本人名大辞典』講談社　二〇〇一年　二七七頁

[169] 前田愛「天保改革における作者と書肆」守随憲治編『近世国文学―研究と資料―』三省堂　昭和三十五年　二七三頁

[170] 南和男『幕末江戸の文化　浮世絵と風刺画』塙書房　一九九八年

[171] 南和男『江戸の風刺画』吉川弘文館　一九九七年　一二六頁

[172] 鈴木棠三・小池章太郎編『近世庶民生活史料　藤岡屋日記』二巻　一九八八年　三一書房　四一三頁

[173] 斎藤幸成・喜多村信節編『武江年表／武江年表補正略』（江戸叢書巻の十二）江戸叢書刊行会　大正六年　一一一～一一二頁

[174]「延命院事件」国史大辞典編集委員会編『国史大辞典』二巻　吉川弘文館　昭和五十五年　四二四頁

[175] 橋本昭彦編集『昌平坂学問所日記』一～三巻　斯文会　平成十～十八年　では、「改」だけではなく「書目調」という表記も用

いられている。

〔176〕木村八重子「天理図書館の赤小本・雛本」『ビブリア』一〇五号　天理大学出版部　平成八年　三七〜八〇頁

〔177〕石井良助・服藤弘司編『幕末御触書集成』五巻「七十八　歴書其外書籍弁板行等之部　四七一四」岩波書店　一九九四年　三〇一頁

〔178〕中野三敏『和本のすすめ』岩波書店　二〇一一年　一〇五頁

〔179〕横須賀市編『新横須賀市史　通史編　近世』中の「表12―2　異国船の渡来状況」横須賀市　平成二十三年　五二四〜五二五頁による。

〔180〕大内田貞郎「近世目活字による印刷と出版」岩波書店編『文学』四十九巻十一号　岩波書店　昭和五十六年　六五頁

〔181〕多治比郁夫「後記」多治比郁夫・中野三敏編『近世活字版目録』（日本書誌学大系50）青裳堂書店　平成二年　三六五頁

〔182〕岸本眞実「近世木活字版概観」『ビブリア　天理図書館報』八十七号　天理大学出版部　一九八六年　七二〜九四頁

〔183〕今田洋三『江戸の本屋さん　近世文化史の側面』（ＮＨＫブックス299）日本放送出版協会　昭和五十二年　一八五頁

〔184〕佐藤悟「合巻の検閲」中野三敏監修『江戸の出版』ぺりかん社　二〇〇五年　二九二頁

〔185〕藤田覚『天保の改革』吉川弘文館　平成元年　二三六頁

第二章　『開版指針』成立の背景

本章では、『開版指針』成立の背景を考察していく。第三冊目の「人」が未確認ではあるものの、内容を時系列に並べ替えた第三表から、現在のところ成立は安政三年以降であるといえる。成立年が推定される以外、本文中に明記されていない、

一．『開版指針』がどこで作成されたのか

二．作成者は誰であるのか

三．作成の目的はどのようなことであったのか

という点に注目し、以下に考察していく。

第一節　『開版指針』と他資料の比較

『開版指針』と内容が重複または関連する記述のある資料、および『開版指針』を引用している資料と内容を詳細に比較・検討することで、どこで、何を基にして作成されたのか、という点に対して考察を試みる。

第一項　『開版指針』と『嘉永撰要類集』『市中取締続類集』との相違

本項では、第一章第二項において『開版指針』を補う形で引用した記録と内容を比較をする。『市中取締類集』『市中取締続類集』は、江戸の町奉行所が編纂した江戸市中行政上の参考資料集である。一方、『撰要類集』は市政上重要な法令および後世参考となると思われるものを分類、編集した法令先例集で、『天保撰要類集』『嘉永撰要類集』という具合に、概ね元号ごとにまとめられている。『開版指針』とほぼ同じ記述が『市中取締類集』『市

中取締続類集』と、享保・天保・嘉永期の『撰要類集』にある。重複する項目と記載資料を第五表として次ページにまとめた。

『市中取締類集』『市中取締続類集』『撰要類集』と『開版指針』の関連は、第一章第二節で触れているが、ここでは略称と日付に注目する。

まず、『開版指針』の項目番号一九「活字版『せめては草』」・二〇「『写本『後三年軍記画巻』の売買」・二一「新刻伺と売弘伺」・二三「学問所から天文方への依頼」・二四「『海外新話』が改を受けずに開刻」・二五「『五経』重板問題」・二八「『鉏雨亭随筆』について」・二九「『正学指要』が改を受けずに売弘（販売）」では御三名あるいは三名という略称が、また項目番号一四「『清名家古文所見集』の江戸における売弘（販売）」・三一「『満清紀事』について」・三三「『類従三代格　残編』について」では御両名あるいは両名という略称がそれぞれ用いられている点に注目する。同じ項目の中で前後に名前が書かれている場合もあるが、項目番号二三「学問所から天文方への依頼」・二九「『正学指要』が改を受けずに売弘（販売）」では御三名あるいは三名という略称が、また項目番号三一「『満清紀事』について」では御両名とあるだけで、本書全体ではなくこの部分のみを一読した場合、誰を指すのか不明な箇所がある。左高美里[1]によれば、「林大学頭／筒井紀伊守／林式部少輔」を「三名」あるいは「御三名」とする記述は学問所内部での略称であると考えられる。[2]これは、本書が学問所に関係のある記録を基に写された、あるいは学問所に関係する人物により作成されたことを示すといってよいだろう。

次に、日付を確認してみると、『開版指針』の項目番号二五「『五経』重板問題」は第五表の通り『嘉永撰要類集』[3]と『市中取締続類集』[4]に重複もしくは欠けている部分がある。『開版指針』と記述がほぼ重複するのは『市中取締続類集』「書籍重板之部」の「学問所掛合往返綴込」にあたる。項目番号二五「『五経』重板問題」と『市

第五表　『開版指針』と『市中取締類集』『撰要類集』

項目番号	書画・内容	年	市中取締類集書物錦繪之部	市中取締続類集	撰要類集書物之部
一	享保七年十一月の触「書物之儀ニ付町触」	享保 7			『享保』十四
二	禁制の『堅觚集』	天保 14			
三	遠国出版に関する甲府徽典館と大学頭とのやりとり	天保 14			
四	手蔓で改を受ける書肆	天保 14			
五	売弘（販売）に関して、大学頭から儒者への達	天保 14			
六	『御教諭謹守録』の丁数変更	天保 14			
七	御三家御城附への回答様式				
八	「官許」の書物の売弘（販売）	天保 14	第 28 件		『天保』下 - 六
九	儒者の著述と『大学問答』の売弘（販売）	天保 14	第 24 件 第 277 件		『天保』下 - 一
一〇	尾張殿御城附と学問所とのやりとり	天保 15 ～ 弘化 2			
一一	会津藩板『四書輯疏』の書肆開板	(弘化 2)	第 131 件		
一二	『貫之集類題』の納本重複	(弘化 2 年刊)			
一三	大坂開板の漢籍『曝書亭文集』『清名家古文所見集』に関して	天保 15 ～ 弘化 2	第 55 件 第 57 件		『天保』下 - 十二
一四	『清名家古文所見集』の江戸における売弘（販売）	弘化 2			
一五	『日本外史』『日本政記』の出板	天保 13 ～ 15			
一六	『唐詩正声箋注』の開板と売弘（販売）	弘化 2	第 57 件		
一七	『明律国字解』の京都開板	弘化 2			『天保』下 - 九
一八	学問所の改について	弘化 5	第 119 件		『嘉永』八
一九	活字版『せめては草』	嘉永元～ 2			
二〇	写本『後三年軍記画巻』の売買	嘉永 2			
二一	新刻伺と売弘伺	嘉永 3	第 172 件		『嘉永』十一
二二	『聖武記採要』が開刻伺なく売弘（販売）	嘉永 3			
二三	学問所から天文方への依頼				
二四	『海外新話』が改を受けずに開刻	嘉永 2	第 129 件		
二五	『五経』重板問題	天保 15 ～ 嘉永 5		書籍重板之部	『嘉永』十五
二六	『紀伊国名所図絵後編』について	嘉永 5			
二七	『黄中詠草』について	嘉永 5	第 220 件		『嘉永』十四
二八	『鉏雨亭随筆』について	嘉永 2			
二九	『正学指要』が改を受けずに売弘（販売）	嘉永 6			
三〇	『信州善光寺如来之縁記』について	嘉永 6			
三一	『満清紀事』について	安政 2		書籍之部六十	
三二	唐本の活字版作成・所持・販売について	天保 15			
三三	『類従三代格　残編』について	安政 3			
三四	『三国通覧』出板に関連する処分	寛政 4			
三五	文化元年五月　絵双紙問屋行事への町触	文化元			
三六	禁制の『泰平年表』『殿居嚢』『青標紙』に関連する処分	天保 12			『天保』附録八
三七	錦絵起源金六説	弘化以降			
三八	流行錦絵之聞書（歌川国芳画「源頼光公館土蜘蛛作妖怪図」他）	天保 14 以降			
三九	貸本統制	天保 15			
四〇	『観延政命談』について	文化 2			

第六表　項目番号二五「『五経』重板問題」時系列　日付

年	月日	開版指針	市中取締続類集	「『五経』重版」時系列番号
天保 15	1月30日	地冊 14 丁ウ	○	(1)
弘化 4	12月9日	天冊 61 丁オ		(2)
嘉永 3	10月	天冊 61 丁ウ	○	(3)
嘉永 4	2月	地冊 28 丁オ		(4)
	3月	地冊 29 丁ウ		(5)
	5月20日	地冊 1 丁オ	○	(6)
	5月29日	地冊 30 丁オ		(7)
	8月24日	地冊 31 丁オ		(8)
嘉永 5	1月	地冊 31 丁ウ		(9)
	8月7日	地冊 1 丁ウ	○ 8月4日	(10)
	8月	地冊 2 丁ウ	○	
	8月	地冊 3 丁オ	○ 8月21日	(11)
	9月	地冊 6 丁ウ	○ 9月4日	(12)
	9月7日	地冊 15 丁ウ		(13)
	9月	地冊 16 丁オ		
		(なし)	○	(14)
		(なし)	○	
	10月	地冊 9 丁ウ	○ 10月14日	(15)
	11月4日	地冊 19 丁オ	○ 11月4日	(16)
	11月5日	地冊 19 丁ウ	○ 11月5日	
	11月11日	地冊 20 丁オ	○	(17)
	11月14日	地冊 24 丁ウ	○ 11月14日	
		(なし)	○ 11月18日	(18)
		(なし)	○	
	12月7日	地冊 26 丁ウ	○ 12月7日	(19)
	12月15日	地冊 27 丁ウ	○ 12月17日	
		(なし)		(20)

中取締続類集』の間における日付の違いを第六表にまとめた。詳しく見ていくと、『開版指針』で嘉永五年八月七日の記事（10）は江戸南町奉行・池田播磨守頼方から学問所へ送られた文書であり、『市中取締続類集』では八月四日に林大学頭宛にて書かれている。また『開版指針』で嘉永五年十二月十五日の記事（19）は、学問所から池田播磨守宛に返された文書であり、『市中取締続類集』では「十二月十七日来」と朱書されている。また項目番号二一「新刻伺と売弘伺」では、学問所宛の「水野土佐守使者／松田翁右衛門」の文書が「七月廿日」付となっているが、『市中取締続類集』ともに日付は入っていない。

以上のように、特殊な略称使用および日付の違いという点から、『開版指針』が昌平坂学問所の内部記録に基づいて作成されていることは明白である。

第二項　『開版指針』と『昌平坂学問所日記』の照合

本項では、『開版指針』の内容と現存する昌平坂学問所の記録を比較する。『昌平坂学問所日記[5]』は学問所の儒者が書き継いだ校務日記であり、昭和二十年代初めに当時の東京教育大学が購入し、寛政十二年から文久二年中四十八年分四十七冊が伝存、現在は筑波大学に所蔵されている（一部破損・欠損）。本書が学問所内部の記録を基に書かれていることは、前項において明らかとなった。本項では、『昌平坂学問所日記』「嘉永四年」の部分に記載されている、項目番号二五「『五経』重板問題」に関連する記録と比較し検討する。

第六表の項目番号二五「『五経』重板問題」時系列における時系列番号（4）は嘉永四年二月付の寺社奉行・脇坂淡路守安宅より学問所への問合せである。『昌平坂学問所日記』には、（4）の後と思われる嘉永四年二月二十六日付で「一開板調物急ニ有之、平助罷出候[6]」という記録がある。ここに記述されている「平助」とは儒者の杉原心斎[7]であり、蔵書家で考証を得意とした人物である。『昌平坂学問所日記』における書目調数、つまり改に関する業務に携わった記録は学問所内儒者の中で最多の六十八件確認できた。ここでは、『五経』重板という事件に関して、改の業務に詳しい平助が緊急招集されたことがわかる。

同様に（7）は嘉永四年五月二十九日付の高松藩儒者・岡井郡太夫より学問所への問合せである。問合せ後にあたる嘉永四年六月二日には「一後藤点五経素読本西川鉉吾去未年伺差出候節取次人姓名付落ニ付、出役諸稽古人中相糺候様小林栄太郎江委細申談、右ニ付平助別段出席[8]」という記録がある。ここでも杉原心斎は「別段出席」して、意見を求められたのではないかと考えられる。

（8）は総教衆（林大学頭・林式部少輔・筒井政憲）と田邉新次郎のやりとりで、『開版指針』中のみにみられる記事である。（4）（7）で問題となっている件に関しては、学問所内部の手続きに粗漏があった事実が判明する記載である一方、『昌平坂学問所日記』には全く記録がない。この内容は、学問所にとって不都合な真実といえる部分である。加えて『昌平坂学問所日記』は、『五経』重板事件に関するやりとりが記されていると類推される嘉永五年部分の記録が欠落している。穿った観方をするならば、この欠落自体に意味があると考えられ、『開版指針』はその欠落の一部を埋める資料でもありうる。

以上のことから、『開版指針』は学問所内部の記録を基に作成されており、学問所に常住あるいは常勤している儒者によって作成されてはいない可能性が考えられる。

第三項　『開版指針』と宮武外骨『筆禍史』

序論で述べた通り、『開版指針』を初めて引用した書籍は宮武外骨『筆禍史』[9]である。『筆禍史』は江戸期を主とした、中古時代から明治初期にかけての「禁止図書解題」[10]で、『筆禍史』中には「三國通覧圖説と海國兵談」「観延政命談」「青標紙と殿居嚢」「源頼光公舘土蜘蛛作妖怪圖」「責而者草」「海外新話」という八項目の引用があり、『開版指針』項目の五分の一にあたる。

『筆禍史』中「責而者草」「海外新話」では、ともに本文をそのままは引用していない。「責而者草」[11]の項目では、

江戸町奉行筒井紀伊守より同役遠山左衛門尉宛に「堀田備中守家来、渋井伴七著の責而者草は、かねて上木の儀差許無之品なる、近頃活字板に致したるもの市中に流布有之候、右何者の所為なるか、急度御糺し相成度候」との旨を掛合ひし

とある部分は、項目番号一九「活字版『せめては草』」の通り、南北江戸町奉行である「遠山左衛門尉・鍋島内匠頭」と学問所の「筒井紀伊守・林式部少輔・林大學頭」のやりとりである。また、「『開板《ママ》指針』に記せり」としている「正

月二十二日（嘉永二年）　水野下総守／筒井紀伊守様」という部分は、『開版指針』では両京都町奉行「明楽大隅守・水野下総守」と学問所の「筒井紀伊守・林式部少輔・林大學頭」のやりとりとなっている。『開版指針』における「筒井紀伊守」は江戸町奉行ではなく、これは宮武の誤認といえる。項目番号二四「『海外新話』が改を受けずに開刻」においても、

遠山左衛門尉より筒井紀伊守に照會したる書類等數通ありて『開板《ママ》指針』に詳出せるが、今茲には其要點のみを摘録せん

としている。[12] 宮武外骨は本項目においても、町奉行と学問所間でのやりとりではなく、遠山左衛門尉と筒井紀伊守のやりとりのように引いている。更に頭注には、

▲褒辭を贈る

幕吏の法律論、頗る珍とすべし、尚其結尾の情状酌量論に至つては文明國の法官よりも優れる所ありといふべし遠山の金さん、及び筒井市尹、瞑目して可なり

とあり、[13] 宮武が筒井紀伊守（政憲）を『筆禍史』なかでは江戸町奉行と捉えていることがわかる。

書誌事項で述べた通り、『開版指針』に捺されている蔵書印から明治二十七年四月七日に帝国図書館が購入し、明治三十六年刊行の『帝国図書館和漢図書書名目録』第二編に初めて収録され、その後閲覧に供されたと考えられる。宮武外骨が帝国図書館で実際に『開版指針』を閲覧し、『筆禍史』に引用した可能性は非常に高い。出版統制統括機関である学問所として、林大学頭を含む連名で発信している文書を実見しているにもかかわらず、宮武は筒井政憲という一人の奉行が記した文書であるかのように省略して引用している。単なる省略であったのか、筒井政憲の経歴を知らなかったことによる誤認であるのか、あるいは意識的に江戸町奉行を務めた筒井に焦点を

当てたのか、その意図は不明である。しかしながら、本書の存在を最初に世に知らしめたのは『筆禍史』であり、かつ両書の成立は時間的に近い。『筆禍史』は本書の全四十項目中八項目に触れており、宮武は宮武なりに『開版指針』の特徴、あるいは『開版指針』が有している何らかの意図を汲み取っている可能性は考え得る。『開版指針』の成立から最も近い時期に、外骨が『開版指針』を広範囲に引用している一方で、その後に続く他書は一部分を引用するのみである。[14] 宮武外骨が『開版指針』に着眼して世に知らしめた事実は否めず、その第一人者による〈不可思議な引用〉の仕方は看過できない。この点を次節で考察する。

第二節　『開版指針』と筒井政憲

前節第三項において、宮武外骨が〈不可思議な引用〉をした対象人物である筒井政憲（本書中では筒井紀伊守あるいは筒井肥前守と表記される）が、『開版指針』の成立に関係していた可能性を本節で述べる。筒井政憲という人物に関しては、天保の改革以前に出版統制機関であった江戸南町奉行に二十年間在任していた点が、まず第一に注目される。また、生涯を通じて学問所との関係が深いことも注目すべき点である。更に、第一章第三節で考察した通り、本書では海外情報に関する項目があり、筒井が長崎奉行を務めていたことやロシアのプチャーチンが来航した際の応接掛を務めて、日露和親条約の現場にいた事実と深く関連していると考えられる。こうした筒井政憲の略歴と参考事項を第七表にまとめた。

第七表　筒井政憲関係略年譜

元号	西暦	事項	その他
安永7	1778	誕生　久世広景の子	
寛政10	1798	筒井政盈の養子	
享和3	1803	学問吟味及第　甲以上	
文化6	1809	昌平黌にて御座敷講釈を務める	文化五年　フェートン号事件
文化7	1810	二の丸留守居＋学問所御用	林大学頭（述斎）朝鮮人聘地来聘で対馬へ
文化9	1812	西ノ丸徒頭	
文化10	1813	西ノ丸目付←学問所御用免	
文化12	1815	目付	
文化14	1817	長崎奉行	三年ぶりのオランダ船入港
文政4	1821	江戸町奉行	文政九年　シーボルト事件 天保九年　林大学頭（檉宇）
天保12	1841	西ノ丸留守居	林述斎没
弘化2	1845	学問所御用（御先手次席）	弘化三年　林大学頭（壮軒）
弘化4	1847	西ノ丸留守居	
嘉永6	1853	応接掛（10月）	プチャーチン来航（7月） 林大学頭（復斎）（9月）
安政元	1854	日露和親条約 大目付←学問所御用免	ペリー来航 洋学所が蕃書調所に改名
安政2	1855	講武所御用	
安政3	1856	朝鮮人来聘御用懸り	蕃書調所設立
安政4	1857	鎗奉行	
安政6	1859	没	

第一項　筒井政憲とは

筒井政憲は江戸時代後期の幕臣である。安永七（一七七八）年に旗本である久世広景の子として江戸に生まれる。[15] 寛政十（一七九八）年に二千石の幕臣・筒井政盈の婿養子[16]となり、享和三（一八〇三）年に昌平坂学問所が実施する学問吟味に甲以上という最優秀の成績で合格している。[17] その後、文化七（一八一〇）年に二の丸留守居と学問所御用を兼任した筒井政憲は、文化八（一八一一）年に対馬で行なわれた徳川家斉《とくがわいえなり》襲封祝賀朝鮮人聘地来聘にあたり、昌平坂学問所のトップである大学頭の代理を務めることになる。この任務に関して佐野真由子は、

> 大学頭の代理をこなすことを通じて幕府上層部との接触の機会も増え、学術面もさることながら幕臣としての優秀さがよく認知されるに至ったということがあるだろう。他方で、大学頭が長期に江戸を不在にし、代理を必要とするにあたって筒井という人材がこれにあてられたことにより、筒井にとっては、単に学問所の優秀な卒業生として幕臣の道を歩んでいくのみならず、同時に学問所と正式な関係を持つ学者としての一面を、その生涯にわたって維

持していく重要な要因となったとみることができると評価している。[18]その後、長崎奉行として外交の現場に赴き、海外情報に接した筒井政憲は、海外の情報や事物に直接かかわっている。筒井の長崎奉行在任期間に対して佐野は、

この時期の任命については、第一に、文化五（一八〇八）年のフェートン号事件により当時の在勤奉行松平康平が切腹に至ったことをはじめ、オランダ以外の異国船の来航によって長崎の緊迫感が高まっていたこと、他方で、ヨーロッパでのナポレオン戦争の拡大によるフランスのオランダ支配、イギリスのオランダ植民地支配という状況を背景に、オランダ船の定期来航が途絶えるという異常事態が断続していたという背景を考慮する必要がある。戦乱の沈静化とともに三年ぶりでオランダ船が入稿したのが筒井着任の年であった。

と、状況を解説している。[19]日本とオランダの関係が断絶する可能性すらある時期に着任したのが筒井であり、オランダの危機的状況に対し、「長年の友好国である日本からの援助」として、来航が途絶えていた間の欠損分をほぼ満額で上乗せすることに尽力したのも、また筒井であることが佐野により報告されている。[20]佐野によれば、筒井は長崎奉行としての業務を通して、後の自由貿易論への伏線やハリス出府問題に対する基礎知識を構築していたとされる。同様に、洋書刊行に対する筒井なりの指針が、長崎奉行と江戸町奉行の業務経験により練り上げられたと考えられる。

文政三年には日本で初めて上演されたオランダ芝居の観劇記「咼蘭演戯記《おらんだしばいき》」[21]を残している。観劇に際して、筒井は上演される芝居の筋書をあらかじめ日本語で入手していたとされ、[22]このことは筒井の情報収集能力の高さを示す一面であり、かつ蘭学関係者とのつながりを示している。また、カピタンのブロンホフとの個人的な交流が『長崎オランダ商館日記』に描かれており、[23]筒井はコミュニケーション能力もまた非常に幅広かったことがうかがえ

る。筒井は、江戸南町奉行を二十年という長期間務めながら、天保の改革時に西ノ丸留守居へと事実上左遷され、更には「御役御免、差控」となっている。[24] 古稀に近くなった弘化二年に幕政へ復帰した際の役目は、文化七年と同じ学問所御用である[25]（第七表参照）。朝鮮通信使の来聘は十一代将軍家斉の襲職慶賀まで実施され、その後十二代家慶《いえよし》以降は実現していないが、計画は進められていた。[26] だが、文化度の来聘に携わった大学頭・林述斎は天保十二年に没している。先例を実際に経験した学問所関係者で、かつ外交・海外事情に通じている人物は筒井政憲のみで、外交の現場に必要不可欠な人材であった[27]がために、高齢にもかかわらず幕政へ復帰していると考えられる。

また、幕政復帰後の筒井政憲は、老中・阿部《あべ》正弘《まさひろ》の外交政策担当顧問となる。第七表にある通り、嘉永六年のプチャーチン来航後はロシアの応接掛となり、日露和親条約では交渉の現場にも参加している。こうした筒井政憲を、筒井と同様に幕末の幕臣であり、軍艦奉行であった木村芥舟《きむらかいしゅう》（喜毅《よしたけ》）は、

> 肥前守筒井政憲又伊賀守紀伊守と稱す。文政中、町奉行に任し、良吏の稱あり。人と為り温雅寛弘、文學に長す。水野執政改革のとき議協はすして職罷らる。外國の事起るに及て長崎に赴き、露國使節を曉諭し、後大目付に任す。阿部執政の顧問に備はり、外交の事、建議參画すること多し。しかれ共、開鎖拒否の論に至て、時の趨勢を考へて、容易に其端倪を現さす。是れ此人の老練長所とする所なるへしいへり

と、『燭籥記《しょくやくき》』[28]（原文に句読点等を加筆）に記している。

第二項　『開版指針』と筒井政憲の関連

『開版指針』への筒井政憲関与が考えられる根拠の第一として、本文中に散見する「三名」という略称使用に

関して再度注目したい。本章第一節第一項において、学問所の筒井紀伊守（政憲）・林式部少輔（復斎）・林大学頭（壮軒）を示すこの略称を「学問所内部での略称であると考えられる」と述べたが、この略語は『昌平坂学問所日記』では使用されていない。本章第一節第一項で「学問所に関係のある記録を基に写された、あるいは学問所に関係する人物により作成されたことを示す」ことと、本章第一節第二項で「学問所内部の記録を基に作成されているものの、学問所に常住あるいは常勤している儒者によって作成されてはいない可能性」を考え合わせると、儒者ではなく幕臣として学問所御用の役目を務めていた筒井政憲が浮かび上がる。『昌平坂学問所日記』によると筒井は、分限帳という内部記録を入手可能な立場であった。[29]学問所の内部事情に詳しく、専属の儒者ではない立場で、学問所内の「不都合な真実」を知り得るのは筒井政憲である。

第二の根拠として、『開版指針』中最も紙幅をとっている項目番号二五「『五経』重板問題」に関して、学問所の意見に筒井政憲の意向が反映されている可能性がある点をここで言及する。この件で重板・類板の問題となっていたのは後藤点『五経』である。点者の後藤芝山《ごとうしざん》は、[30]筒井が学問所で師事した柴野栗山《しばのりつざん》[31]の師である。時系列の（7）で、高松藩儒者・岡井郡太夫から学問所への掛合があるが、これは後藤芝山・柴野栗山の両者の両者が讃岐出身の儒者ゆえと思われる。林述斎に師事した林復斎（式部少輔）や林檉宇に師事した林壮軒（大学頭）に対し、筒井自身は後藤点のテキストに対する意向を異にしていたと考えられる。『市中取締類集』や各『撰要類集』には、重板・類板に関する事件が他にもみられるが、『開版指針』では学問所の初期手続きが誤っていた事実を含め、詳細にやりとりしている。この背景として『開版指針』への筒井の関連性を指摘したい。

また『天保撰要類集』[32]所収の、筒井政憲に関する項目を第三の根拠としてあげたい。天保の改革以前には、江戸町奉行が出版可否の最終判断の責を担っていたことは先述の通りである。筒井政憲が江戸南町奉行から西ノ丸留守居へ転任したのは天保十二年四月二十八日である。[33] 一年後、南北の江戸町奉行所で発生した事件の記録が『天保撰要類集』附録八に収録されている。[34]「天保十三寅年五月　青表紙との居袋と唱候本・板木、筒井紀伊守御役替引移之節、混雑之紛、用人共本屋敷え持参候後、南御役所え引渡相成候ニ付、此方御役所え引渡候様掛合」（翻字、読点は筆者による）という記事は、筒井政憲が江戸南町奉行在任中に禁書となった『青標紙』『殿居嚢』の板木を、役職交代の節に誤って自宅へ持ち帰っていたという内容である。本書では項目番号三六「禁制の『泰平年表』『殿居嚢』『青標紙』に関連する処分」に処罰の内容が記されている。業務で携わった禁書の板木を自宅へ運ばせていたという事実は、筒井がこれら禁書に対して職務以上の興味を抱いていた可能性が考えられる。宮武外骨は『筆禍史』「例言」に、「徳川幕府の制度は民をして知らしむべからず、依らしむべしとの主旨」[35]と述べている。筒井が板木を持ち帰った理由は、禁書自体への興味か、あるいは「民をして知らしむべからず」という方針に疑念を持ったためか、また別の理由なのか、定かではない。理由はともあれ、この一件にただならぬ執着があったことは事実である。

以上が、『開版指針』と筒井政憲との関連性が示唆される部分である。

第三項　「源頼光公館土蜘作妖怪図」と筒井政憲

第一章第三節において、項目番号三八で取り上げられている「源頼光公館土蜘作妖怪図」を取締りの対象として第四表に含め、他の書物同様に「指針」に含まれることとした。一方でこの錦絵は、『開版指針』への筒井政憲関与を裏付ける第四の根拠となる項目であることを本項で述べる。

「源頼光公館土蜘作妖怪図《みなもとよりみつこうやかたつちぐもようかいをなすず》」に関しては、第一章第二節の項目番号三八「流行錦絵之聞書」（歌川国芳《うたがわくによし》画「源頼光

図一　「源頼光公館土蜘作妖怪図」（国立国会図書館蔵）［36］

公館土蜘蛛作妖怪図」他）」において述べた通り、ほぼ書物に関する記述である『開版指針』の中で異質な項目である。この錦絵に描かれた源頼光と四天王は、改革を進める幕府側への諷喩であり、背景に描かれている土蜘蛛と妖怪の一群は改革でお咎めを受けたり何らかの損失を被ったりした人々ではないか、という噂により、「源頼光公館土蜘作妖怪図」は江戸中の評判となった。「源頼光公館土蜘作妖怪図」を図一に示す。「源頼光公館土蜘作妖怪図」は、江戸時代の芸術創作における表現の一つである「見立」に基づいていた。全く別の似ているものに何かを喩える見立は、近世の文芸全般に共通する表現方法である。見立は俳諧における句作法の一種でもあり、歌舞伎における表現技法にもみられるが、戯作においては重要な構成要素となる「趣向」の一つである。見立を作品に用いる上で重要なのは、受け手（読者あるいは鑑賞者）の側に確固たる「共通認識」が備わっている、ということである。周知の事実を縦糸とし、見立という新奇の工夫を凝らした横糸をもって作品を織り成すのであり、どのような模様に織り上げるかが作者の感性に委ねられることとなる。この場合、共通認識の範囲が広ければ広いほど、浸透していればいるほど作者の意図は伝わりやすい。出版という産業は、この共通認識を形成するにあたり、近世では最大の範囲を有していたといえる。

画面を見るとまずに目に入るのは三枚続きの右、そこにはおどろおどろしい土蜘蛛の妖怪と、改革を行っている水野《みずの》忠邦《ただくに》と同じ澤瀉《おもだか》紋をつけた卜部《うらべ》季武《すえたけ》が大きく描かれている。この家紋の偶然の一致は「意味のある一致」となり、見る側の好奇心を喚起する。他にも同じような一致があるのではないか、一致せずとも何らかの寓意がどこかに隠されているのではないか、受け手の視線は想像力を働かせながら意欲的に画中を探し巡る。そして彩色で描かれている頼光と四天王の姿を眺め、「四」という数字が老中の人数と一致することに思い当たる。見た者は「偶然の、意味のある一致」の重なりに何らかの意図を察知する。彩色部分から白黒の闇の部分に眼を転じ凝視していくと、そこには身の回りに存在する、あるいは最近まで身近に存在していた「闇」の姿が描かれている。天保の改革により以前の生活を奪われ「闇」に飲み込まれた人々が、妖怪として群れを成しているかのように思いが及ぶのである。『開版指針』文中に「家業御差留御咎等に相成候もの共之恨ミに有之由専ら風聞強く候」とあるように、庶民の間に鬱積していた改革への不満や遺恨、怨嗟は爆発寸前に達していた。錦絵を見ながら、これは誰、あれは…と銘々が自分の解釈を披露することで、共感者は加速をつけて増えていったのだろう。丁々発止の議論が、そこかしこで展開されていたのかもしれない。「源頼光公館土蜘作妖怪図」が江戸市中大評判という成功を収めたことは、この絵が社会的な共通認識を背景とした事実を雄弁に物語っている。絵師・版元は共にお咎めなしであったが、絵が大評判を得たのも、関係者が処罰を免れたのも、大きな理由は「家紋」を利用した点である。頼光四天王の卜部季武と天保の改革の中心人物である水野忠邦、この二人は奇しくも同じ「澤瀉」の紋を使用していた。処々でなされた[37]「源頼光公館土蜘作妖怪図」の謎解きは、家紋という共通知識が起爆剤的なきっかけとなった。家紋という仕掛けは絵師・版元という製作者側の弁明にも有効であった。卜部季武と水野忠邦は偶然同じ家紋であったがため、見た側の憶測を招いた可能性はあるが、描いたのはあくまでも卜部季武だと主張することができたからである。

全く同一の家紋であったことを利用した見立により諷刺が成立していたのだが、妖怪、つまり天保の改革によって失脚した幕臣たちと目される土蜘蛛の妖怪のモデルに対しては諸説がある。本書の項目番号三八「流行錦絵之聞書（歌川国芳画「源頼光公館土蜘蛛作妖怪図」他）」には、「三つ巴」が矢部《やべ》定謙《さだのり》[38]の定紋であり、土蜘蛛が矢部の寓瑜であるとしている。矢部定謙は改革において老中・水野忠邦とことごとく対立した結果、在任八カ月で江戸町奉行を罷免され、その後絶食し天保十三年七月二十四日に命を絶っている。その強烈な怨念が闇の中に群れなす妖怪たちを導いているかのごとき土蜘蛛である、と解釈された例である。一方で、土蜘蛛を筒井政憲であると解釈する説[39]がある。これは、土蜘蛛の額に描かれている紋様が、筒井の家紋である梅鉢に見えることにより仮託されている。憤死した矢部定謙が妖怪になったと説えるのは、矢部に対する同情によるものであろう。一方の筒井が妖怪となったとする説には、二十数年の長きにわたり町奉行職を務めた筒井を追った者たちに対する、江戸市中の不満やフラストレーションが寄り集まったものともいえる。

このように、家紋を使った表現が成立した得た背景を考える上で看過できないのが「武鑑」の存在である。武鑑は民間の書肆によって出版された武家の名鑑であり、定紋・替紋ともに紋所が情報として記載されていた。武鑑の文学作品への影響は藤實久美子『武鑑出版と近世社会』[40]に詳しい。同書に、

> 武鑑が改訂刊行されたことは、その蓄積を伴い、様々な情報を社会に提供するという、発刊当初には予想されなかった事態を引き起こした。武鑑の社会的影響力は大きかった。[41]

とある。「源頼光公館土蜘作妖怪図」に対する人々の尋常ならざる関心の背景に武鑑という書物の存在があった

ことは明白である。国芳が家紋を利用した表現で成功を収めた理由は、庶民の武家への関心の高さと、武家を知るための手立てとなっていた武鑑という書物が庶民の間に広く深く浸透していたことを証明している。

ここで、国立国会図書館所蔵の『滑稽絵《こっけいえ》姿《すがた》合《あわせ》』[42]に触れる。柳下亭種員《りゅうかていたねかず》作・歌川国芳画、「源頼光公館土蜘作妖怪図」が発行された翌年の天保十五年に蔦屋重三郎が刊行した見立絵本である。外観が似ていながら全く異なる二者を兄と弟とし、一番から十番までそれぞれが絵組の見開きと文章の見開きという二丁分で構成されており、絵組には和歌・狂歌・俳句・雑俳などが引用され台詞が添えられている。柳下亭種員による自序冒頭では、同じ書肆（「耕書堂」）から寛政六年に刊行された山東京伝《さんとうきょうでん》画作『絵《え》兄弟《きょうだい》』に触れ、続いてこの作品が『絵兄弟』同様の見立絵本という趣向であることを示しながら、九太夫の見立で知られる『仮名手本忠臣蔵《かなでほんちゅうしんぐら》』七段目になぞらえて、七段目中の台詞を随所に用いつつ本文の内容を紹介している。『滑稽絵姿合』には家紋にかかわる絵組が二ヶ所ある（図二右）。一つは六番の「弟　空樽買」が背負う空き樽に描かれた意匠である。ここに描かれている樽の上部には菰が被されている。通常樽には蓋が付いており、使用済ならば蓋の部分の菰は外れている。また一般的に底の方がわずかに狭く作られていたことを勘案してこの図を見ると、上方が狭く描かれている。このことから樽がさかさまに、つまり樽の底が上に描かれていることがわかる。樽に描かれている意匠に視点を移し、さかさまに見ると北条氏の紋所である北条鱗（三つ鱗）を図案化した意匠であることがわかる。そして絵組中に付された「相模は小田原」という台詞も、この意匠にちなんだものと解釈できる。もう一つは七番の「兄　仁田四郎」の絵組に引用されている川柳「猪に笹龍膽の會符をたて」である。笹龍胆は源頼朝が使用した紋と考えられていた。この句では頼朝の家来である仁田四郎こと仁田（新田）忠常が富士の巻狩りの際に大猪を仕留めた逸話を基にし、その後猪には頼朝の所有であることを示す笹龍胆の紋が付いた荷札が付けられただろう、と穿っている。

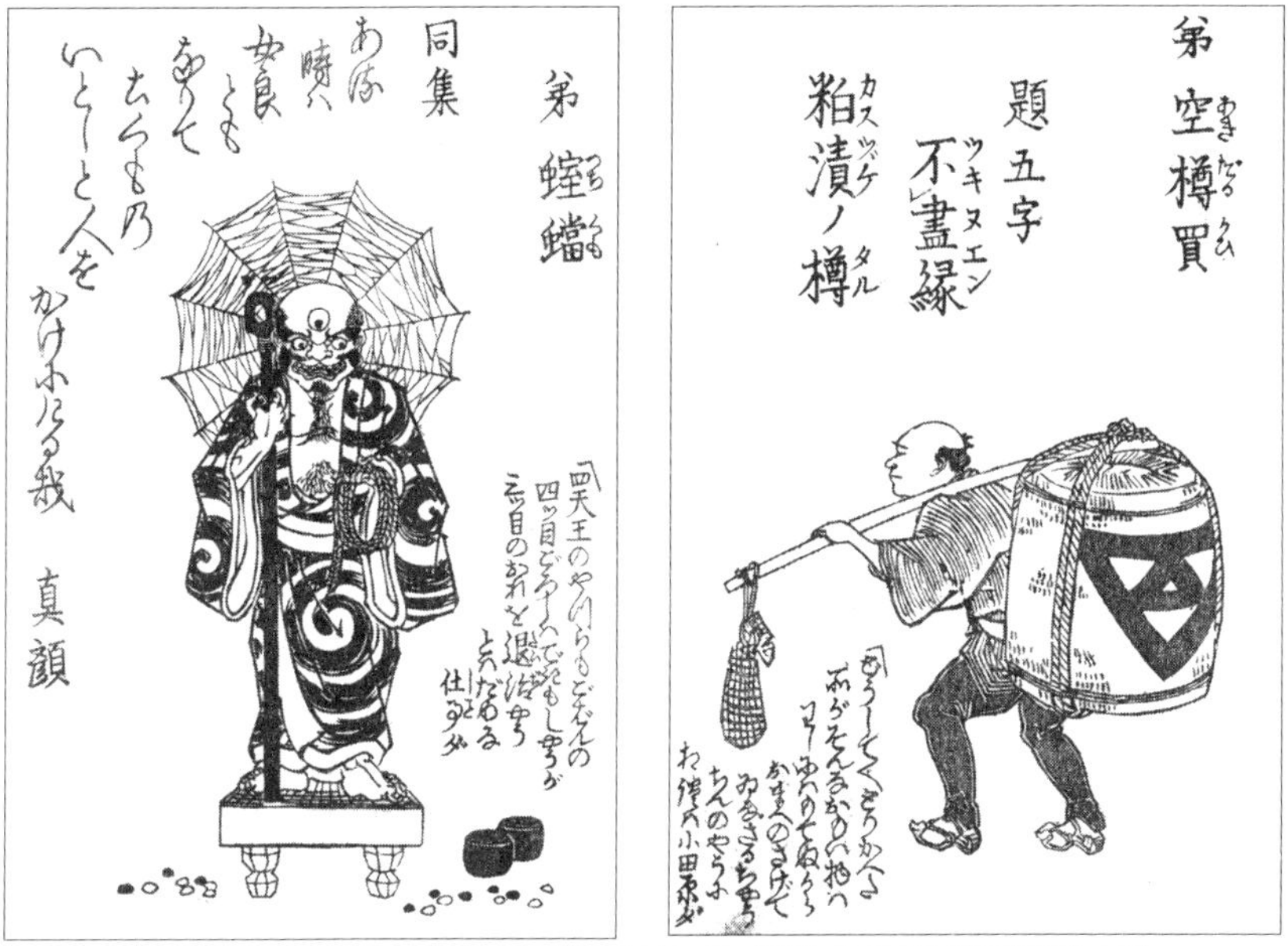

図二　『滑稽絵姿合』「六番　弟　空樽買」「八番　弟　螲蟷」（国立国会図書館所蔵）［43］

また、『滑稽絵姿合』では「源頼光館土蜘作妖図」で問題となった土蜘蛛が八番の絵組（図二左）に描かれている。八番は「兄　地蔵尊」「弟　螲蟷《つちぐも》」という見立で、蓮台に乗った石地蔵に対して、三つ目の土蜘蛛が碁盤の上に乗っているという見立構図である。「源頼光公館土蜘作妖怪図」の海賊版や贋作が国芳以外の絵師により描かれ、その絵や版元が処罰されていた時期に、国芳自身が再度土蜘蛛を描いている。その上、土蜘蛛には「四天王のやつらも碁盤の四つ目殺しはできもしようが、三つ目の俺を退治やうとはだめな仕事ダ」と四天王を嘲弄するかのような台詞が付されている。「土蜘蛛」と「碁盤」を取り合わせた絵に「四天王」という語の組み合わせは「源頼光館土蜘作妖図」を充分に連想させる。そして土蜘蛛の台詞は幕府に処分されなかった者、この場合は風刺画を描きながら処罰を受けなかった国芳が、改革を進める体制側を嘲っていると解釈することができる。『滑稽絵姿合』の内容は、「源頼光公館土蜘作妖怪図」への評判を受けて、画中に家紋という仕掛けが存在することを読者に種明かしする意味合いも含んでいると考えられる。

近世の出版は、一枚の板木の上に文字情報と絵画情報の双方が刻まれる整板技術によって支えられていた。整板であったからこそ可能であった戯作という近世の文学作品と、文字・画像という豊富な情報に培われた出版文化が基盤となって出版市場は成長していた。そのような状況下で家紋を利用し、似て非なる二者を見立てる趣向から、特定の意匠を意図的に解釈する趣向への変換が可能であったといえる。これは歌川国芳が、需要者である読む側見る側の感受性と想像力における自由度を把握し、出版物の流通に精通していた供給者であったからこその発想であろう。錦絵に込められた国芳のあらがう心意気と、江戸の華と言われた錦絵という画像の持つ表現力は読者から熱烈な支持を受けた。伝える側と受け取る側の双方に溢れる、世の中に問おうとする態度と知りたいと渇望する欲求が合流してセンセーションを巻き起こした「源頼光公館土蜘作妖怪図」と、見立絵本の系譜に連なる最後の一冊『滑稽絵姿合』は、幕末におけるメディアの力を物語っている。

ここで何故、筒井政憲が「源頼光館土蜘作妖図」に関する風聞を『開版指針』に記載していたか、という視点から考察してみる。まずは、武鑑の想定外利用に対する危機管理である。これは、画像の権利という問題も含まれるだろう。この一件を通じて筒井は、出版物統制にに関与した奉行としての立場と、渦中の出版物に描かれた被害者的な立場の双方を期せずして経験している。出版物のさまざまな側面を痛感した筒井自身に、体験に基づいた独特なメディア観が形成されていたとも考えられよう。このような筒井が、「出版の方向性」について何らかの思索をし、新たな「開版指針」を構想していたと考えられる。「源頼光公館土蜘作妖怪図」が本書で他の書籍と列挙されている点においても、本書と筒井政憲の関連が考えられる。

第三節　『開版指針』と蕃書調所

本節では、『開版指針』がこの蕃書調所における翻訳事業、特にテキスト（教科書）の印刷・出版・流通に対する参考資料、あるいは検討資料である可能性を考察する。

学問に優れ、かつ海外情報に通じており、長らく江戸南町奉行であった筒井政憲が、『開版指針』の成立に携わっていると考えられるもう一つの根拠は、次にあげる蕃書調所《ばんしょしらべしょ》の設立に関係する[44]からである。蕃書調所は、安政三年に設立された幕府の洋学研究教育機関である。蕃書調所の主たる役割は、幕臣およびその子弟への洋学教育と洋書の翻訳である。西洋各国の来航により、外交事務処理能力を有する人材が求められたことに由来することは自明である。また、西洋式の軍事技術を導入して軍事力を高める必要性は急速に高まっており、これは幕政にとってのみならず、各藩において、特に幕命により海岸防衛を担う諸藩には重要な意味を持つ機関であった。

蕃書調所の創設に関して二見剛史は、

> 嘉永七年（一八五四）六月十八日、幕府は筒井政憲・川路聖謨・岩瀬忠震・古賀増の四人を異国応接掛に任命した。彼らの役目は、外国船渡来の再地元奉行の手におえない場合現地派遣となるが通常は江戸在勤で外交事務に従事することとされた。同年末（安政元年十二月二十四日）任命の水野忠徳を加えて五名となったが、彼らに調所創設の準備が課せられたのは当然である。ところが、当時有司の中で外国事情に最も通暁しているという理由から彼らの身辺は頗る多忙で、一調所のために直接かかわる余裕はなかったわけである。そこで創設の下準備にあたるものとして「異国応接掛手附・蘭書翻訳御用」を推挙することになった。翌安政二

年正月十八日任命の小田又造《おだまたぞう》・勝麟太郎《かつりんたろう》（共に小普請）、箕作阮甫《みつくりげんぽ》（天文方出役）・森山英之助（和蘭通詞）の四人はかくして調所創設の草案づくりにとりかかるのである。なお調所竣工までは天文方山路弥左衛門の役宅に出勤するよう命ぜられた。

四人のうち、創設案の起草に直接あたったのは小田と勝である。[45]草案として勝麟太郎（海舟《かいしゅう》）による第一案と小田又造による第二案を次のように要約している。第一案は、

(1) 夷狄制圧が創設の目的であるから邪宗門に警戒する。
(2) そのためには漢学から入らしめる。
(3) 学科は語学習得を第一とし、専門学に達することを目的とする。
(4) 教授方は身分にかかわらず推挙する。
(5) 一技一能に秀でる者を採用する。
(6) 翻訳は兵書を第一とする。
(7) 従来の翻訳書を書庫に納める。
(8) 建物は、応対所・座敷・調所・勝手・火所・書生部屋・書庫等とする。
(9) 教職員の組織は、学校惣支配役・学士・学徒・茶番之者・門番人から構成される。
(10) 経費は蚕学校御取建と学校内平日収賄からなる。[46]

とし、

となっており、第二案は、

(1) 蘭学を唱える者の多くは美徳の取捨が出来ないので公辺で禍を未然に防ぐことが大事である。邪宗門と仏法を同日に論じてはならない。

（2）調所創立の際参考となるべき和漢の古書を例示。
（3）調所での研究事項は各国の地図・政教・風俗・動静・兵事・船制・術芸・産物などとする。
（4）調所の所管は林家となすべきである。
（5）蘭学者の取締を厳重にすること。
（6）蛮書・翻訳書の取調を厳重にすること。[47]

となっている。二見によれば、筒井は第一案（4）（5）と第二案（4）などを削除させ、[48]両案を適宜取捨選択した合併案に改訂を加えて老中・阿部正弘に伺を提出している。[49]その後、最終案として、

（1）位置は水利が良く手広の場所とする。石川島にも地所を賜りたい。
（2）御用調所・稽古会業・芸事取扱等の部屋は適当に間取りを定めたい。
（3）洋書は紅葉山文庫から貸下げ、天文方の分を移したい。諸家秘蔵書も提供してもらう。
（4）実地の経験が一通り出来るようにしたい。
（5）入学については旗本御家人はもとより陪臣でも添願人があれば許可したい。寄宿舎も考慮する。
（6）書籍・器具類の製作開刻に関する認可の権限を与えたい。
（7）教官は相当な待遇をもって招聘したい。身分の貴賤は問わず「公儀人並陪臣浪人打混し」て勤務させる。
　教官には教授職と教授手伝（二種類）とをおく。
（8）事務官には勤番組頭・勤番・書物出役をおく。

が提出され、（7）「公儀人並陪臣浪人打混し」の部分以外は認可された。[50]

こうした背景を踏まえ、『開版指針』との関連を考察してみる。まず、第一案（4）の削除および最終案で削

除された部分が身分にかかわる点である。これは第四表で、武家あるいは学者の著作問題に触れたこととの関連が考えられる。蕃書調所に招聘し、そこで著作を刊行することを前提として考えている場合、著者は武家と学者に限定され、この点で蕃書調所の開版方針としての本書と符合する。次に、第二案（3）にあげられている海外情報の問題である。これは、第二表に掲げている『開版指針』の分類に五項目ある。蕃書という舶載書の性格上、海外情報の扱い方とキリスト教に関する記述の問題は不可避である。この問題は、江戸期の出版基本法ともいえる享保七年の觸[51]では充分に対応しかねる場面が生じることが必至であり、『開版指針』にこれらの問題を考える項目があることは至って自然なことである。また、第二案（3）で研究項目としてあげられている地図には、項目番号三四で扱われている『三国通覧図説』と著者・林子平の問題が関連する。『三国通覧図説』出版当時は、問題となっていた情報を、幕府の教育機関が発信するにあたり、前例を検討したと考えられる。また、地図という画像情報の権利においても考慮されていた可能性を、項目番号三八「流行錦絵之聞書（歌川国芳画「源頼光公館土蜘蛛作妖怪図」他）」にうかがうことも可能であろう。前節第三項で述べた通り、武鑑の想定外利用を経験している筒井政憲であるからこその遠謀深慮といえる。そして、第二案で唯一削除された（4）と、第二案（6）および最終案（6）とを総合すると、蕃書調所は学問所とは全く別の組織として創設され、出版に関してはより厳重に改が実施されるべきである、という姿勢を読み取ることができる。これは、『開版指針』において扱われている学問所改に関するさまざまな問題を、他山の石とする思考によるものであろう。更に舶載書の翻訳に対しては、機密事項の保持という問題が生じる。また、筒井政憲は二十年にわたり町奉行を務めて出版可否の最終判断を下しており、百年以上前の享保期に制定された方針と、天保期以降の出版事情との間に生じていた軋みを実感していたはずである。当時は整板による出版物が主流で、商法上は板株という権利が認められ、かつ保護されていた。対して活字印刷による出版物は埒外であり、保護や出版統制の対象外であった。つまり、活字を使用してアルファベットを印刷する場合、商権上の問題が生じる可能性も否めなかった。他にも、江戸以外の地域で出版される書物には、出版・流通における手続の煩雑さや手続に費やされる時間的コストなど学問所改によって生じる問題が山積していた。以上のことから、外交の現場に身を置き、海外の情報に通じていた筒井が、日本国内における、必要な情報を迅速に得たいという社会的欲求に対して、如何様に対処するべきかという指針を立てるため、意識的に関連事例をメモ的に集めた資料が『開版指針』であると考えられる。学問所改によって生じていた、そして旧来の出版状況では解決しがたい問題を解決し、来たるべき時代に求められている出版物を世に送り出すため、新たな出版体制構築が検討されていた物的根拠が本書であり、この推論の論拠として、時系列順の本書内容が蕃書調所設立時の安政三年までであることを付け加えたい（第三表参照）。

第四節　『開版指針』が目指した〈指針〉

本節では、『開版指針』が目指した出版の方針について、筒井政憲が関与していたという前提で再度確認する。第一にあげられるのは、教科書作成に欠かせない、新しい出版統制システムの構築である。幕末に需要が高まっていた洋学の教育施設とそこで使用するテキストは蕃書、つまり海外からの輸入書であり、学問所がこれまで改をしていた書物とは異なる内容である。学問所改という出版統制の不具合を改善することが、新しい指針の重要な点として掲げられていたと考えられる。もう一点、翻訳に関する指針である。宮地正人は「翻訳は秘密事項」であるとしており[52]、こうした側面からも改における新たな方針を立てる必要性・必然性があった。これは、項目番号二三に天文方・蘭書和解御用《らんじょわげごよう》の山路諧孝《やまじゆきたか》（本書中では山路弥左衛門《やざえもん》）[53]と改に関するやりとりが記されていること、また、蕃書調所では設置以降、翻訳書や洋書の改を実施していることからも裏付けられる。

次に考えられるのが、出版に関する觸と出版手続の周知徹底に関する問題点である。第二表に本書の内容分類をあげたが、江戸と地方（江戸以外の地域）での出版に関して、手続および觸の解釈の違いが如実に存在したことがうかがえる。このような状況下では、書物が円滑かつ迅速に、そして均一に流通しがたい。幕末期の洋学熱の高まりは全国的なものであり、その需要に対して、質的にも量的にも供給が追い付かない事態に陥ることは明らかである。『開版指針』中には、学問所と江戸以外の地方奉行など（甲府・京都・大坂・伊勢山田）とのやりとりが含まれている。これは『開版指針』が学問所内部、あるいは学問所に深く関係するところで作成された裏付けである一方、地域限定的で国内全体の統一性がない出版状況を整理する必要性を考慮していた故と考えられる。上白石実は、筒井政憲の危機意識に関して、

この時期の筒井は、従来の幕府を頂点とする幕藩体制国家から幕府主導による中央集権国家への転身の道を模索していた

としている[54]。本書における出版システムの国内統一という思考もまた、筒井の政策と方向を同じくするものである。また、『開版指針』中の四十項目中二十七項目が問屋仲間停止中の問題を扱っている（第三表参考）。これは板株の有効性を考える際に必要な資料であったと考えられる。そして、舶載書の翻訳窓口を一括して独占的に出版し、国内流通を一本化するという方針は、後藤点五経の重板問題を踏まえた対応であろう。これは、板元の権利と教科書の普及という、相反する問題を解決する手段としても有効であったはずである。

項目番号三六「禁制の『泰平年表』『殿居嚢』『青標紙』に関連する処分」、項目番号三八「流行錦絵之聞書（歌

川国芳画「源頼光公館土蜘蛛作妖怪図」他)」、項目番号四〇「『観延政命談』について」にみられる武家故実の開示や幕府への風刺および幕府内の不祥事・醜聞などは、出版における危機管理意識によると考えられる。外国と自国との間で折衝の任に当たっていた筒井の発想として、これは当然の方針であろう。

最後に、『開版指針』成立への関連性を推される筒井政憲が、蕃書調所成立後の安政四年に幕府へ上申した意見書の一部分に着目する。「七月鎗奉行筒井肥前守政憲上申書　老中へ　金銀融通幷武家救助の件」と題する意見書は、紙幣発行を論じているものである。ここで筒井は「贋札等之患」に触れ、

紙品ゟ別段漉方被仰付、紙之内に何ぞ漉入候歟、又は印字或は模様など透候様に漉かせ候歟、又は蘭紙抔、此方にて難出来紙を用、役人之印或は押切之役所印等、贋作難成様之製造に相成候はゞ、後弊も少かるへく哉と奉存候[55]

と、紙質による紙幣の偽造防止案を上申している。書物の作成・流通は、技術・材料ともに紙幣という存在と近似する。それは国立印刷局が官報と日本銀行券を発行する現状が物語っている。

紙幣と書物に関しては、フランスのポール・ヴァレリー(Ambroise-Paul-Toussaint-Jules Valéry)が次のような状況を想像するように呼びかけている。

防御の術なく、薬もない。その細菌を絶滅する方法はなく、セルロースを腐食する物理化学現象を止めることはできない。未知の侵食者は机の引き出しや金庫の中にまで入り込んで、我々の紙入れや書庫の中味を粉砕するのである。かくして書かれたものはすべて消えていく。[56]

ヴァレリーは、二〇世紀前半の文明が紙に負うところの多い、紙に依存している状態であることに言及している。『開版指針』成立の一九世紀には、紙という物質はここまで文明が依拠する状況ではなかったが、書物と紙幣は

物質として共通項が多い。

また、ローター・ミューラーはフランス革命下の紙幣発行に関して、

国民議会で議決された、紙幣を刷り、没収した教会所有地を担保に公債として保証するという対策は、国家の負債を減らす必要性から生まれたものであった。[57]

と述べており、また、イングランドでの偽造紙幣に関して、

イングランドでは十八世紀を通じて、銀行券の偽造事件はほんのわずかしか起こらなかった。ところが一七九七年から一八一七年までの二十年間だけで、銀行券偽造での訴追は少なくとも八百七十件を数え、偽造で有罪判決を受けた三百名が死刑に処せられている。またイングランド銀行だけで、偽造銀行券の識別を担当する従業員は七十名にのぼっていた。このように偽造の危険が高まったことで、紙は、軽く、丈夫で、かつ折りたためるという長所に加え、産業化以前の製紙術から引き継がれた技術、すなわち透かし《ウォーターマーク》による偽造防止機能を備えるという面でも、貨幣流通の理想的なメディアとなった。偽造防止策としての透かしの利用は、十八世紀にはすでにはじまっており、抄紙機の導入後数年のうちには―導入当初は抄紙機で生産される紙には透かしが入らなかったのだが―銀行券生産において最も重要な技術となったのである。[58]

と、ヨーロッパの紙幣に関して述べている。

筒井政憲が、ミューラーのいう紙幣の歴史を認識していたかどうかは定かではない。しかしながら、紙という物質に精通しており、その慧眼が出版にも向けられていた可能性があることは、「七月鎗奉行筒井肥前守政憲上申書　老中へ　金銀融通幷武家救助の件」[59]をもって裏付けとなると考えられる。なお、筒井政憲の政策における先見性は真壁仁が論じており、石井孝は「幕吏の自由貿易論としては最初のもの」[60]として、筒井の貿易に関する

上申書を評している。

以上のことから、『開版指針』の内容は、天保の改革時に出版物の草稿調査を担当していた昌平坂学問所の内部記録に基づいており、蕃書調所の設立に携わった幕臣・筒井政憲が成立に携わったと考えられる。幕末に需要が高まっていた洋学の教科書作成・流通を見通した上で、江戸幕府にとって内容・形式・流通を含めた〈書物のあるべき姿〉を検討するための資料である可能性が高い。『開版指針』からは『市中取締類集』『市中取締続類集』『撰要類集』など、江戸に地域限定された資料からは浮かび上がってこない問題点が明らかになり、江戸期の日本における出版状況を再考しうる内容が含まれている資料であるといえる。また、幕臣・筒井政憲による出版方針立案資料であると考えられ、出版統制に関する幕府側の見解を探る手掛かりとなる資料であるといえる。

［1］左高美里「「大学頭」「祭酒」「惣教（総教）」の呼称について」 橋本明彦編集『昌平坂学問所日記』三巻 斯文会 平成十八年 四二四頁～四二五頁

［2］左高美里「「大学頭」「祭酒」「惣教（総教）」の呼称について」 橋本明彦編集『昌平坂学問所日記』三巻 斯文会 平成十八年 四二四頁によれば、時期によって学問所内での役職者の呼称は変化する。例えば、「両祭酒」→林述斎＋林又三郎（檉宇）、「三惣教」→林檉宇＋林式部（復斎）＋筒井紀伊守であり、

「惣教」は大学頭と大学頭見習いと学問所御用を任ぜられた人たちを指すとされ、『開版指針』における「御三名」はこの「三惣教」に一致する。

［3］国立国会図書館所蔵『嘉永撰要類集』五十四ノ下　拾五（請求記号　815—10）
［4］国立国会図書館所蔵『市中取締続類集』書籍之部および書籍重板之部（請求記号　812—4）
［5］橋本昭彦編集『昌平坂学問所日記』一～三巻　斯文会　平成十～十八年
［6］橋本昭彦編集『昌平坂学問所日記』三巻　一〇三頁上段　斯文会　平成十八年
［7］「杉原心斎」『日本人名大辞典』講談社　二〇〇一年　一〇〇四頁
［8］橋本昭彦編集『昌平坂学問所日記』三巻　一一一頁上段　斯文会　平成十八年
［9］雅俗文庫発行　明治四十四年。改訂増補再版　朝香屋書店　大正十五年。
［10］宮武外骨『筆禍史』雅俗文庫　明治四十四年　自序による。
［11］宮武外骨『筆禍史』改訂増補再版　朝香屋書店　大正十五年　一四八～一四九頁
［12］宮武外骨『筆禍史』改訂増補再版　朝香屋書店　大正十五年　一五〇頁
［13］宮武外骨『筆禍史』改訂増補再版　朝香屋書店　大正十五年　一五一頁
［14］小林善八『日本出版文化史』日本出版文化史刊行会　昭和十三年、多治比郁夫『京阪文藝史料　第五巻』「梯晋造（南洋）の木活字本」（日本書誌学大系89—5）青裳堂書店　平成十九年が項目番号一九「活字版『せめては草』」を引用している。また、南和男『幕末江戸の文化　浮世絵と風刺画』塙書房　一九九八年が項目番号三八「流行錦絵之聞書（歌川国芳画「源頼光公館土蜘蛛作妖怪図」他）」を引用し、『徳川文芸類聚』一巻　事実小説　国書刊行会編集・発行　大正三年、『近世實録全書』貳巻「緒言」早稲田大学編輯部編・早稲田大学出版部　大正六年、小山松吉『名判官物語　徳川時代の法制と大事件の裁判』中央公論社　昭和十六年などが項目番号四〇「『観延政命談』について」を引用している。
［15］「筒井政憲」国史大辞典編集委員会編『国史大辞典』九巻　吉川弘文館　昭和六十三年　七八二頁
［16］佐野真由子「幕臣筒井政憲における徳川の外交—米国総領事出府問題への対応を中心に」『日本研究』三十九号　人間文化研究機構国際日本文化研究センター　二〇〇九年　四六頁
［17］石井耕「御家人と昌平坂学問所・学問吟味」『北海学園大学学園論集』一四〇号　北海学園大学学術研究会　二〇〇九年一六三頁に、

「寛政6年甲科及第の遠山金四郎景晋（著名な町奉行遠山金四郎景元の実父である）も永井直令の四男からの養子である。景晋は長崎奉行・勘定奉行などを歴任し、多くの業績を残している。また、享和3年甲科及第の筒井政憲も久世広景の子であり、筒井家に養子で入った。長崎奉行・町奉行を歴任し、阿部正弘の外交顧問的役割に任じ、ロシアのプチャーチン応接掛として交渉に当たった。学問所でも重要な役割を果たしている。遠山景晋と筒井政憲は、寛政―文化の時期の学問吟味及第の旗本の中でも、傑出した存在である。」

とある。

[18] 佐野真由子「幕臣筒井政憲における徳川の外交―米国総領事出府問題への対応を中心に」『日本研究』三十九号　人間文化研究機構国際日本文化研究センター　二〇〇九年　四七頁

[19] 佐野真由子「幕臣筒井政憲における徳川の外交―米国総領事出府問題への対応を中心に」『日本研究』三十九号　人間文化研究機構国際日本文化研究センター　二〇〇九年　四九頁

[20] 佐野真由子「幕臣筒井政憲における徳川の外交―米国総領事出府問題への対応を中心に」『日本研究』三十九号　人間文化研究機構国際日本文化研究センター　二〇〇九年　四九頁

[21] 新村出監修『海表叢書』巻二所収「咼蘭演戯記」更生閣書店　昭和三年

この観劇記は大田南畝『一話一言』に収められ、広く知られている。

[22] 日蘭学会編・日蘭交渉史研究会訳注『長崎オランダ商館日記』九　雄松堂出版　一九九八年　二八頁

「奉行筒井は、芝居の荒筋の完全な翻訳文を前もって手に入れており、自らも多くのことを書き留めていた。」

[23] 日蘭学会編・日蘭交渉史研究会訳注『長崎オランダ商館日記』七　雄松堂出版　一九九六年　八四頁

「現在長崎にいる奉行筒井和泉守〈政憲〉様の子息から、鉢植えの花と植木の贈物を受け取った」

・日蘭学会編・日蘭交渉史研究会訳注『長崎オランダ商館日記』九　雄松堂出版　一九九八年　序説　vii頁

「長崎奉行筒井和泉守政憲から間宮筑前守信興への交代にともなう親密な社交関係の進展があった。十月十一日の、老中水野の縁者と噂される間宮の到着の前々日には矢上まで大通詞二人を派遣して表敬させ、同十三日には戸町《とまち》・西泊《にしどまり》の両御番所視察に出た両奉行を夕刻フォルティテュード号、ついでニューウェ・ゼーリュスト号でもてなし、同二十日には両奉行を出島の素人芝居に招いてもてなし、二日後には奉行所の役人たちのために同じ芝居を再演したが、そのお返しの意味もあってか、十月二十四日の蘭船出発前の暇乞いに奉行所を訪れた商館長および荷倉役ホーゼマンには唐人が将軍世子に献上するハルモニウムなる機械仕掛けの人形つき装飾楽器の観察を許し、十一月二日の両奉行の追鳥狩には前代未聞の好意によりその行列および狩場の実況を商館長はじめ出島商館職員に見物させた。筒井離任の前日の十一月十日に商館長はその好物のハムなどを届けさせた。」

・日蘭学会編・日蘭交渉史研究会訳注『長崎オランダ商館日記』十　雄松堂出版　一九九九年　一〇頁

「奉行筒井和泉守〔政憲〕様、すなわち前の長崎の、現在は江戸の町奉行のところに行った。前の奉行〔二人〕のところではどこでも一様に暖かい日本食と酒でもてなされたけれども、この〔三人目の〕方は、私をそれで楽しませようと考えて、日本酒の代わりに日本のブランデー〔焼酎〕を出した。それはまことに親切なことであったが、しかしながら美味しくはなかった。」

同じく、日蘭学会編・日蘭交渉史研究会訳注『長崎オランダ商館日記』十　雄松堂出版　一九九九年　一一頁

「同人〔筒井〕に対し、私は、礼儀作法が終わった後で、大通詞を通じて、同人が長崎において統治していた間、広くは貿易に対し、別しては私に対して示していただいた愛情と友情と援助に対する私の感謝の意を述べさせた。この気持ちを私は機会あるごとに、閣下に対し原則として持ち続けようと望むものである。」

[24] 東京大学史料編纂所『大日本近世史料　柳営補任　二』東京大学出版会　一九六三年　二〇〇頁

[25] 東京大学史料編纂所『大日本近世史料　柳営補任　三』東京大学出版会　一九六四年　八一頁

[26] 池内敏「朝鮮信使大坂易地聘礼計画をめぐって」『日本史研究』三三六号　日本史研究会　一九九〇年　六〇〜八一頁

[27] 佐野真由子「幕臣筒井政憲における徳川の外交―米国総領事出府問題への対応を中心に」『日本研究』三十九号　人間文化研究機構国際日本文化研究センター　二〇〇九年　五三頁

[28] 木村喜毅「燭籥記」　大久保利謙編輯『江戸　第五巻　人物編』立体社　昭和五十五年　七頁

[29] 橋本昭彦編集『昌平坂学問所日記』三巻　一一頁上段　斯文会　平成十八年

嘉永元年三月十八日の項に「一拙者共幷出役教授所附分限帳紀伊守殿江も一冊差出可申旨大学頭殿ゟ申来候間御順覧御承知可被成候、書面硯箱引出し江入置申候、尤出役江は相達申候」とある。

〔30〕「後藤芝山」日本古典文学大辞典編集委員会編集『日本古典文学大辞典』二巻　岩波書店　一九八四年　六三八～六三九頁

〔31〕「柴野栗山」日本古典文学大辞典編集委員会編集『日本古典文学大辞典』三巻　岩波書店　一九八四年　二三七～二三八頁
・筒井政憲が柴野栗山に師事していたことは、広瀬淡窓『甲寅新暦』巻一に、二人の会話内容を書き留めた記述があり、「少在柴栗山門」とあることによる。
「甲寅新暦」日田郡教育会編『淡窓全集』下巻　日田郡教育会　昭和二年　一二四七頁

〔32〕国立国会図書館所蔵『天保撰要類集』一二六　下　附録　八（請求記号　815―1）所収、「十」「天保十三寅年五月／青表紙との居袋と唱候本板木筒井紀伊守／御役替引移之節混雑之紛用人共本屋敷え持参／候後南御役所え引渡相成候ニ付此方御役所え・引渡候様掛合」

〔33〕東京大学史料編纂所『大日本近世史料　柳営補任　二』東京大学出版会　一九六三年　三五頁

〔34〕国立国会図書館所蔵『天保撰要類集』一二六　下　附録　八（請求記号　815―1）

〔35〕宮武外骨『筆禍史』雅俗文庫　明治四十四年

〔36〕国立国会図書館所蔵（請求記号　W991―N35）

〔37〕国立国会図書館蔵および大阪府立中之島図書館蔵の「源頼光公館土蜘作妖怪図」には妖怪に解説の付箋が貼られている。

〔38〕「矢部定謙」国史大辞典編集委員会編『国史大辞典』十四巻　吉川弘文館　平成五年　一〇五頁

〔39〕「土蜘妖怪図解　錦絵聞書」『天保雑記』三巻（内閣文庫所蔵史籍叢刊　三十四巻）汲古書院　一九八三年　三四〇～三四二頁

〔40〕藤實久美子『武鑑出版と近世社会』東洋書林　一九九九年　二四八頁～二六七頁

〔41〕藤實久美子『武鑑出版と近世社会』東洋書林　一九九九年　二六七頁

〔42〕国立国会図書館所蔵（請求記号　208―8）

〔43〕国立国会図書館所蔵（請求記号　208―8）

〔44〕原平三「蕃書調所の創設」歴史学研究会『歴史学研究』一〇三号　岩波書店　昭和十七年　一（八二一）～四一（八六一）頁

〔45〕二見剛史「蕃書調所の成立事情」『日本大学精神文化研究所・教育制度研究所紀要』十集　日本大学精神文化研究所・教育制度研究所　昭和五十四年　二一一頁

[46] 二見剛史「蕃書調所の成立事情」『日本大学精神文化研究所・教育研究所紀要』十集 日本大学精神文化研究所・教育制度研究所 昭和五十四年 二四～二五頁

[47] 二見剛史「蕃書調所の成立事情」『日本大学精神文化研究所・教育制度研究所紀要』十集 日本大学精神文化研究所・教育制度研究所 昭和五十四年 二九頁

[48] 二見剛史「蕃書調所の成立事情」『日本大学精神文化研究所・教育制度研究所紀要』十集 日本大学精神文化研究所・教育制度研究所 昭和五十四年 二九～三〇頁

[49] 二見剛史「蕃書調所の成立事情」『日本大学精神文化研究所・教育制度研究所紀要』十集 日本大学精神文化研究所・教育制度研究所 昭和五十四年 三二頁

[50] 二見剛史「蕃書調所の成立事情」『日本大学精神文化研究所・教育制度研究所紀要』十集 日本大学精神文化研究所・教育制度研究所 昭和五十四年 四七～四八頁

[51] 高柳真三・石井良助編『御触書集成』二〇二〇 岩波書店 昭和九年 九九三～九九四頁

[52] 「混沌の中の開成所」『学問のアルケオロジー』東京大学 一九九七年 二〇～四九頁

[53] 蕃書調所の改に関しては森睦彦「蕃書調所の出版検閲」『法政史学』十七号 法政史学会 昭和四十年 一〇〇～一一〇頁に詳しい。また、蕃書調所の草稿調査記録「開版見改元帳」は日本科学史学会編集『日本科学技術史大系 第一巻』第一法規出版 昭和三十九年 六一～六六頁に翻刻されている。

[54] 上白石実「筒井政憲～開港前後の幕臣の危機意識について」立教大学史学会編『史苑』五十四巻一号 一九九三年 五九頁

[55] 『大日本古文書』幕末外国関係文書十七 東京帝国大学 大正十三年 二一八頁

[56] 「我らが至高善」「精神」の政策」ポール・ヴァレリー 恒川邦夫訳『精神の危機 他十五篇』岩波書店 二〇一〇年 一四八頁

[57] ローター・ミューラー 三谷武司訳『メディアとしての紙の文化史』東洋書林 二〇一三年 二二六頁

[58] ローター・ミューラー 三谷武司訳『メディアとしての紙の文化史』東洋書林 二〇一三年 二三一頁

[59] 真壁仁『徳川後期の学問と政治 昌平坂学問所儒者と幕末外交変容』七章二節 名古屋大学出版会 二〇〇七年 三二七～三五〇頁

〔60〕石井孝『日本開国史』吉川弘文館　一九七二年　一八二頁

第三章　紙質にみる書物の多様性と近代化

本章では、書物を構成する紙に着目することで『開版指針』の方針と成立の裏付けとし、更に、書物の多様性に関する考察を試みる。

書物に用いられる紙に関しては、これまでも書誌情報など調査の対象とされている。反町茂雄は古書の鑑定において書風・紙質・墨色を調査基準とし、紙質に関しては、

その鑑別の難易は、以上に述べた書風と墨色との、ほぼ中間と考えて良いでしょう。書風ほど一見明瞭ではありません。しかし墨色ほど時代差の薄い（或は弱い）ものではないと思います。[1]

と紙質調査の難易度に言及している。紙質を鑑定する能力の習得度に関しては、

口頭なり、文字なりの説明も極めて力が弱い。現物第一。実物の多くを眼で見、手にさわっての勉強でなければ、正確なものにならない。実地の役に立たない。精巧な原色図版を、数多く見て研究しても、それだけで実戦に立ち向かったら、大きな危険にぶつかるでしょう。百千の実物に接する事が、絶対的に必要です。

と、目視と手による触覚を重要視している。同様に林望は『書誌学の回廊』[2]において書誌データ採録項目に関して述べており、

まずは、どんな紙が用いられているか。このことが、かなり大切な情報である。

とし、

しかし、さっと紙を見せられて、この紙の材料が何であるか、などということをさして苦でもなく見分けるようになるまでには、ずいぶんたくさんの実物を、切実な思いでよくよく観察し続ける、という修練がなければならぬわけである。すなわち、このところに、たとえばただ「斐紙」という二文字を何気なく書けるようになるまでには、何年かの真剣な目の訓練がなければならない。

と、紙質審定に関する経験の重要性を述べている。両氏に共通する紙質判別の基準は、人間個人の感覚と経験値に基づく主観である。反町の指摘通り、紙の特徴は口承でも文字情報でも伝達が困難であり、このような判断方法が用いられているのがこれまでの慣例である。しかしながら、果たして個人の感覚・経験によって下される判断が正確であるのかという点で疑問が残る。

個人的な経験として、和装本の資料を調査する際に、繰り開く手の先に伝わる感覚、時には微かに鼻が嗅ぎ取る感覚に違和感を覚える場面がある。特に、幕末の刊年を有する資料の触感、あるいはその書物自体が放つにおいが、それまでに経験した感覚とは異なる場合である。逆に、明治の元号が記されている和装本を、江戸期の資料と同じ感触で捲り進める場合もある。その差異が紙に由来することは明々白々である。そして、この違いは明治期の刊行物のみならず、江戸期の書物と一枚刷の浮世絵との間にも存在する。明治期の資料は、厳然と和紙か洋紙かという区別をしがたい紙で、江戸期の資料は同じ和紙であるという括りだけでは説明できない違いが存在する。この差異を、触感や嗅覚という伝達しがたい基準ではなく、記録・伝達が可能である画像情報を基として視覚的に確認する方法が料紙観察である。現在では、入手が容易で使用方法が簡易な機器を用いること、そして原料見本と比較することにより、視覚的に紙質の判別が可能となっている。資料に用いられる料紙を、個人の経験や勘という主観に基づく判断ではなく、拡大した画像情報によって、複数人で判断することも可能であり、これまでの紙質審定方法に比べて、紙質に対する客観的な判断を下すことができる。この料紙観察について、次に詳述する。

なお、本章では、引用以外の植物名表記はカタカナで、原料名は漢字を用いることとする。

第一節　料紙観察という方法

本節では、紙を調査する方法としての料紙観察とは何かを述べる。

まず、「料紙」とは『日本国語大辞典』では「使用の料とする紙。物を書くのに用いる紙。用紙[3]」とし、また国文学研究資料館において平成十九年四月十六日から五月十八日まで開催された展示「和書のさまざま―書誌学入門―」の解説小冊子では「用紙のこと」としている。文字を書写したり絵画を描いたりする目的で使用される紙、ということである。本書では「料紙」を狭義的に書物として仕立てられた紙として扱うこととする。

「料紙観察」とは、ルーペなどを使用して料紙の原料繊維を確認する紙質調査方法である。既に宮内庁書陵部で平成十四年十一月に開催された展示会「書写と装訂―写す　裁つ　綴じる―」と同じく平成十七年十月に行われた展示会「天皇と和歌―勅撰から古今伝授まで―」において紙質あるいは料紙名として吉野敏武による展示品の調査結果が報告されている。平成十七年の報告では料紙観察は100倍のルーペが用いられたことが明記されている。実際には、和紙の原料となる楮・雁皮・三椏の繊維は50倍のルーペでも観察可能である。

料紙観察と料紙鑑定における大きな差異は、料紙観察がルーペによる表面の観察であり、非破壊調査であるということである。書物、特に図書館など公共機関が所蔵する資料を調査する際、料紙観察は有効な手段である。JISハンドブックには料紙の原料を分析するための試験方法「P　8128　紙、板紙及びパルプ―繊維組成試験方法[4]」の記載があり、ヘルツベルグ染色液・C染色液・ロフトンメリット染色液という試薬を用いて繊維を染色した上、繊維が呈する色と顕微鏡を使用して観察される繊維の形態を識別することなどにより料紙分析することがわかる。しかしながらこの試験法には繊維を取り出すための紙片が必要であり、非破壊検査ではない。これに対して、料紙観察は資料の料紙原料を分析・鑑定しうるほどの精度ではないが、資料の表面から料紙の原料を推定する手段といえる。最も有効な点は、明治以降に使用された原料が使用されている場合、書物上の文字情報に江戸期の刊年が記されていたとしても、その情報の信用性が著しく低くなるという場合である。同一の板木を用いて明治以降に刊行された書物、あるいは書写された書物に関しては、文字情報の正確性を覆す結果がもたらされることがありうるのである。このように、江戸期と明治期以降の資料を判別することは可能な調査方法である。

公共の資料を調査する際には、本来オフセット印刷の網点を点検する目的でつくられた[5]ペン式携帯用小型マイクロスコープが携帯性に優れており、また資料を破損するおそれもほとんどなく、非常に簡便である。顕微鏡で観察する場合もルーペで観察する場合も、繊維の形状自体が大きく異なるわけではないので、それぞれの繊維の特徴を把握することが料紙観察にとっても重要となる。本章で報告する料紙観察結果はＰＥＡＫ社のポケット・マイクロスコープ（図三）の50倍と100倍を併用している。50倍と100倍を併用する理由は、繊維の長さを確認する際と、一本一本の繊維の形状を観察する際で必要となる倍率が異なることによる。一般的な和紙の原料である植物の繊維の長さはほぼ50倍の倍率で確認することができる。洋紙の原料となる植物の繊維および詳細な植物繊維の形状には100倍の倍率が必要となる。判断基準となる植物繊維の特徴を第二項の第八表にまとめた。

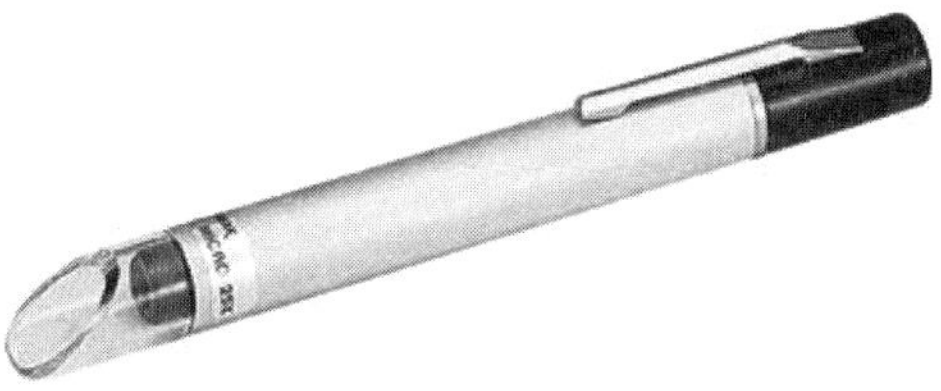

図三　ＰＥＡＫ社　ペン型マイクロスコープ

料紙観察の際には、マイクロスコープの他に紙料の繊維と比較する対象である和紙見本が必要となる。本章での料紙観察には『繊維判定用　和紙見本帳』[6]を使用した。

第一項　紙の基本情報

観察する対象である「料紙」つまり「紙」とはどのような物質をいうのであるのか、本項ではその定義を確認する。

『ＪＩＳハンドブック　32　紙・パルプ』[7]では紙という用語を

植物繊維その他の繊維をこう（膠）着させて製造したもの

と定義し、また磯貝明[8]は

植物由来の繊維を主成分として、水を媒体として濾過作用によってシート状に成形された材料

としている。『紙の文化事典』[9]では

和紙はコウゾ（楮）、ミツマタ（三椏）、ガンピ（雁皮）などの靭皮《じんぴ》繊維を、洋紙は木材パルプを主な原料とするが、両者とも植物繊維を原料とすることには変わりがない。したがって、和紙も洋紙も「植物性繊維を水に分散させ、脱水、乾燥の工程を経て繊維を絡み合わせて薄様物、すなわちシート状にしたもの」といえる。これが本来の紙の定義（狭義の紙）であり、原料が植物性繊維という資源の限定がある。

と定義している。中国の自然科学者である潘吉星はその著書『中国製紙技術史』[10]で、

植物繊維の原料を人工的な器具や化学的な作用で純粋にし、分散している繊維を水と一緒にして、紙料液をつくり、水の漏れる簀で水を濾し、セルロースが簀の上で交織するようにし、湿った紙の膜をつくる。さらに乾燥した後、一定の強度をもつセルロースが水素結合で互いに結び付いて薄片をつくり、書写・印刷・包

装などの用途に用いられる物質である。

であると自らの紙の定義を記している。宍倉佐敏は潘を引用し、

植物の繊維を何らかの方法でバラバラに解いて、水に分散させた懸濁液を簀または網状物で濾し、脱水乾燥しシート状にしたもの

であると定義している。宍倉は

この定義は、時代や国を問わず、すべての紙に適用されると述べている。[11] つまり、「紙」とは、植物という生命体を構成する繊維を主原料とし、水素結合させて薄いシート状にしたもの、ということができる。

第二項　製紙の基本原理

料紙観察調査の際には、前項で述べた紙のできるメカニズムと、製紙の基本的な原理、そして原料と製紙法の変遷に関する知識が必要である。紙の製造方法は

①植物から製紙原料として必要な繊維を取り出す（繊維化）

②植物の繊維を水中に分散させて網や簀で漉き上げ、シート状に成形する（抄紙）

③乾燥させる

という工程が基本原理となり、この基本原理に則って作成されていれば「紙」ということができる。基本原理に基づき、世界各地において、また各国のそれぞれの地方、さらには時代によって異なる植物が原材料として使用されたり、また製法が改良されたりすることにより多種多様な紙が作られている。紙質の違いは①から③の基本

第八表　繊維の特徴

原料	繊維形状	繊維長	繊維幅
針葉樹	リボン状	2 〜 4.5mm	20 〜 70 μ m
木綿	よじれたリボン	10 〜 40mm	12 〜 38 μ m
三椏	先端が丸い 先端は時に分岐	3 〜 5mm	10 〜 30 μ m
雁皮	扁平あるいは円筒形 線条痕あり 結節あり 先端が丸い	3 〜 5mm	10 〜 30 μ m
楮	線条痕、断層、十字痕あり 先端は尖っているか丸い 横断面は楕円形	6 〜 21mm	10 〜 30 μ m
藁	一定間隔で節状部あり 先端は尖っている のこぎり歯状、たわら状、有紋、環状、らせん状	0.7 〜 3.5mm	5 〜 14 μ m

原理それぞれにおいて方法が異なることが基因の一つだが、原料である植物自体の差異は大きく影響する。

明治期の紙を料紙観察する際に必要となる原料の違いを、「形態による繊維の鑑別」[12]より第八表にまとめた。繊維の形態を観察する場合、繊維の形状の特徴、細胞壁の厚さ、細胞壁上の紋様、柔細胞、繊維長、繊維幅などの特徴を把握することが肝要となる。

ここに掲げられた繊維形態の特徴を目安として料紙観察を行う。ただし、繊維が混在している場合、前述した料紙鑑定とは異なり、どの植物の繊維が何パーセントの割合であるという結果を料紙観察では導くことはできない。しかしながら、植物を構成する細胞《セルロース》の違いは厳然たるものであり、増田芳雄は、

> 高等植物に見出される細胞壁多糖類は、その分類学的多様さにもかかわらず、一定種類のものがほぼ共通して見いだされる。種間、属間の相違よりむしろ、単子葉植物と双子葉植物の間の細胞壁多糖類分子の相違がはっきりしている。

とし、

> 同一植物体の器官、組織を構成する細胞間の細胞壁構成多糖類の相違は小さい。

と述べている。[13]これは双子葉植物においては同一種類の植物繊維に相違が少ないことを意味する。紙の原料となる植物に限定してこの差異をまとめると、イネとムギの藁とタケはさまざまな形態がみられるが、ワタ、コウゾ、

ガンピ、ミツマタ、そして広葉樹などの植物繊維は、それぞれ同一の植物において一定の特徴をもつ、ということができる。植物繊維が種類ごとに独特の特徴を有することを利用することが料紙観察という方法であり、繊維の特徴を捉えることにより結果が導かれるのである。

また、植物の繊維そのものの特徴だけではなく、繊維を取り出すパルプ化の工程において、原料として使用されている繊維に特徴がでてくる。特に明治期から導入された針葉樹を原料とする木材パルプにはその特徴が顕著に現れる。紙の原料として使用される植物繊維は植物を組成する骨格物質といえるセルロースであり、ヘミセルロースやリグニンなどとともに光合成によって生産される植物細胞壁の主成分である。[14]良質な紙を作るためには接着物質であるリグニンに取り囲まれている状態のセルロースを、リグニンを選択的に除去して取り出すことが肝要となる。このリグニンはアルカリに溶ける性質であり、元来リグニン含有が少ないコウゾなどの靭皮繊維は灰汁等の弱いアルカリ溶液で除去する方法をとっている。しかしながら木材からセルロースのみを取り出す場合はリグニンの含有量が多いためパルプ化する際には強力な化学溶液を使用する必要が生じる。明治二十二（一八八九）年に製造され始めた亜硫酸パルプは強力な酸性溶液を利用して繊維を取り出す方法で、翌二十三年に製造を開始した砕木パルプは回転する砥石に木材を押し付けて磨り潰し繊維化する方法であり、この方法ではリグニンはあまり除去できない。そして、この二つの方法では靭皮繊維に比べて繊維への損傷が生じ易く、料紙観察ではこのダメージを受けた繊維を見つけることでその紙が作成された時代を識別する目安ともなる。

楮の繊維に針葉樹などのパルプ繊維を混ぜて紙を作成し始めた時期に関しては、西嶋東洲『日本紙業發達史』「島田氏のパルプ談」[15]では、

中井商店大阪支店在勤、同商店専務取締役島田林太郎氏の談によると我國に於て、パルプを使用して抄紙し

たことは明治二十一、二年頃かと思ってゐる、これは自分が直接業者に向って使用のことを説明したので確實なことである。勿論パルプを製造したと云ふのでもなく、パルプで洋紙を抄造したと云ふのでもない、パルプで和紙を抄かして見たのである。（中略）當時土佐では外國紙原料と稱して、和紙に混用せば適品なりと云ふ所から高知の原料商より私方に販賣希望を申込んで來たが、既に中林氏と契約済みで如何とも出來なかったが、それで夫等商人は大阪の正益舘を通じて注文契約した人もあった。とかく上述の如き状態で我國で和紙にパルプを使用したと云ふのは恐らくこれが嚆矢であらう。

としており、また、小栗捨蔵『日本の紙』[16]の口絵に楮繊維に木材パルプが入っている写真が掲載されており、紙の原料として新しい素材は積極的に受け入れられていたと推測される。

江戸期まで製紙方法は以下の通りである。まず、紙となる繊維を取り出すための原材料となった主な植物はクワ科に属するコウゾとジンチョウゲ科に属するガンピとミツマタであり、双子葉植物に分類される。これらの植物は、外皮と内皮および木質部に分けられた後、灰汁で蒸煮した内皮のみから繊維（靭皮繊維）を採取する。抄紙方法は簀を利用した溜め漉き法と流し漉き法が主である。紙料（紙の原料となる植物繊維などを含んだ懸濁液）を簀桁にすくい入れたまま溜めておき、そのまま脱水する溜め漉き法では厚様の重厚な紙が作成できた。一方、紙料を簀桁に流し入れては傾けて外へ流すという手順を繰り返す流し漉き法では強靭な多層漉きの紙が作成可能であった。この流し漉き法という抄紙方法においては、原材料となる植物の繊維が紙を漉く時に簀桁を動かす時に生じる流れの縦方向に並ぶ傾向、いわゆる繊維配向が強く確認でき、溜め漉き法ではみられない[17]。また、流し漉きで作られた薄様の紙は明かりに透かした時に簀の目が確認できる。これらの紙はすべての工程において人間の力のみで作られたものである。

紙に関する歴史と製法を明治期資料の料紙観察に関してまとめると以下のようになる。
①明治六（一八七三）年頃までの紙には木綿のボロ・稲藁・針葉樹の繊維は使用されていない。
②明治期以降も楮・雁皮・三椏という原料のみで作成された和紙は存在する。
③木綿のボロ・稲藁・針葉樹などのパルプ繊維が楮・雁皮・三椏に混在している、あるいは木綿のボロ・稲藁・針葉樹でつくられている場合、その書物の刊記や奥付が江戸以前の刊年または書写年であったとしても、その信用性は低い。

第二節　各種版本の調査結果

前節で述べた料紙観察の方法を基に、本節では近世の出版物に関して考察する。なお、本節での料紙観察はすべて国立国会図書館の蔵書を対象とした。第一項では、第二章第三節で触れた蕃書調所旧蔵の蘭書を観察対象とし、第二項以降は版本に対する料紙観察を対象とした。版本の料紙観察を行なう目的は、刊行時における版元の出版方針を推察することである。これは出版物の多様性を出版内容以外に確認することを目的とする。

本章の冒頭で、「江戸期の資料は同じ和紙であるという括りだけでは説明できない違いが存在する」と述べたが、これは墨色単一で刊行される版本と、多色刷りの浮世絵との差異として顕著である。版本に用いられる料紙は一般的に楮を原料とする美濃紙や半紙、あるいは反故紙などを原料とする漉き返しが一般的であるのに対し、バレンで同じ紙を何度も刷るという作業をせざるを得ない浮世絵には、楮を原料とし厚みがあり強靭な紙を用いる。また、版本の刊行においても、斐紙つまり雁皮を原料とする紙を用いている場合、原料コストを考慮に入れず作成しているといえる。[18] 製紙原料となる雁皮はジンチョウゲ科の植物であり、栽培可能な楮や三椏とは異なり原料が野生種である上に、自生している地域が限定的で入手が難しいため、[19] 斐紙の生産量は非常に少ない。しかしながら斐紙は、楮紙に比べて紙の平滑度が高く、表面が均一で文字が鮮明に印刷される。その上楮紙に比べて重量が軽いため、読みやすく携行性の高い書籍を作ることができる。斐紙を用いた書籍は、いうなれば贅沢品である。この紙質の違いによる商品価格差について中国での一例をあげたい。

図四は北京の古書目録であり、同一の書物であっても紙質によって価格が全く異なることがわかる。

製紙原料によるコストの違いは中国でも日本でも同様である。また、紙質は原料だけではなく、加工を施すことによりコストの面でも機能性の面でも多様化する。書籍料紙で問題となるのは画像を主とする出版物の場合である。版面の滲みを防ぎ、描線をより鮮明にしようとする場合は漉き上げたままの「生紙」ではなく「熟紙」と呼ばれる、何らかのサイジング処理を施した紙を料紙とする。[20] サイジングは墨やインクが紙に滲まないように施す加工であり、日本では書画において礬水引《どうさびき》として知られる手法であり、紙表面に加工を施す方法と、米粉などの填料を製紙段階から添加して紙の機能性を高める方法がある。中国においては、猪の牙や石を用いて紙の表面を擦る瑩紙[21]という加工が施されていた。加工料紙は一般の料紙に比べて平滑度、白色度、不透明度が高く、吸湿性を低下させる。[22] 熟紙

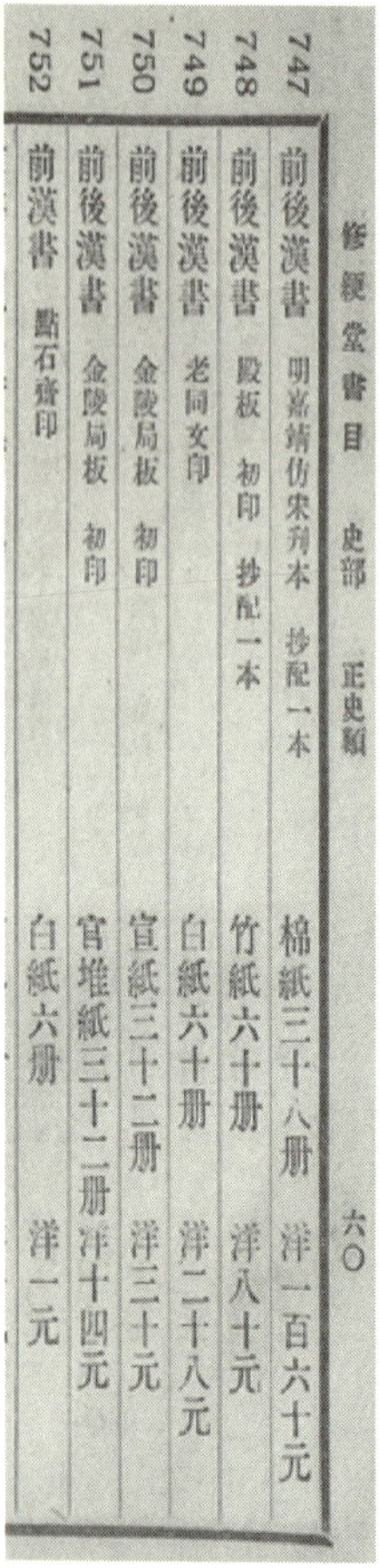
修綆堂書目　史部　正史類　六〇

747	前後漢書	明嘉靖仿宋刊本　抄配一本	棉紙三十八冊	洋一百六十元
748	前後漢書	殿板　初印　抄配一本	竹紙六十冊	洋八十元
749	前後漢書	老同文印	白紙六十冊	洋二十八元
750	前後漢書	金陵局板　初印	宣紙三十二冊	洋三十元
751	前後漢書	金陵局板　初印	官堆紙三十二冊	洋十四元
752	前漢書	點石齋印	白紙六冊	洋一元

図四　『脩綆堂書目　第五期』（民国二十六年刊）

は墨色および顔料の発色に好影響を及ぼすため、画像情報が重要な出版物には好適である。

生紙の表面へは打ち紙という加工が用いられる。打ち紙は生紙に「粘剤」という、製紙工程で用いられる懸浮剤である植物性粘液で湿りを与え、湿紙の状態の紙を木槌で打ち続けることで紙質を変化させる方法である。打ち紙に用いる粘剤はトロロアオイの根を水に浸けることで採取する、粘度の高い浸出液である。粘剤で打ち紙加工を施した料紙は斐紙に似た手触りとなる。[23]これはコウゾやミツマタが含有せず、ガンピのみ含有するウロン酸という成分をトロロアオイも含有するためである。打ち紙加工が施されている料紙は「斐楮交ぜ漉き」と触感が非常に似ており、両者の識別には料紙観察が有効となる。特に序論で掲げた書誌学専門書には、紙の解説があっても打ち紙に関する記載が一切なく、これまで両者の区別がなされていない可能性がある。料紙観察は加工料紙判別の新しい方法でもある。

打ち紙加工された料紙と填料が加えられた料紙を観察する場合、填料がある料紙の方が判別しやすい。打ち紙か斐紙かを判別するには繊維の形状を注意深く観察する必要があるが、填料が添加されている紙では植物繊維とは形状も大きさも全く異なる粒子が混入しているため、マイクロスコープを用いることで容易に実見が可能である。また、対象となる資料に虫食い箇所や破れている箇所がある場合、その部分ではより明確に填料を確認することが可能である。特に虫損の場合、穴の周囲に填料が凝着しているために容易に判別できる。本節での料紙観察は以上の点に着目している。

第一項　蘭書の料紙観察

本項では、第二章第三節で述べた蕃書調所に関連する資料に対して、料紙観察結果から考察する。国立国会図書館は蕃書調所由来の蘭学資料を所蔵している。[24]このコレクションの中から、「蕃書」あるいは、蕃書調所が最初に書物を刊行した「長崎」という蔵書印情報（印記）があり、現在閲覧可能な資料を調査した結果が第九表である。

蘭書の料紙観察結果から、

1．長崎で刊行されたとされる刊記のある蕃書は、楮を原料とした和紙を用いており、すべてに膠によるサイジングが施されている

2．長崎以外で刊行された蕃書は、原材料がボロであることから輸入品である

という二点が明らかになる。1と2の例として、第九表中⑬の蘭書料紙（口絵図五）と⑰の蘭書料紙（口絵図六）の繊維を示す。

図五と図六は拡大倍率がそれぞれ50倍、90倍と異なるが、これは楮の繊維と木綿や亜麻などボロの原料となった植物繊維の大きさを捉えるための違いである。図五では低倍率でありながら、長繊維である楮の繊維が確認できる。図六では画像の左下に、着色されたボロの繊維を確認することができ、この料紙原料がボロであることがわかる。

長崎における蘭書刊行に関する周辺事情は、神崎純一「幕末洋学事情と蘭書復刻」[25]に詳しく、要点となる建白書（安政二年六月に長崎奉行・荒尾《あらお》石見守が老中・阿部正弘へ提出した「阿蘭陀活字板蘭書摺立方之儀ニ付奉伺候書付」）の内容を示している。

この建白書によると、（一）近年、諸家より洋書を買い求めたい希望が増えており、出島オランダ商館へ注文してはいるが注文通りの部数が来ない。（二）蘭書が払底していては、和蘭通詞の修行も十分に行き届かない。（三）

第九表　蘭書の料紙観察結果

番号	請求記号	タイトル	料紙観察結果	出版地／出版者	刊年元号	刊年西暦	注記（印記など）
①	蘭 -1156	Tableau der kommando's en bewegingen van de Bataillonsschool, getrokken uit het reglement op de exercitien en manoeuvres van de infanterie, voor de armee van Zijne Majesteit den koning der Nederlanden	ボロ	Utrecht : N. van der Monde		1830	「長崎東衙官許」 見返し　マーブル（ブルー）
②	蘭 -1091	Reglement op de exercitiën en manoeuvres van de infanterie	ボロ（黒色他の異物混入）	Debroeders van Cleef		1832	「安政戊午（1858）」 「長崎東衙官許」
③	蘭 -3477	Reglement op de exercitien van de infanterie	ボロ（黒、紺の繊維混入）	bij de Gebroeders van Cleef		1837	「蕃書調所」
④	蘭 -3478	Reglement op de exercitien van de infanterie	ボロ（紫、ピンクの繊維混入）	bij de Gebroeders van Cleef		1837	「蕃書調所」
⑤	蘭 -629	Reglement op de exercitien en manoeuvres der infanterie	楮 繊維配向弱 填料アリ 膠			1855	「安政丙辰（1856）」 「長崎官事點撿之印」
⑥	蘭 -3598	Reglement op de exercitien en manoeuvres der infanterie	ボロ 膠	ter Drukkerij van Broese & Comp.		1855	「安政己未（1859）」 「蕃書調所」 「長崎東衙官許」
⑦	蘭 -422	Reglement op de exercitien en manoeuvres der infanterie	ボロ 膠	ter Drukkerij van Broese & Comp.		1855	「安政己未（1859）」 「蕃書調所」 「長崎東衙官許」
⑧	蘭 -419	Reglement op de exercitien en manoeuvres der infanterie	ボロ 膠	ter Drukkerij van Broese & Comp.		1856	「安政己未（1859）」 「蕃書調所」 「長崎東衙官許」
⑨	蘭 -421	Reglement op de exercitien en manoeuvres der infanterie	ボロ 膠	ter Drukkerij van Broese & Comp.		1856	「安政己未（1859）」 「蕃書調所」 「長崎東衙官許」
⑩	蘭 -2612	Reglement op de exercitien en manoeuvres der infanterie. 2. gedeelte. pelotonschool	ボロ 膠	ter Drukkerij van Broese		1857	「長崎東衙官許」（標題紙）
⑪	蘭 -639	Gemeenzame leerwijs, voor degenen, die de Engelsche taal beginnen te leeren	楮 繊維配向弱 填料アリ 膠	Nagasaki	Ansei 4	1857	「蕃調」 「安政丁巳（1857）」 「長崎官事點撿之印」 「開成所」
⑫	蘭 -647	Reglement op de exercitien en manoeuvres der infanterie	楮 繊維配向弱 填料アリ 膠	Breda/ Nagasaki	Ansei 4	1857	「安政丁巳（1857）」 「長崎官事點撿之印」 「開成所」
⑬	蘭 -649	Reglement op de exercitiën en manoeuvres der infanterie	楮 繊維配向弱 填料アリ	Nagasaki	Ansei 4	1857	「安政丁巳（1857）」 「長崎官事點撿之印」 「福山誠士館印」 「明治八年文部省交付」 「誠士館蔵書」
⑭	蘭 -2411	Reglement op de exercitien en manoeuvres der infanterie	ボロ	ter Drukkerij van Broese		1857	「長崎東衙官許」
⑮	蘭 -3161	Volks-natuurkunde, of Onderwijs in de natuurkunde voor mingeoefenden	楮 填料アリ 打ち紙	Nagasaki		1858	「（蕃）調」の割印 「新刻納本」 「安政戊午（1858）」 「長崎官事點撿之印」 「開成所」
⑯	蘭 -415	Reglement op de exercitiën en manoeuvres van de infanterie, voor de armee van Zijne Majesteit den koning der Nederlanden	ボロ（異物混入）	Debroeders van Cleef		刊年不明	「蕃書調所」「高島蔵書」など
⑰	蘭 -416	Reglement op de exercitiën en manoeuvres van de infanterie	ボロ（紺・茶の繊維混入）			刊年不明	「蕃書調所」「高島蔵書」など

舶載書に頼ってばかりでは、差し支え勝ちである。よって、（四）先年、和蘭通詞がオランダ人より貰い受けた「蘭書活字板」があるので会所銀で買い上げておいたところ、ためしに摺ったできばえがそこそこであるし、必要な書籍の種本もあるので、役所で植字して印刷し、当地の会所から売れば便利である。（五）これには、戌年の「蘭書之儀」の趣意を含んでしっかり取り締まり、印刷して売りたい。（六）会所のものに、出版に掛かる費用を取調させたところ別紙の通りであり、印刷に見合った値を書いて、永井岩之丞とも談じ合ったこと等が書かれている。

また、一九五四年十二月に開催された「洋學ことはじめ展」の図録[26]には以下の説明がある。

　安政2年（１８５５）6月長崎奉行荒尾石見守は閣老阿部伊勢守へ阿蘭陀活字板蘭書摺立方について建白書を呈した。それには（1）近年洋書の需要が著しいが供給が不十分なこと（2）阿蘭陀通詞も蘭書払底のため修業が十分に届きかねること（3）近年オランダ人の持渡った大活字板を先勤長崎奉行の許可を得て蘭通詞共が引受けて持っているが、それを更に會所銀を以て買上げ、奉行所に於て摺方試み長崎會所で一般希望者へ賣渡したならば世上便利になるであろうと記した。8月此の建白が採用されて西役所内に印刷所を設け、尚蘭國へ洋字の活字銅板などを注文し、翌安政3丙辰年（１８５６）6月には文法書シンタクシス528部が出来上り、一部を天文方に納め、爾余は1部金貳歩で長崎會所から賣捌いたとある。これに關する記事を商館長日記（Dagregister）の原文で示す。（原文省略）即ち１８５５年5月2日はキンタッキスの校正刷が出来ていたこと、使用の活字の大部分は長崎で鋳造したこと、紙もオランダの紙に模して作ったことがわかる。

つまり、長崎刊行の蕃書は、活字も紙も日本で作られたものであり、紙に関しては、金属活字印刷への印刷適性を向上させるためにサイジング加工をしていたと考えられる。これは、料紙観察の結果と一致する。金属活字印

第十表　楮繊維が確認された蘭書（刊行年順）

番号	請求記号	タイトル	料紙観察結果	出版地／出版者	刊年元号	刊年西暦	注記（印記など）
⑤	蘭 -629	Reglcment op de exercitien en manoeuvres der infanterie	楮 繊維配向弱 填料アリ 膠			1855	「安政丙辰（1856）」 「長崎官事點撿之印」
⑪	蘭 -639	Gemeenzame leerwijs, voor degenen, die de Engelsche taal beginnen te leeren	楮 繊維配向弱 填料アリ 膠	Nagasaki	Ansei 4	1857	「蕃調」 「安政丁巳（1857）」 「長崎官事點撿之印」 「開成所」
⑫	蘭 -647	Reglement op de exercitien en manoeuvres der infanterie	楮 繊維配向弱 填料アリ 膠	Breda/ Nagasaki	Ansei 4	1857	「安政丁巳（1857）」 「長崎官事點撿之印」 「開成所」
⑬	蘭 -649	Reglement op de exercitien en manoeuvres der infanterie	楮 繊維配向弱 填料アリ	Nagasaki	Ansei 4	1857	「安政丁巳（1857）」 「長崎官事點撿之印」 「福山誠士館印」 「明治八年文部省交付」 「誠士館蔵書」
⑮	蘭 -3161	Volks-natuurkunde, of Onderwijs in de natuurkunde voor mingeoefenden	楮 填料アリ 打ち紙	Nagasaki		1858	「（蕃）調」の割印 「新刻納本」 「安政戊午（1858）」 「長崎官事點撿之印」 「開成所」

刷への印刷適性を向上させるために楮を原料とする和紙にサイジングを施す、あるいは両面印刷への印刷適性を考慮して填料を加えて裏写りを防ぐなどの工夫がなされていたと考えられる。

また、蘭書の印記からも長崎で刊行された事実がうかがえる。表十の料紙観察結果から、楮繊維が確認できた蘭書のみを抽出したものが第十表である。

すべてに「長崎官事點撿之印」と安政の干支があり、この印記に関しては神崎純一が、

「長崎官事點撿之印」と復刻年の相違による「安政丙辰」「安政丁巳」「安政戊午」のいづれかの印記の二顆が復刻版の蘭書に押捺されている[27]

としており、蘭書自体の刊記に「Ansei（安政）」の年号や「Nagasaki（長崎）」という刊行地の表記がなくとも、これら5点の蘭書が長崎版

であることがわかる。注目される点として、番号⑤の蘭書が試作品として作られた資料である可能性をあげたい。国立国会図書館のデータ上では、表十の番号⑤⑫⑬が三冊組で同一の書物として扱われている。しかしながら、実際には番号⑤の刊年と印記「安政丙辰」（安政三年）が異なる。古賀十二郎『長崎洋学史』[28]には、安政三年十二月二十日付で長崎奉行から老中への書面として、

目下レゲレメント、オップ、デ、エキセルシチーン、エン、マノーフルス、デル、インファンテリー Reglement op de exercitien en manoeuvres der Infanterie と云ふ蘭書を復刻中である

という内容が報告されている。『長崎洋学史』[29]によれば、

本書は、歩兵調練演習規定書にして、蘭国王の命に依り、王立海陸軍大学のために、ブルース会社印刷所に於いて上梓された者《ママ》で、一八五五年、ブレダ版である。

とあることから、番号⑤の蘭書がオランダで刊行された原本を刊行年まで含めて忠実に再現した試し刷りと推定できる。「長崎官事點撿之印」の印記と料紙観察の結果を総合的に解釈すると、安政二年六月に長崎奉行が老中へ提出した「阿蘭陀活字板蘭書摺立方之儀ニ付奉伺候書付」の内容（四）に「ためしに摺ったできばえがそこそこ」であった蘭書の印刷技術と品質の向上に向けて、試みが繰り返されていたことが想像される。これは、オランダと同じ品質の洋書を作ることが不可能であった幕末の日本における試行錯誤の証であり、第十表の料紙観察結果の流れからも裏付けすることが可能である。

「洋學ことはじめ展」[30]の図録では、

蘭學の内容は西洋の自然科学が主であって、人文科學はキリスト教の禁制に觸れるおそれがあったために警戒されて、著しくおくれてとりいれられ従って研究も自然科學に比して見るべきものが少ない。蘭學の内容

は、1．オランダ語　2．醫學・本草學　3．天文・地理學　4．兵學の諸系列に分かつことが出来る。と、蘭書の分野に関して記している。語学学習のための書物は別として、地図と医学書にとっては画像情報が必須で、蘭書の画像印刷では文字以上に精巧さが求められる。ここで必要とされた紙への加工は、オランダと同じ紙をつくることができない日本における創意工夫の結晶であったといえる。

第二項　画譜類の料紙観察

本項では、江戸期に刊行された画譜の料紙観察結果を報告する。画譜を調査対象とした理由は、前項において、蕃書の画像情報を重要視する点に関連する。画像を鮮明に印刷する必要性を認識できる感覚は、オランダから輸入された蕃書を手にした結果生じるわけではなく、恐らく、自国の書物に対する経験によるものと考えられる。結果は第十一表の通りである。

料紙観察の結果から、画譜には他の印刷物に用いられる一般的な紙ではなく、厚様の紙あるいは不透明度の高い加工紙が用いられていることがわかる。また、特に須原屋市兵衛《すばらやいちべえ》が紙質にこだわりを持っていた可能性がある。『紅毛雑話《こうもうざつわ》』の料紙は楮が原料で繊維配向が非常に弱く、繊維が曲線を描いていることから溜め漉きの紙と考えられる（口絵図七）。

図七に示した繊維画像からは、厚様の紙に打ち紙加工を施していることが確認できる。画像中の黒い線は、打ち紙加工をした時に見られる特徴である。打ち紙加工は、水分を含むと料紙原料である植物の繊維が膨らみ緩められる性質を利用している。[31] 水分を含んだ紙をたたくことで、紙面が平滑になり光沢を帯びる。横断面が楕円形の楮繊維は、打ち紙加工を施されると潰れて扁平形となり、乾燥すると繊維が黒く見える状態となる。また、打

第十一表　画譜の料紙観察結果

請求記号	タイトル	料紙観察結果	作者・絵師	版元	元号
W166-26	漢畫指南	楮 填料アリ 藁	建思明校正併寫圖	須原屋市兵衛 梅村宗五郎 梶川七郎兵衛 山本平左衛門 植村藤右衛門 西村市郎右衛門 林伊兵衛	安永 8
W166-89	蘭齋畫譜	楮 パルプ ホクシング	蘭齋　森文祥圖	（竹部） 須原屋茂兵衛 山本屋平左衛門 吉野屋爲八 大和屋勘兵衛 林伊兵衛 梁瀬傳兵衛 大野木市兵衛 （鳥部） 大和田安兵衛 須原屋茂兵衛	天明 2
W391-N40(148)	紅毛雜話	楮 溜め漉き 打ち紙	森嶋中良 編輯	須原屋市兵衛	天明 7
214-234	本朝弓馬要覧	楮 填料アリ		須原屋茂兵衛	天明 7
863-214	機巧圖彙	楮	細川半蔵頼直	須原屋茂兵衛	寛政 8
182-111	奇妙圖彙	楮	山東菴主人 戲墨	須原屋市兵衛	享和 3
237-372	日本名山圖繪	楮 填料アリ		勝村治右衛門 大野木市兵衛 須原屋茂兵衛	文化 9
181-148	諸職繪本 新鄙形	楮 厚様	前北齋改　画狂老人卍筆	勝村治右衛門 秋田屋太右衛門 小林新兵衛 須原屋佐助 須原屋茂兵衛	天保 7
231-141	草花式	楮 填料アリ	法橋春川	勝村治右衛門 秋田屋太右衛門 須原屋茂兵衛	
W43-N2	小野篁歌字盡	楮 填料アリ		須原屋茂兵衛	

ち紙に用いられる水分は、製紙工程で用いられる粘剤《ネリ》を用いる場合があり、一般的にはトロロアオイの根から作られる粘液を使用する。粘剤を用いて何度も打ち紙を施した料紙は、漉き上げたままの生紙と比較すると平滑性や書写適性が向上するだけではなく重量も増える。『紅毛雑話』の料紙は、流し漉きに比べて厚みのある溜め漉きの料紙を用いて、更に打ち紙加工を施している。これは一般的な美濃紙や半紙ではなく、敢えて洋紙を模した厚紙に近づけることを意図していたと推測できる。

また、『漢畫指南《かんがしなん》』の料紙中には（口絵図八）は填料（白い粒子）や藁が確認された。これは、『紅毛雑話』にみられる加工料紙とは異なるが、填料入りの料紙を用いることで白色度・不透明度を上げ、彩色や描線に良い効果をもたらそうとしたと考えられる。

天明二年の刊記を有する『蘭齋畫譜《らんさいがふ》』には、木材パルプの混入とホクシングという洋紙の書物にみられる損傷が確認できた（口絵図九）。

図九の画像下部に見られる、薄い茶色の染みがホクシングである。木材パルプの繊維は楮と比較すると三分の一程度の長さであり、画像中のホクシング近辺に短繊維が混入しているのがわかる。木材パルプが日本に入ってくるのは明治二十二年[32]で、この料紙観察結果は天明二年という刊行年が疑われる一例であり、料紙観察の有効性を示す具体例といえる。

第三項　須原屋系列書肆出版物の料紙観察

前項の須原屋市兵衛板『紅毛雑話』の料紙観察結果を受けて、本項では須原屋一門が刊行した絵本の料紙観察結果を報告する。料紙観察結果は第十二表の通りである。

須原屋市兵衛だけではなく須原屋茂兵衛《もへえ》や須原屋新兵衛《しんべえ》も、一般的な楮紙ではない、填料が加えられたり、厚様であったり、何らかの加工が施されたりした特殊紙を用いて書籍を刊行していたことが第十二表からわかる。須原屋市兵衛と須原屋新兵衛は、そもそも須原屋茂兵衛から暖簾分けした書肆であり、須原屋茂兵衛は江戸最大手の板元である。[33] また、普通紙以外の紙を出版物に用いていたのは、須原屋茂兵衛が先駆けであることが本項の料紙観察結果からうかがえる。

第十二表の結果から、須原屋系列書肆が刊行した画譜の中で注目すべき二点をあげる。まず第一に、須原屋市兵衛から刊行された『琉球談《りゅうきゅうばなし》』二点の料紙観察結果は、請求記号　125―163と請求記号　W327―N1では填料入りの紙が用いられ（口絵図十）、請求記号　特7―545は普通の楮紙である。請求記号　特7―545の『琉球談』は注記に「伊藤文庫」とある。国立国会図書館の伊藤文庫は、長崎でシーボルトに直接博物学などの教えを受けた伊藤圭介[34]が収集し、孫である篤太郎が襲蔵した本草学関係書のコレクション[35]である。表紙には孫・篤太郎のために購入した旨が伊藤圭介により手書きされた紙が貼られている。伊藤篤太郎の誕生は慶応元年であり、張り紙の情報を信用すれば、請求記号　特7―545の『琉球談』は早くとも慶応元年以降に購入した書籍であり、後刷の可能性が極めて高い。板木は初版と同じであっても、紙は一般的な廉価版になっていたことがうかがえる結果である。

第二に、為一老人こと葛飾北斎『絵本忠経《えほんちゅうきょう》』（請求記号　W32―N4）の厚様料紙である。前述の『紅毛雑話』同様、厚様で、安定的に発色するための填料が加えられた料紙を口絵のみに使用している。紙の価格は重さに比例するため、厚様の紙は高価であり、版本に用いられることは一般的ではない。ただし、同書肆から元治元年に刊行された『絵本孝経《えほんこうきょう》』（請求記号　特2―523）では特殊紙は用いられていない。これも『琉球談』と同じく、後刷の廉価版と考えられる。

第十二表　須原屋系列書肆刊行絵本の料紙観察結果

請求記号	タイトル	料紙観察結果	著者	版元	刊年	注記
特 1-407	絵本福寿草	楮紙　塗布物有 (無色結晶)	大岡春卜編 大岡春川画	須原屋茂兵衛	元文 2	
わ -46	絵本俚諺草	楮 填料アリ（上・下冊）	石川豊信画	大野木市兵衛 須原屋茂兵衛 須原屋弥治兵衛	宝暦 2	
181-67	絵本花農緑	楮	石川豊信画	大野本市兵衛 辻久兵衛 須原屋茂兵衛	宝暦 13	
126-134	絵本見立仮譬尽	楮	竹杖為軽 （森島中良）作 勝川春政画	須原屋善五郎	天明 3	行成表紙
W166-N21	絵本見立仮譬尽	楮	竹杖為軽 （森島中良）作 勝川春政画	須原屋善五郎	天明 3	行成表紙
148-25	狂文棒歌撰	楮	鳴滝音人編 春川吉重画	須原屋茂兵衛	天明 5	
125-163	琉球談	楮 填料アリ	森島中良	須原屋市兵衛	寛政 2 跋	
W327-N1	琉球談	楮 填料アリ	森島中良	須原屋市兵衛	寛政 2 跋	
特 7-545	琉球談	楮	森島中良	須原屋市兵衛	寛政 2	伊藤文庫
181-139	誹諧世吉の物競	補修痕アリ 楮	一陽井素外編 清線館主画	須原屋市兵衛	寛政 5 自序	填料？ 大惣本
190-82	絵本胡蝶夢	楮	手塚兎月	塩屋長兵衛 遠藤平左衛門 須原屋平助	文化 4	
W32-N4	絵本忠経	楮 填料アリ（絵のみ）	葛飾前北斎為一 老人画	須原屋新兵衛	天保 5	1 丁オが多 色刷り口絵
181-134	絵本ふる鏡	楮	歌川国貞画	勝村次右衛門 秋田屋太右衛門 岡田屋嘉七 西宮彌兵衛 英大助 山城屋佐兵衛 須原屋茂兵衛 須原屋佐助 須原屋伊八	天保 9	題簽に「大 惣かし本」
106-242	勲功草	雲母摺（見返） 楮　厚様 填料アリ	山崎知雄［著］ 可菴武清画圖	須原屋茂兵衛 須原屋佐助	天保 10	極出あり
201-265	勲功草（巻 9 欠）	雲母摺 楮　厚様 填料アリ	山崎知雄［著］ 可菴武清画圖	須原屋茂兵衛 須原屋佐助 （合梓） 勝村次右衛門 河内屋喜兵衛 岡田屋嘉七 西宮彌兵衛 小林新兵衛 山城屋佐兵衛 英大助 須原屋伊八 （発行書林）	天保 10	喜多武清
849.3-M556k	改正増補蛮語箋	楮 藁	森島中良	山城屋佐兵衛 播磨屋勝五郎 須原屋伊八	安政 4	
特 2-523	絵本孝経	楮	高井蘭山解 葛飾北斎画	須原屋新兵衛	元治 1	

以上の結果から、須原屋茂兵衛を筆頭とした須原屋系列の書肆はその資本力に見合った、特殊紙を使用した書物を刊行していたという事実が料紙観察から判明している。

第四項　鍬形蕙齋作品の料紙観察

本項では、第二項と第三項で画像の刊行に特殊紙が用いられていた結果を受けて、絵師の作品に注目して料紙観察を行なった結果を報告する。調査対象は江戸時代の浮世絵師、北尾政美《きたおまさよし》[36]こと鍬形蕙齋《くわがたけいさい》である。北尾政美は本姓赤羽、字は子景、通称三二郎、のち鍬形蕙斎の名で聞こえた。はじめは浮世絵師・初代北尾重政《きたおしげまさ》に入門、北尾政美と号して黄表紙のほか武者絵・浮世絵・花鳥画を多く描き、寛政六（一七九四）年美作津山藩の御抱絵師となる。寛政九（一七九七）年六月鍬形氏に改姓、幕府の奥絵師・狩野養川院惟信に入門した。寛政年間なかば以降、画譜類を多く発表した。

北尾政美こと鍬形蕙齋を対象とした理由は、浮世絵師から大和絵師へと転身したという、他の絵師にはあまりみられない経歴による。画業という点では同一でありながら、社会的身分の変化がその作品の紙質に変化をもたらすのか、という点に注目した。調査は北尾政美もしくは鍬形蕙齋画の版本を対象とした。

料紙観察の結果は第十三表の通りである。寛政年間以降（刊年不明の作品も含む）に蕙齋もしくは鍬形紹真《つぐざね》の署名がある画譜十九点中十一点に填料が確認できた。また『蕙斎麁画《けいさいそが》　初篇』には填料を確認できなかったが、厚様の紙であることが確認できた。この結果で興味深い点は填料入りの作品十一点中八点を須原屋市兵衛が刊行しているという事実である。特に寛政から享和にかけての『諸職画譜《しょしょくがふ》』『鳥獣略画式《ちょうじゅうりゃくがしき》』『人物略画式《じんぶつりゃくがしき》』『龍《たつ》の宮《みや》津子《つこ》』『魚貝譜《ぎょかいふ》』（以上、書名は国立国会図書館のデータによる）はすべて須原屋市兵衛が版元であり、『魚貝譜』には

第十三表　鍬形蕙齋作品の料紙観察結果

請求記号	タイトル	料紙観察結果	署名	版元	刊年
181-111	絵本御あつま鏡	楮／填料なし	北尾二三政美	鶴屋喜右衛門	［天明 7］序
181-113	画本纂怪興	楮／填料なし	北尾政美	西村源六	寛政 3
208-384	趣向気工	楮／填料なし／漉返し	政よし画	〔榎本吉兵衛〕	寛政 6
181-256	諸職画鑑	楮／填料アリ	蕙齋　北尾政美	須原屋市兵衛	寛政 6 （寛政 7 序）
京 -48	諸職画譜	楮／填料なし	蕙齋　北尾政美（印）	須原屋市兵衛	寛政 6
231-238	略画式	楮／填料なし	蕙齋筆（印）紹眞	須原屋市兵衛	寛政 7
W166-27	畧畫式	楮／填料なし	蕙齋　北尾政美	須原屋市兵衛	寛政 7
208-488	浅草寺廼一家裏	楮／填料なし／漉返し	北尾政美画	和泉屋市兵衛	寛政 8
213-416	鳥獸略画式	楮／填料アリ	蕙齋筆（印）蕙齋	須原屋市兵衛	寛政 9
214-101	略画式	楮／填料なし	蕙齋筆（印）蕙齋	須原屋市兵衛	寛政 9
213-416	人物畧画式	楮／填料アリ	蕙齋筆（印）紹眞	須原屋市兵衛	寛政 11
147-56	絵本尊氏勲功記	楮／填料なし	北尾政美造	鶴屋喜右衛門 丁子屋平兵衛	寛政 12 序
108-227	龍の宮津子	楮／填料アリ	蕙齋筆（印）紹眞	須原屋市兵衛	享和 2
166-181	魚貝譜	楮／填料アリ／雲母摺	蕙齋筆（印）紹眞	須原屋市兵衛	享和 2
862-74	魚貝譜	楮／填料アリ／雲母摺	蕙齋筆（印）紹眞	須原屋市兵衛	享和 2
208-409	敵討春告鳥	楮／填料なし／漉返し	北尾政美	鶴屋喜右衛門	文化 3
107-172	絵本孝経	楮／填料なし	蕙齋先生	松村九兵衛 前川六左衛門 小林新兵衛 片野東四郎	文化 10
205-240	畧畫式	楮／填料アリ	蕙齋筆（印）紹眞	須原屋茂兵衛 須原屋伊八 山城屋佐兵衛 岡田屋嘉七 小林新兵衛 英大助 西宮弥兵衛 金花堂佐助 勝村治右衛門 秋田屋太右衛門	文化 10
W166-N19	草花略画式	楮／填料アリ	蕙齋筆（印）紹眞	須原屋市兵衛 同　善五郎 鶴屋金助 英平吉 竹川藤兵衛	文化 10
わ 159-41	女訓孝経	楮（異物混入少々あり）／填料なし	蕙齋先生	松村九兵衛 前川六左衛門 小林新兵衛 片野東四郎	文化 10 刊
113-112	三哲小伝	楮／填料アリ	鍬形紹真	上総睦堂（江沢講修） 伊勢屋忠右衛門	文政元序
特 1-372	三哲小伝	楮／填料なし	鍬形紹真	英大助 北島順四郎 前川弥兵衛	天保 2
127-107	蕙斎麁画　初篇	楮／厚様／填料なし	蕙齋	永楽屋東四郎	
241-102	魚貝略画式	楮／填料アリ	蕙齋先生筆	須原屋市兵衛	刊年不明
亥 -26	日本名所の繪 （国書なし）	楮／填料アリ	蕙齋紹眞筆（印）紹眞	鶴屋喜右衛門 和泉屋市兵衛	［寛政 - 文化頃］

填料の添加と表面全体への雲母摺が確認された。この結果から、須原屋市兵衛が鍬形蕙齋という絵師を豪華本の絵師として世に作品を発表していたということができる。上質紙の版本刊行は、奇しくも寛政の改革の終焉後である。以上の結果を受けて、須原屋市兵衛と鍬形蕙齋の関係が特殊あるいは異例であったのか、という点において検証する。

鍬形蕙齋が津山藩御抱絵師となって以降刊行された、填料の含まれていない二作品『絵本孝経』『女訓孝経《じょくんこうきょう》』は、両書ともに教科書的な書籍であり、特殊紙で作成する必要性が低いことが考えられる。また天保二年刊の『三哲《さんてつ》小伝《しょうでん》』は文政元年刊の後刷りで、第三項での調査結果同様、特殊紙を用いなかったと考えられる。以上三点を除くと、鍬形蕙齋の作品は特殊紙を用いて刊行されている。第十一表において、兄弟子である山東京伝の『奇妙《きみょう》圖彙《ずい》』が須原屋市兵衛から一般的な楮紙で刊行されている結果と比較すると、鍬形蕙齋が描いた作品は、絵師が武家の身分になって以降取り扱いが異なった一例といえる。

第五項　森島中良著作の料紙観察

本項では、第二項と第三項で結果が注目された、森島中良《もりしまちゅうりょう》[37]の著作の料紙観察結果から報告する。結果は第十四表の通りである。

森島中良は幕府に代々仕えた蘭医の家系で、四代・桂川甫周《かつらがわほしゅう》の弟である。蘭学に秀で、平賀源内《ひらがげんない》の門弟でもあり、蘭学・文学作品ともに多くの著作を残している。また、前項で扱った鍬形蕙齋と親交のある人物である。海外情報を紹介した森島中良の著作『紅毛雑話』『琉球談』の料紙観察結果は、先に述べた通り不透明度の高い紙が用いられていることが料紙観察結果からわかる。『紅毛雑話』は洋紙を模した厚紙に近づけようという工夫が

第十四表　森島中良著作の料紙観察結果

請求記号	タイトル	料紙観察結果	著者	版元	刊年	注記
126-134	絵本見立仮譬尽	楮	竹杖為軽（森島中良）作 勝川春政画	須原屋善五郎	天明3	行成表紙
W166-N21	絵本見立仮譬尽	楮	竹杖為軽（森島中良）作 勝川春政画	須原屋善五郎	天明3	行成表紙
W391-N40(148)	紅毛雑話 5巻	楮 溜め漉き 打ち紙	森嶋中良編輯	須原屋市兵衛	天明7	
125-163	琉球談	楮 填料アリ	森島中良	須原屋市兵衛	寛政2跋	巻末に「森嶌中良先生著述書目」あり
W327-N1	琉球談	楮 填料アリ	森島中良	須原屋市兵衛	寛政2跋	特許庁寄贈本
特7-545	琉球談	楮	森島中良	須原屋市兵衛	寛政2	伊藤文庫
849.3-M556k	改正増補蛮語箋	楮 藁	森島中良	山城屋佐兵衛 播磨屋勝五郎 須原屋伊八	安政4	

されていたこと、『琉球談』は請求記号　特7―545が後刷である可能性をうかがえる結果となっている。

注目すべきは、森島中良の著作は、存命中（一七五六年頃から一八一〇年頃）に刊行された作品がほぼ、一般的な楮紙ではない特殊な料紙が用いられている点である。『絵本《えほん》見立《みたて》仮《か》譬尽《いずくし》』（請求記号126―134・W166―N21）は、娯楽作品といえる戯作である。戯作には、当時の再生紙である漉返し紙が用いられること多いにもかかわらず、『絵本見立仮譬尽』には楮紙が用いられ、更に表紙には紋様が刷られた行成表紙が付いている。森島の著作は、他の戯作に比べてコストの高い料紙が用いられていることがうかがえる。前項の鍬形蕙齋作品の料紙観察結果と併せて、武家の著作は高品質の料紙が用いられていることになる。寛政十年成立の『改正増補蛮語箋《かいせいぞうほばんごせん》』（請求記号　849．3―M556k）は、蘭書の需要に応じて安政四年に後刷りとして供給されており、『改正増補蛮語箋』の料紙原料には藁が確認された（口絵図十一）。

更に、加工を含めた高価な紙で書物を刊行する書肆が限定的であることがわかる。第十四表からは、森島中陵の著作が須原屋系統の書肆のみであることがわかる。須原屋茂兵衛を中心とし、多くの分家を出した須原屋は、武家の姓名・紋所・知行高・居城・家来の姓名などを記載した「武鑑」の出版元であり、江戸の最大手の出版元であった。[38] 須原屋の資本力が背景にあったからこそ、紙質において格の違う出版が可能であったこともうかがえる。

第六項　江戸期から始まっていた料紙の近代化

本項では、第一項から第五項までの料紙観察結果を踏まえて考察する。

まず、蕃書の刊行に際して、西洋の紙と同様な両面印刷への印刷適性が求められ、日本製の紙にサイジング加工を施していたことが注目される。画譜の結果からは、蕃書調所での印刷開始以前から、普通紙ではない特殊紙（厚紙・填料入りの紙など）が使用されていたことが判明した。サイジングは『紅毛雑話』刊行時（天明七年・一七八七）にはみられない加工技術であり、オランダからの技術指導の結果と考えられる。更に、特殊紙を書物に使う書肆が限定的であったことと、武家階級の作品には生産コストを考慮に入れていない出版物が多いことがわかった。これは、特殊紙を多く用いていた須原屋が、武家の姓名・紋所・知行高・居城・家来の姓名などを記載した「武鑑」の板元であることとの関連が考えられる。須原屋系列の書肆からは、他方で戯作も刊行されているが、これらは採算の取れる低コストの材料で刊行されている事実がうかがえる。

蕃書調所設立にむけた教科書出版方針として『開版指針』を捉えてみると、書物の内容が主として扱われているが、実際の蕃書調所では更に紙質（サイジング）にも注意が払われていた。蕃書調所は幕府直轄で幕臣子弟へ洋学教育する機関として設立されている。料紙観察結果から、武家の使用する書物に対しては、内容のみならず紙質も考慮されていたとするならば、安政四年の「鎗奉行筒井肥前守政憲上申書」における意見は、〈紙に印刷する〉物質として書物を総合的に捉えた視点として重要度が増す。筒井政憲がこのような意見に達したことに対しては、本章第六節で更に考察を加える。

江戸時代における鎖国という政策は、物的交流の面では完全には当てはまらない。大政奉還という政治的な転換点を迎えるずっと以前から、蘭書は輸入されていた。オランダから舶載された書物と日本の書物の形態的差異は明らかである。蘭書に触れた時から、両面印刷という新しい書物の形態を目指して日本の出版界は模索を開始していたのである。本節第三項の通り、原材料も製造方法も異なる蘭書の料紙を、須原屋という民間の書肆が摸倣し始める。その後は本節第一項の通り、幕府が設立した蕃書調所において、両面印刷への印刷適性向上のために、紙への加工が施す方法が試みられている。次節で述べる『当世書生気質』における紙質のめまぐるしい変化は、江戸から続いていた試行錯誤の延長上にある。書物の形態や紙質は、明治という新しい時代を迎えて急激に変わったわけではない。政権が交代しても文化は地続きである。出版に関していえば、両面印刷という新たな情報形態へ変換するためのうねりが、既に江戸期から生じていたといえる。

以上のように、文字情報からだけでは伝わらない情報を読み取り、更なる情報を加えることが料紙観察という方法であることを、本節における事例をもって報告する。

第三節　明治期の書物にみる料紙

本節では、書物に使用する紙の変化に関する顕著な例として、明治期の西洋式製紙法導入期に作成された坪内《つぼうち》逍遥《しょうよう》『当世書生気質《とうせいしょせいかたぎ》』の諸本と、レーマン校定『和獨對譯字林《わどくたいやくじりん》』の料紙観察結果から考察する。前節で、蕃書料紙を印刷適性向上のために加工したことを料紙観察結果から明らかにした。紙質の変化は印刷技術の変化に伴う。ここで、明治期に市販された資料について料紙観察を行ない、活字印刷により公刊された書物の料紙について更に考察する。

第一項　『当世書生気質』の書誌情報と料紙観察結果の比較

本項では、坪内逍遥の小説『当世書生気質』[39]の諸本に対して料紙観察を行なった結果から考察する。『当世書生気質』の書誌事項は『明治文学名著全集』第一巻所収[40]の坪内逍遥補・神代種亮《こうじろたねすけ》稿の解題（以下、『名著』解題と略す）および関良一《せきりょういち》「『当世書生気質』序説―その形態と本質と―」[41]に詳しく述べられている。本稿では『名著』解題を基に国立国会図書館所蔵『当世書生気質』（以下、国会本と略す）において行った料紙観察の結果を報告する。まず、『名著』解題では『当世書生気質』の諸本を次のように分類する。（①〜⑥は国会本）

一、初版本系―初版本①（和装十七冊、聞野晩青堂　明治十八年六月―明治十九年一月発行）
　　　　　　―合本②（和装二冊、聞野晩青堂　明治十九年三月発行）

二、別製本系―別製本③（四六判、黒クロース、聞野晩青堂　明治十九年八月発行）
　　　　　　　　　④（同上［同右…論者訂正］再版、背クロース、聞野晩青堂　明治十九年十二月発行）

三、別製本第一異版系―別製本第一異版⑤（四六判、背クロース、木村晩青堂　明治二十年六月発行）

四、別製本第二異版系―別製本第二異版⑥

（四六判、背クロース、木村共和書店　第一版不明　第七版明治二十二年四月発行）

―改装本（菊判、大和綴、大川屋　何版より改装か不明　第九版明治二十五年十一月発行）

―覆刻本（明治三十年六月、博文館発行「太陽」三周年記念号収載）

『名著』解題は①を（甲）、②を（乙）、③を（丙）（初版）、④を（丙）（再版）、⑤を（丁）、⑥を（戊）として、詳細な書誌事項を収録しているが、書誌事項に関しては『名著』解題の解説と国会本に異同はない。料紙に関する記述は①「半紙本」②「和紙和装」③「扉は赤紙」⑥「序文、口絵（同一版木なれども印刷頗る粗）共に洋紙なり」とあり、④⑤には触れていない。

さて、国会本の料紙観察結果は①および②は表紙・本文とも楮のみを原料とした和紙、③と④の本文料紙は楮が原料ではあるが繊維配向が弱い和紙、[42]⑤は、口絵の料紙が楮のみを原料とした和紙で、本文料紙には楮の繊維以外に切断された固形の異物が多数確認され、繊維化の精度が低い綿のボロが原料として混ぜ込まれていると推測できる。⑥の本文料紙は明らかに綿と思われる楕円形の繊維が確認され、綿のボロを主原料として使用した洋紙であると推定される。つまり洋装の装訂に等しく本文料紙にも洋紙が使用されたのは⑥であり、③④⑤は装訂が洋装、本文料紙が和紙あるいは和紙に近い紙という和洋折衷型の書物ということになる。名著『解題』が⑥の料紙のみを「洋紙」としていた理由は、料紙観察によっても裏付けることができるのである。この結果は、第十五表の明治期の製紙原料に関する年表と照らし合わせても相違はない。

第十五表　明治期製紙関係略年表（尾鍋史彦総編集『紙の文化事典』[43]をもとに作成）

西暦	元号	製紙関連事項	国内主要原料	海外原料の変遷
			楮・雁皮・三椏	
1840				ドイツのケラー 砕木パルプ（GP）
1854				イギリス ソーダパルプ
1855				アメリカ ソーダパルプ特許
1860				ドイツのフェラー 砕木パルプ実用化
1867				アメリカ 亜硫酸パルプ（SP）
1873	明治 5	有恒社設立 洋紙製造が始まる	木綿ボロ	
1875	明治 8	大蔵省紙幣寮に抄紙局開設		
1879	明治 12	印刷局抄紙部で国産初の丸網抄紙機（1 号機）完成		
1880	明治 13			ドイツ 亜硫酸パルプ（SP）
1882	明治 15	製紙会社　藁パルプ工業化	藁	オーストリア 亜硫酸パルプ（SP）
1884	明治 17			スウェーデン クラフトパルプ（KP）
1888	明治 21	東京板紙千住工場が落成 初の機械抄き板紙の生産		
1889	明治 22	製紙会社気田工場で木材によるパルプ（亜硫酸パルプ）製造を開始	亜硫酸パルプ	
1890	明治 23	富士製紙が砕木パルプの製造を開始	砕木パルプ	
1903	明治 36	洋紙と和紙の生産量が伯仲 小学校教科書が手漉き和紙から洋紙に変わる 印刷局でも紙幣のみ手漉き ほかは機械による製造となる		
1904	明治 37	日露戦争開戦 新聞用紙の需要が激増し供給不足となり、アメリカから輸入		

調査した国会本①初版本全十七冊は、前掲の関良一が解説する書誌とは異なる部分がいくつかある。これは国会本が明治八（一八七五）年から始まった納本制度[44]に基づいて内務省に納められた書物であるという特殊事情に由来する。この点に対して、同様に初版本（第一号のみ再版）である早稲田大学戸山図書館所蔵本（以下、早稲田本

と略す）を加えて関の解説を引用しながら以下に紹介する。

各号とも、和紙・和装・仮綴・半紙判で、本文は清朝四号活字組み、総振り仮名つき、全冊を通して百七十一丁である。

国会本は全十七冊とも、表紙・本文料紙ごと紙縒を用いて二ヶ所綴じた形態である。関は同氏架蔵本（以下、関本と略す）をもってこの装訂を「仮綴」としており、早稲田大学の書誌データでも注記に「和装　仮綴」と表記しているが、装訂は国会本と同じである（注・ただし早稲田本は第九号のみ紙縒ではなく、緑色の紐で綴じられている）。出版許可を得るために内務省に納めた国会本と、流通していた書物である早稲田本も同様の装訂であるという事実は、この装訂が決して「仮綴」ではなく、製本して仕上がった状態であることを示す。この装訂は山本信吉[45]や櫛笥節男[46]の提唱する「紙縒綴本」とするのが適当ではないかと思われる。

第一号＝第壱回、明治十八年五月十五日免許、同六月刊。三版本刊記では「五月　日初版」。二冊本では（注・名著『解題』の合本、国会本②のこと）五月十八日免許。（中略）同九月、再版。十月、第三版。

国会本の刊記は奥付に「明治十八年五月十五（五を朱墨で八に訂正）日版権免許」となっている。早稲田本の刊記は見返にあり、「明治十八年五月十五日版権免許　同九月　日再版」となっている。この再版本は国会図書館に所蔵している。国会図書館の再版本も刊記は早稲田本同様見返にあり、日付が「五月十八日」となっているが、「八」は貼紙されたものである。初版本は墨・薄墨・朱で印刷された一枚表紙であるのに対して、再版本の表紙は袋綴に折られた紫・緑・朱の三色刷りである。国会本②に記載のある初版本の版権免許日付は内務省に届け出た日、つまり国会本①に記されている日付と同じである。第二号、第三号はともに版権免許の日付は関本・早稲田本が同じで、国会本は第一号と同じ日付で同様の訂正が施されている。

第四号＝第四回、明治十八年免許、同右刊。二冊本には八月六日免許とあるが、これは誤りだろう。本文二十七丁〜三十七丁。頭註がある。二十七丁裏に抹消箇所がある。神代「解題」（論者注・名著『解題』のこと）所引の作者の談話に「発行者が官吏侮辱による発行禁止を警戒するに出でたるもの」とある。ただし、名著全集本本文には「近きころ」から「尚おこはるゝ故なるかし。」までを括弧でくくり、頭註に「此の数行は初版本に刷り潰しあり」としているが、実際は「浩爾が泰然驚く色なく」から「尚おこはるゝ故なるかし。」までは抹消されてはいない。この点は二冊本も同じ。この点については神代「解題」もやや不正確。（以下略）

版権免許の日付は早稲田本では「五月十五日」、国会本では「八月六日」となっているが、「八」と「六」は手書きされている。また抹消部分は国会本では①②とも完全に刷り消しされているが、早稲田本は文字が読める程度にぼかされた刷り消しとなっている。また早稲田大学には戸山図書館以外にも演劇博物館に初版十七冊本を二冊に合冊した本が三種類所蔵されているが、この三種類の版面も所々読めない部分はあるが全く読めないという状態ではない。同じく演劇博物館所蔵で国会本②と同じ二冊本も同様の状態である。名著『解題』が示す削除部分は「改装本（菊判、大和綴、大川屋　何版より改装か不明　第九版明治二十五年十一月発行）」によるものであろう。演劇博物館所蔵の明治二十五年大川屋刊行本では該当部分が完全に削除されている。この刷り消しおよび削除部分は筑摩書房『坪内逍遙集』解題では「讒謗律を意識しなければならなかった」[47]としているが、これ以後は触れていない。第五号の版権免許は第四号と同じく関本は「明治十八年免許」、早稲田本も年号のみで日付がないが、国会本は四号同様手書きの数字入りで「八月六日」の日付がある。第六号も関本・早稲田本は同じく版権免許の月日を欠いているが、国会本には「八月廿二日」と数字が手書きされている。第七号は三本とも同じ。第八号は関本・早稲田本が「八月廿二日版権免許」「九月廿六日発兌」であり、国会本は「九月四日版権免許」で「九」と「四」

は貼紙されている。ただし国会本はこの第八号から第十二号まで本文冒頭に「内務省贈付」の押印があり、第八号は明治十八年十月三十一日に贈付されたことがわかる。第九号も八号と同様の異同があるが、三本とも「十月日発兌」である。第十号は三本とも「九月廿五日版権免許」「十月　日発兌」、国会本の贈付日付は「十二月廿七日」。第十一号は第十号に同じ。第十二号は版権免許日が第十号のままで「十一月　日発兌」、国会本の贈付日付は第十一号と同じ。第十三号はすべて第十二号と三本とも同じ。第十四号・第十五号は三本とも「十一月十三日版権免許」「十二月　日発兌」。第十六号・第十七号は三本とも「明治十九年一月十四日版権免許　同年一月　出版」である。なお国会本は②には「明治十九年四月十五日内務省贈付」（二冊とも）③には「明治十九年八月二一日内務省交付」④には「明治二十年二月十七日内務省交付」の印が押されている。

以上が『当世書生気質』の諸本に対して料紙観察を行った結果である。料紙観察により、近代化とともに紙も装訂も変化した事実が具体的に示されたと考えられる。この結果からは印刷方法の変化に伴い、新しい様式に適した紙質を目指そうとしていた過程が読み取れる。つまり国会本③④⑤の料紙観察からは両面印刷の洋装本に適する和紙を作ろうとしていたのではないかと推測できる。③と④の楮繊維ではあるが繊維配向が弱い料紙は溜め漉き法と考えることが可能であり、⑤の楮繊維と綿のボロを混合して原料として用いた料紙は洋紙作成への試行過程であったと推測できる。装訂の近代化は、洋紙の普及によって完成したと考えられる。

第二項　『和獨對譯字林』にみる明治期の洋紙

本項ではルドルフ・レーマン[48]校定、齊田訥於《さいだとつお》・那波大吉《なばだいきち》・國司平六《くにしへいろく》著述『和獨對譯字林』に対して、その料紙と刊行事情を考察する。『和獨對譯字林』の奥付には、「明治九年　一月廿四日　版權免許　同十年十月　十九日

出版」とある。石本岩根は、

この辞書はわが国における和独辞書の先駆者である[49]

としている。前項第十五表の通り、明治初期の国産洋紙は木綿のボロを原料としている。また、校訂者レーマンは明治九年に京都で創業した洋紙製造工場パピール・ファブリック設立に関係していることから[50]、この辞書が国産洋紙を使用している可能性が考えられた。国産の洋紙であれば木綿の纖維が確認できるはずだが[51]、料紙観察からは確認できなかった。これは、『和獨對譯字林』の料紙が外国製であることを示唆する。宍倉佐敏による『和獨對譯字林』（個人蔵書）の料紙に対する「纖維分析試験成績表」では、「纖維はエスパルト58％に小麦58％」という鑑定結果が得られている[52]。幕末から明治初期に刊行された他の辞書に目を転じてみると、慶応三（一八六七）年刊行のヘボン編『和英語林集成《わえいごりんしゅうせい》』[53]や薩摩辞書と呼ばれる明治二[54]（一八六九）年刊行『改正増補和訳英辞書《かいせいぞうほわやくえいじしょ》』と明治六（一八七三）年刊行『独和字典』は上海のアメリカ長老会（American Presbyterian Mission Press）で印刷されている。『和英語林集成』と『改正増補和訳英辞書』が同じ活字を用いていることは小宮山博史が言及している[55]。また、レーマンが教鞭をとっていた京都欧学舎から刊行された『和譯獨逸辭書』は版本の和装本であり、『和獨對譯字林』以外の辞書は上海製、あるいは和装本である。こうした刊行状況は、明治初期の国産洋紙が辞書に使用できる耐久性をもつ品質に至っていなかったことを物語っている。吉田光邦は、渋沢栄一が東京の王子に設立した抄紙会社が稼働し始めた頃（明治七・一八七四年）の紙質に関して以下のように記している。

ようやく九月はじめごろから紙ができるようになった。けれどもできあがったのは、荷づくりに使うような粗末な厚手のものであった。これではまだだめだというので、さらに苦心を重ね、十月になってようやく白紙ができるようになり、十一月ころになって相当の紙ができたので、前々から約束されていた福地源一郎の日報社の新聞用紙、あるいは紙幣寮に納入すべき公用紙の製造を引き受けることができるようになった。工場が動きはじめてから四ヵ月のことである。[56]（中略）そしてこれまで外人技師のもとで働いていた大川平三郎をアメリカに派遣した。彼は一年余アメリカで製紙技術を研究して、一八八〇年十月に帰国、抄紙会社はようやく良品を生産するようになった。[57]

東京で製紙業が開始されてはいたものの、品質が向上していくのは明治十三年以降で、『和獨對譯字林』が輸入洋紙を使用していたという点は料紙観察結果とも一致する。

『和獨對譯字林』の印刷に関しては、奥付に出版人とある日比谷健次郎の妻であり、同じく出版人の加藤翠渓《かとうすいけい》の娘である日比谷晁《ひびやちょう》[58]に対して、海軍省主船局から活版器械が払い下げられていたことが、防衛省防衛研究所の所蔵資料[59]から判明している。この資料によれば、当初は活版器械を借用するはずが器械に不具合があり、修理に一五〇〇円かかることが判明し、また海軍省の活版器械の代価見積りが三〇〇〇円であること、および新規の活版器械は七五〇〇円であることが日比谷晁より申し立てられ、「不用ノ品ヲ以人民有用ニ宛テ候義ニ付代価金四百五十円ヲ以御拂下相成可然ト存候条此段一応奉伺候也」という判断が、明治十年十一月十二日に主船局長・石川利行より下されている。ここで日比谷晁が提出した修理代金の見積りは、オランダ人から航海術を学んだ竹内貞基[60]の門下生・杉山徳三郎であり、活版器械の新規製造代金は平野活版製造所の平野富二[61]である。

以上のことから、『和獨對譯字林』は輸入洋紙を使用して国内で印刷された最初期の辞書であり、明治初期の洋紙製造が品質の面から発展途上であった背景がうかがえる。本項の料紙観察では原料の判別に至らなかったが、料紙原料が明確に異なることを示す結果を得ることができ、また明治初期の国際的な紙の流通を物証から明らかにしたといえる。

第四節　作品に描かれた紙――原料や製法から見た紙の違い

本節では紙質について触れている作品に注目し、そこに描かれている紙質に関する記述から考察を試みる。

第一項　『御存商売物』における紙――山東京伝の感覚

本項では、天明二（一七八二）年に刊行された山東京伝作の黄表紙[62]『御存商売物《ごぞんじのしょうばいもの》』[63]の作品中に描かれている紙に着目し考察する。

『御存商売物』は、天明二年当時における新旧の書物や浮世絵などの印刷・出版物を擬人化し、その勢力争いを描いた内容で、「江戸の戯作界の動向を作品化した」[64]といわれる。本項では、主人公である青本の妹・柱隠しと、青本の友人・一枚絵の関係に注目する。柱隠しと一枚絵は双方とも「絵」であるのに対し、他の主要人物は「本」であり、二人の存在は人物設定上はじめから異なった存在である。

『御存商売物』の中で、まず最初に下記に関連する記述があるのは四丁表、柱隠しによる紙尽くしでの口説き文句である。以下に原文をあげる。以下、「　」で示す引用は『山東京伝全集　第1巻　黄表紙1』[65]による。

「野辺《のべ》に育ちし小菊《ぎく》の私《わたし》、辛《つら》ひこの美《み》の紙《かみ》さんかけて、主《ぬし》に心《こころ》をみす紙《がみ》と、継合《つぎあ》わせたる巻紙《まきがみ》の、又の御見《げん》を松葉紙《まつばがみ》、腐《くさ》れた縁《ゑん》の端切《はしき》らずとも、思《おも》ふて下《くだ》さんせ」

柱隠しが一枚絵に対する恋心を、「紙」を交えて語る部分である。

「野辺《のべ》に育ちし小菊《ぎく》の私《わたし》」

原文は漢字の「野辺」ではなく平仮名で「のべ」と表記されている。「のべ」は鼻紙として使われていた延紙の略称であり、野辺と延紙の掛詞となっている。小菊は植物の小菊と、鼻紙や祝儀用の紙花に用いられていた小菊紙を掛けている。

「辛《つら》ひこの美《み》の紙《かみ》さんかけて」

美濃の特産品である美濃紙に、貴方への恋に焦がれて辛い私の身という意味を掛詞にし、その上、神に願を掛けるという意味を掛けている。

「主《ぬし》に心《こゝろ》をみす紙《がみ》と」

貴方に私の心を見せるという意味に、大和・吉野で生産されていた上等の薄い鼻紙の御簾紙（美栖紙・三栖紙とも）を掛けている。御簾紙は遊女が使用した紙である。

「又の御見《げん》を松葉紙《まつばがみ》」

またお目にかかれますのをお待ちしておりますという遊女の常套文句である「御見を待つ」という詞に、出羽で生産されていた、松葉のような細かい塵を漉き出した松葉紙を掛けた、「待つばかり」という詞の洒落である。

「腐《くさ》れた縁《ゑん》の端《はし》切《き》らずとも」

柱隠しと一枚絵の中を腐れ縁とする意味と、縁先の場面であること、漉いた紙の端を切らない耳付きの端不切紙《はしきらずがみ》を掛けている。

この場面での柱隠しは、言い表し方も、掛詞に使う紙も、遊女や遊里を連想する仕掛けとなっている。しかしながら、『表装大鑑』[66]によれば、実際の柱隠しは、

近衛家凞の説によると柱隠は床にかけるものではなく、書院飾りのときの「真ノ道具」であり、書院床柱打

釘（環鐘釘・訶梨勒釘）に環鐘も訶梨勒も飾らないとき、柱隠の掛物をかけると説明される格式ある絵画である。この場面での表現は、柱隠しと一枚絵の濡れ場であることを強調する効果を持っている。

同じ場面では、柱隠しの口説きに対し、

「一枚絵《いちまいえ》も、さすが岩木《いわき》にあらぬ小奉書《ぼうしょ》の四ツ切ゆへ」

とある通り、一枚絵が奉書紙でできていることが語られる。この前の場面（二丁裏から三丁表）で、その場に集っている人物が「漉返しの紙」、現在でいうところのリサイクルペーパーで作られている仲間であると述べられている。しかし、それは青本・洒落本・袋ざしを指し、一枚絵は例外となる。その事実を暗喩するかのように、前場面で一枚絵は顔を隠して背中のみが描かれている。また、「真ノ道具」である柱隠しも当然、漉返し紙で作られていることはない。二人の存在が、仲間内で際だって異質であることは、読み手の側には自明であったはずである。

次は、九丁裏から十丁表にかけての場面で、一枚絵が、

「たとへこの身は、煙草庖丁で小口を截たれても、色の褪める気遣いはないのさ」

という言葉に対して、柱隠しが、

「それは本の事か絵へ」

とこたえる部分がある。小口は冊子体の書物における用紙の切り口のことであるから、この二人には当てはまらない。柱隠しの台詞は、小口という語を受けて、一枚絵の気持ちが本当のことなのかという意味と、自分たちには関係のない本つまり書物のことを言っているのか、という意味に掛けた洒落になっている。

最後に、十二丁裏から十三丁表の場面で、青本に騙されたと思い込んで血気にはやる一枚絵が、

「おのれ、憎《に》つくき漉返《すきがへ》し野郎《やろう》め、引裂《ひきさ》ひて紙屑籠《かみくづかご》へ打込《うちこ》まん」

という台詞を口にしている。この台詞は、一枚絵が自分は奉書で作られているのだというプライドを持っていることを意味する。漉返しという再生紙で作られた他の人物（書物）とは、そもそもの「紙質」、換言すれば出自を異にしているという自尊心が一枚絵にはあり、読者の側には、一枚絵のこうした心情を決して傲慢ではなく正統な矜持であるという得心のいく共通認識が存在していたことがうかがえる。つまり『御存商売物』は、本や絵の内容的な特徴のみならず、紙の特徴も的確に捉えているのである。山東京伝の視点の細やかさは、紙質を人物の品格に擬え、作品における重要な趣向として反映させている点である。文字や画像から獲得する知識だけではなく、手で触れることで感じる紙の質感という体験自体に、読者の側に無意識のうちに共通認識が形成されていることを示しているといえる。

『御存商売物』の作品中に散りばめられている多種多様の紙は、江戸の生活に根付いていた「体得した共通認識」を物語っている。

第二項　明治期における紙——作家たちが捉えた和紙から洋紙への変化

本項では、日本における明治期の作品中から紙に関する記述をあげる。（以下、引用文は振り仮名を省略）

僕も其頃、上村君のお話と同様、北海道熱の烈しいのに罹つて居ました、実を言ふと今でも北海道の生活は好からうと思つて居ます。それで僕も色々と想像を描いて居たので、それを恋人と語るのが何よりの楽でし

た。矢張上村君の亜米利加風の家は僕も大判の洋紙へ鉛筆で図取までしました。

（国木田独歩『牛肉と馬鈴薯』[67] 明治三十四年）

今日は病室の掃除だといふので畫飯寐牀を坐敷の方へ移された。此二三日は右向になつての仕事が過ぎた為でもあるか漸く減じて居た局部の痛が又少し増して来たので坐敷へ移つてからは左向に寐て痛所をいたはつて居た。いつもガラス障子の部屋に松の影が寫つて居るのも趣が變つて初めは面白かつたが遂にはそれも眼に入らぬやうになつて只痛ばかりがチク〳〵と感ぜられる。いくら馴れて見ても痛むのは矢張痛いので閉口して居ると、六つになる隣の女の子が畫たといふ畫を内の者が持て来て見せた。見ると一尺許の洋紙の小切に墨で畫いてある。眞中に支那風の城門（勿論輪廓ばかり）を力ある線にて眞直に畫いて城樓の棟には鳥が一羽とまつて居る。

（正岡子規『墨汁一滴』[68] 明治三十四年）

顧る臺所の方には、兼吉が老母が轉輾反側の氣はい聞ゆ、彼女も此の雪の夜の物思ひに、既に枕に就きたるも、容易くは夢の得も結ばれぬなるべし、篠田が書齋の奥よりは、洋紙を走しるペンの音、深夜の寂寞を破りて漏れ来ぬ、

（木下尚江『火の柱』[69] 明治三十七年）

兎に角、四十錢あれば本が手に入る。しかし其を今茲で買つて了へば、明日は一文無しで暮らさなければならぬ。轉宿の用意もしなければならぬ。斯ういふ思想に制せられて、一旦は往きかけて見たやうなもの丶、やがて復た引返した。ぬつと暖簾を潜つて入つて、手に取つて見ると―それは少し臭気のするやうな、粗悪

な洋紙に印刷した、黄色い表紙に『讖悔録』としてある本。貧しい人の手にも觸れさせたいといふ趣意から、わざと質素な躰裁を擇むだのは、是書の性質をよく表して居る。

（島崎藤村『破戒』[70] 明治三十九年）

私の意中の車は大いなる荷車である。其構造は極めて原始的で、大八車と云ふものに似てゐる。大八車は人が挽くのに此車は馬が挽く。

此車だつていつも空虚でないことは、言を須たない。わたくしは白山の通で、此車が洋紙を稇載して王子から来るのに逢ふことがある。しかしさう云ふ時には此車はわたくしの目にとまらない。

（森鷗外『空車』[71] 大正五年）

以上、作品の発表年順に「洋紙」という語を含む作品を掲げてみた。『牛肉と馬鈴薯』と『破戒』は「洋紙」という語が用いられたかなり早い作品であろう。この二作品には「やうし」という振り仮名が付されている。注目すべきは『火の柱』において振り仮名が「かみ」となっていることである。『火の柱』が刊行される前年の明治三十六（一九〇三）年には「洋紙と和紙の生産量が伯仲．小学校教科書が手漉き和紙から洋紙に変わる」[72]年である。「紙＝洋紙」時代が到来していたことを木下尚江は告げている。

紙が人の手のみで生産されていた時代に対して、明治維新後は西洋の印刷技術導入に歩調を合わせるように機械による洋紙の生産が始まった。日本の洋紙は明治五（一八七二）年設立の有恒社が明治七年に機械漉き洋紙を製造したことをもって始まりとする。[73] この機械による製紙技術の発展を牽引したのは紙幣作成の任を負った大蔵省紙幣寮である。明治八（一八七五）年、近代的な印刷技術と紙幣製造技術を取り入れるべくエドアルド・キヨッソー

第十六表　和紙と洋紙の違い（紙の博物館『和紙と洋紙―その相違点と類似点―』[75] をもとに作成）

項目	和紙	洋紙
原料	楮 雁皮 三椏 （すべて靱皮繊維）	木綿ボロ（綿は種毛繊維） 稲藁（草類繊維） 針葉樹（木質繊維）
繊維の長さ	長い	短い
簀の目	薄様の場合、透かすと見える	あまり見えない
紙料の加え方	数回（多層漉き）	一回（単層漉き）
抄紙法	流し漉きによる手漉きが主	抄紙機による溜漉き法
印刷適性	劣る	非常に良好
紙の強さ	強い（耐折強度・引裂強度とも）	普通
保存性	千年以上の実績あり	酸性紙なら約百年 中性紙は改善されている
生産性	劣る 美濃和紙　二〇〇枚／日・人 名塩和紙　一〇〇枚／日・人	非常に良好 美濃全判サイズの新聞用紙として 一万八千枚／分

ネがイタリアより招聘されたことは有名である。同年大蔵省紙幣寮には抄紙部が設置され、国産機械製紙にむけての研究と技術開発が行なわれた。この成果が表れるのが国産初の抄紙機誕生であり、明治十二（一八七九）年に大蔵省印刷局（紙幣寮より改称して紙幣局となり、明治十一年に改称）抄紙部が完成させた丸網抄紙機1号機である。

日本での機械抄紙において当初原料となったのは木綿のボロであったが、木綿ボロの集荷は数量的・価格的に大量集荷が困難であり、主原料はやがて日本人の主食である米を生産する過程で大量に発生する稲藁となる。[74] だが、この稲藁は年間を通じて安定的に供給することはできない上、保存設備がまだ完成していない等の理由で、当時欧米で最新の製紙主原料として生産され始めた木材パルプへと日本の製紙原料も移行するのである。和紙と洋紙は原料以外にも異なる点が多いので概略を第十六表としてまとめておく。

第三項　『黄金虫』における紙――アメリカでの紙質変化

本項では、エドガー・アラン・ポー[76]の『黄金虫《こがねむし》』という作品中に用いられている「大判洋紙《フウルズキャップ》らしいものの切れっぱし」という語に注目し、アメリカにおける紙質の変化と、翻訳された日本語の変遷をたどる。

フウルズキャップはFoolscapもしくはFool's capつまり道化師の帽子のことである。『広辞苑』[77]には「フールスキャップFoolscap（道化師帽の意）大判西洋紙。一三・五インチ×八インチ（三三・三㎝×二〇・三㎝）の印刷用紙。もと道化師帽の透しがはいっていたからいう」と記載されている。ピエロにつきものの三角帽の紋様が透かしに入った紙がフールスキャップである。『黄金虫』の作中では、主人公ルグランが見つけた黄金色の甲虫の姿を、友人で小説の語り手である小説家に描いて見せる場面で登場する。紙を探していたルグランがチョッキのポケットから取り出すのがフールスキャップである。

Foolscapは、Oxford English Dictionaryに、

1. a. A cap of fantastic shape, usually garnished with bells, formerly worn by fools or jesters

b. A dunce's cap

2. The device of a 'fool's cap' used as a watermark for paper.

3. A long folio writing- or printing-paper, varying in size (see quots. 1871, 1888).

1871 Amer. Encycl. Printing 173/2 Foolscap, a folded writing-paper, usually 12 by 15 inches, or 12½ by 16. 1888 C. T. Jacobi Printers' Vocab. 45 Foolscap, a size of printing paper 17 × 13½ inches; writing paper 16¾ × 13½ inches.

と定義されており、項目3にあるように印刷用紙として用いられ、また書型として通用されている。

洋書の印刷ではグーテンベルグによる鉛活字印刷の発明がまず第一にあげられる。グーテンベルグの『四十二行聖書』には、牛の絵が透かしで入っており、インキュナブラが作成された十五世紀頃から既に、紙の偽造防止あるいは製品保証の意味合いを含めたブランドマーク的役割でwater-mark（透かし）が施されていた。Oxford

English Dictionary 項目2の通り、フールスキャップもこの透かし紋様に由来する語である。

シェイクスピアの戯曲の未発表作を捏造した事件[78]ではこの water-mark が大きな役割を持った。ウィリアム・ヘンリーは、どうやったのか？ 肝心要《かなめ》の紙に関しては、さまざまな所から手に入れて試してみた。最初は、雇い主の事務所にあった古い証書から一部を切り取った。やがて、ヴィアリー氏の店のものを使うことに決めた。ヴィアリー氏は、セント・マーティンズ・レインにあるグレイト・メイズ・ビルディングズの中で本屋を営んでいた。セント・マーティンズ・レインはストランド街の西端にあるトラファルガー広場から北に向かって通っていて、今でも、魅力的な書店街の中心だ。ウィリアム・ヘンリーはヴィアリー氏に、五シリング払えば、どれでも、店にある二つ折本と四つ折本の白紙の遊び紙を切り取ってもよいと言われた。ウィリアム・ヘンリーは、「そのことを人に言われるおそれ」がなかった。なぜならヴィアリー氏は「無口で、人を疑わぬ性質の持ち主」だったからだ。今や、ウィリアム・ヘンリーは、これから必要となる一切の白紙の供給源を見つけたのだ。やがて、エリザベス朝の多くの紙には「水差し《ジャグ》」の透かし模様が入っていることを知り、その実物も集め始め、用心深く、白紙と混ぜた。不意の大量の水差しの透かし模様の紙が出現したことを人に怪しまれないためである。

紙の特徴が書物の大きさの基準となるのは洋の東西にかかわらず同じ現象である。日本では美濃紙と半紙が江戸時代の書物の判型の基準となっており美濃紙を半切した大きさを中本、半紙を半切した大きさを小本と呼んでいた。同様に西洋ではフールスキャップやデマイ、ポットと呼ばれる紙の大きさが基準となり、書物の大きさはフールスキャップの二ツ折り判（フォリオ folio）、デマイの四ツ折判（クォート quarto）と表現される。

『黄金虫』の翻訳では、Foolscap にはさまざまな訳し方がある。『黄金虫』（原題 The Gold Bug）は一八四三年（日本では天保十四年）に Philadelphia Dollar Newspaper で発表された作品である。明治以降現代まで何度も翻訳され出版されている。原文の該当部分は「a scrap of what I took to be very dirty foolscap」である。まず明治四十一（一九〇八）年、本間久四郎による翻訳では単に「紙片《かみきれ》」とされている。昭和八年刊深沢由次郎訳では「大判洋罫紙らしい紙つ切れ」、昭和二十二年刊蕗沢忠枝訳では「大判の紙屑のやうなもの」となっている。昭和二十三年刊谷崎精二の訳では「紙片《かみきれ》」だが、谷崎はその後「大判紙のはし切れみたいなもの」（昭和二十八年刊）「大判の紙片のようなもの」（昭和三十年以降）と訳を変えている。以後、ざっと読み拾った訳を年代順に列挙すると、昭和二十六年刊佐々木直次郎訳「大判洋紙《フウルズキャップ》らしいものの切れつぱし」、同年刊光吉夏弥訳「大判用紙の切れっぱしらしいもの」、昭和三十二年刊中野好夫訳「大判洋紙らしいもののきれっぱし」、昭和三十五年刊刈田元司・江口裕子共訳「フールスキャップと思われる紙の切れっぱし」、昭和三十八年刊丸谷才一訳「大判洋紙《フウルズキャップ》のように見えるもの」、昭和四十年刊氷川瓏訳「紙《かみ》きれ」、昭和四十一年刊大橋吉之輔「洋罫紙らしい紙切れ」、昭和五十二年刊亀山龍樹訳「大判用紙の、よごれた切れっぱしらしいもの」、平成十三年刊金原瑞人訳「紙切れ」、平成十八年刊八木敏雄訳「大判洋紙《フウルズキャップ》の断片とおぼしきもの」、平成十九年刊西崎憲訳「フールスキャップ判の紙」となっている。

これらの翻訳は辞書に基づいて訳されている。参考までに明治期から大正期の辞書ではこの foolscap という語がどのように記載されているのか、辞書によってはこの項目がないものもあるが、主な辞書の項目を以下にあげる。明治二十一年刊『ウェブスター氏新刊大辞書和訳字彙』（三省堂）には「大紙（竪十七寸横十四寸ノ者）」、同年刊『和訳英字彙』（大倉書店）には「折リタル紙ノ名（縦十六因（インチ）半横十三因半ナリ）」、大正十五年刊『コンサイス英和辞典』（三省堂）には「約13吋×8吋大ノ頁ヲ作ルヤウニ折レル書写用紙」となっている。

以上、フールスキャップの翻訳に関する事例を列挙した。作者であるエドガー・アラン・ポー（一八〇九〜

一八四九）の生涯は、アメリカにおいて紙質が変化し始めた時期と一致する。つまりフールスキャップという紙は、明治期の作家が洋紙の登場と普及を体験した時の、和紙の存在に該当する。日本では変革期を明治三十六（一九〇三）年に迎え、この年は「明治以降の紙の歴史年表」[79]によれば「洋紙と和紙の生産量が伯仲．小学校教科書が手漉き和紙から洋紙に変わる」年である。日本では機械漉きの洋紙と手漉きの和紙が交代した時期であり、ポーの生きた時代は手漉きの紙から機械漉きの紙へと変化していった時期とほぼ一致する。ヨーロッパで発明された機械抄紙機は一八二七年に初めてアメリカへ渡り、アメリカで最初に抄紙機械が製作されたのは一八二九年のことで、この機械漉きの紙には生産当初、網目以外の透かし紋様は入っていなかった。機械漉きへの watermark（透かし）は一八三〇年にイギリスで初めて導入されている。

アメリカの製紙状況に関しては、有田良雄「歴史と紙の役割」[80]に、

1698年オランダ生まれの牧師ウィリアム・リテンハウスが、ウィリアム・ブラッドフォードら4人の共同出資者とともに、フィラデルフィアのジャーマンタウンの近くにアメリカ最初の製紙場を建設した。この製紙場は1788年の洪水で破壊されたが翌年に再建され、その後リテンハウス一族は1718年にその近くに2番目の製紙場をつくっている。次いで28年にはウィリアム・ブラッドフォードが、自分の出版事業に必要な紙を確保するため、ニュージャージーのエリザベスタウンにあった製紙場を買収している。この製紙場はいつ、誰によって建てられたのか、分からないようです。同じ年にボストン近郊にも製紙場が生まれている。

とある。同じく、アメリカの製紙原料に関しては、

ボロを求めるための方法は新聞に広告を出すことから始まった。1732年にボストンの新聞にボロを求め

る広告が出された。その結果、希望する量のボロが得られ成功であった。以来広告はボロを確保するのにもっとも有効な手段とされた。１７６９年のボストン・ニュースレター紙に、次のような広告が出た。「月末までに鈴をつけた荷馬車が、製紙場行きのボロ布集めのため、ボストンの街を通り抜けます。製紙業者を助けてやろうと思われる方々、どうかご不要のボロ布を出して下さい。お願いします」。荷馬車はボロを求めて町や田舎を巡回した。アメリカの名物、くず屋はこのようにして生まれたと言われます。（中略）独立を勝ちとったアメリカは、独立はしたもののその経済力はひ弱なもので、イギリスの低賃金商品に対して、アメリカの産業はひとたまりもなかった。鉄・機械・繊維・紙・油・たばこ・砂糖など製造業とは名ばかりのものであった。それでヨーロッパ製品に対抗できるように充実に努める一方、さらに１８８８年には英仏との交易を禁止して、英国の低賃金商品を締め出した。かくして１８１８年には製紙場数185に増加し、その分布はペンシルバニア州は製糸業発祥の地でもあり68ともっとも多く、次はマサチューセッツ州が38、コネチカット州の17がそれに続いていた。そして原料ボロの多くは、ドイツ、イタリアから輸入された。[81]

と、原料集めに苦しんだ状況に触れている。アメリカにおいてもヨーロッパに多少遅れつつ製紙業の機械化が進んでいったことは想像するに難くないが、ポーが生きていた頃のアメリカでは木材パルプを使用した紙、つまり日本へは明治期に登場した「洋紙」はまだ一般的ではないことがうかがえる。ポーが手にしていたと思われる紙は、洋服に使用した麻や木綿を原料とした手漉き、あるいは機械漉きの紙である。

再び『黄金虫』に登場するフールスキャップという紙について再考する。主人公ルグランは「かつては富裕であったが、うちつづく不運のためすっかり貧窮に陥っていた」人物である。ルグランが取り出したフールスキャップは原料が少なく、かつ手漉きで一枚ずつ作られていた時代の貴重品といえる紙だが、汚れて切れ端になっている。ルグランという人を象徴する小道具としてフールスキャップという紙が機能していると考えられる。

以上のように、紙質の違いは、アメリカの作家にも興味をもって描かれる対象であり、かつ、実際に紙を手にしている読者の共感を得やすい対象であるといえる。

第四項　『書林清話』における紙――中国での紙質変化

本項では、蔵書家で目録学に精通していた清代の学者・葉徳輝《しょうとっき》[82]『書林清話《しょりんせいわ》』における紙を中心に考察する。『書林清話』は「書籍の語の起源から国書の由来を説き、宋元明清各時代の官刻・家刻本・坊刻書を詳説し、書林の変遷を叙し、刻書地の盛衰を語り、あるいは紙質の良否を論じ、あるいは蔵書家の逸聞を伝え[83]」た書である。宋代の書籍に関して述べている『書林清話』巻六では、十七項目中四項目で紙質に関する内容を（「宋刻書紙墨之佳」「宋造紙印書之人」「宋印書用椒紙」「宋人鈔書印書之紙」）取り上げている。宋代までの代表的な紙を具体的に列挙し述べている「宋刻書紙墨之佳[84]」の私訳は以下の通りである。

〈宋版の紙・墨の佳品〉

先祖である文荘公（葉盛）は『水東日記』巻十四で「宋代の書物は、その匡廓と摺行（版心）の上下に黒口があるだけに留まらず、刻工の私記や本板の字数をはじめ、書名、巻数、末尾に刻工の姓名や文字総数まで印刷されている。私が見たことのある、当時刊行された書物はこうである。浦宗源郎中家にある『司馬公傳家集』は、往往にして皆そうである。また、すべて真っ白な厚紙に印刷しており、これはすなわち古人が書籍に対して、彫をいい加減にしていないというだけではなく、印刷もいい加減にはしていないということがわかるのだ」と言っている。

明の高濂は『燕閑清賞箋』の「論蔵書」の項で「蔵書は宋版が良い。宋人の書は、紙が堅牢で印刷は柔軟であり、字画は書き写したようで、行格には単辺を用いており、諱字がまま多くある。用墨は少なく淡薄であり、水がついて湿っても、乾くと跡形もない。書を開くと一種の書香が漂い、独特の味わいを生じる。元版の仿宋本は、単辺であっても字画の太さが分かれておらず、宋版の辺欄にくらべると双辺である。紙には鬆《す》があり、印刷は硬く、用墨は汚れて混濁している。書中には諱字がなく、書を開いても香気がない。公文書の残紙を集めたものには、紙背に印刷したものがあるが、それは更に悪い。宋板の書物は活襯紙を使用しているため良いのであり、蠶繭紙・鵠白紙・藤紙はもとより美しく、広く残ってはいない。宋書でも、裏打ちしたものはあまり良くない」と言っている。

孫従添は『蔵書紀要』で「果たして南北宋の刻本だとしたら、紙の透かしが同じではなく、字画は刻工が古風で力強く上で、墨の香りが淡く、紙の色が蒼潤で、書巻を展開する人を驚かせることがあるだろうか。いわゆる墨香紙潤、秀雅古勁、宋刻の素晴らしさはこれに尽きる」と言っている。

思うに、『天祿琳琅書目』巻一の宋版『周易』十巻の項には「この書には刊行の年月が記載されておらず、字法は圓活で、刻工は清整としており、かつ宋代の光宗以前における諱字は皆缺筆である。これは琴川（常熟）毛晉の蔵書である。「宋本」という印記の下へ更に「甲」という字の印を加えていて、宋槧本の最もよいものである」という。

また、巻二の「宋版・司馬光『資治通鑑考異』三十巻、元祐槧本、乾隆甲子御題」の項には「この書の字体は力強くて、顔（真卿）・柳（公権）の筆意をそなえている。紙質は薄く蝉の羽のようであり、キメが堅くしっかりしていて、宋代に作られたことに疑いはない」という。

また、「宋版『南華真經』十巻」の項では「この書の版高は半尺に及ばず、字画は纖細でおおらかさが倍増していて、紙質と墨光はその輝きが極致である。乾隆御題には「極めて小さな文字で、紙は香り高く墨は古色豊かで、誠に宝である」とある」という。

また、巻三の「『新刊訓詁唐昌黎先生文集』四十巻『外集』十巻、『遺文』一巻」の項には「巻一の下に〝臨邛韓醇〟の四文字が記されており、『訓詁柳先生集』もまた醇の手により出されている。書後に刊記があり、孝宗の淳熙丁酉（一一七七年）に作られたもので、「世に伝わっている『韓昌黎文集公』の本文は、しばしば名儒の手を経ているといっても、私が以前家集で校閲したところ、誤りはそれでも多かった」云々といっており、醇が韓愈の末裔であるとわかる。その家が臨邛にあるというのは、まさしく蜀刊本である。宋代の葉夢得が蜀刊本を福建刊本よりも上であるとしているが、この書の字が細やかで紙が潔白で、印刷もともに佳品であることによる。決してうそぶいているのではない」という。乾隆乙未御題には「字画がとても精巧で、紙も墨も細やかで潤沢であり、天祿琳琅が所蔵している『韓集』こそ、まさしくこの本が第一である」という。

また、「宋版姚鉉『唐文粋』一百巻（北宋の寶元二年〈一〇三九年〉に臨安の孟琪が刊行）」の項には、乾隆御題には「字画は楷書体で、墨色は漆のようである」という。

これを見ると宋にはその時代の文化の盛行と、物力の豊かさとその技工の精巧さがあり、決して元以後に類似する部分がないことがうかがえる。

『士禮居蔵書題跋記』の「校宋本『姚少監文集』六巻」には、陸西屏が写したことを記録している前の部分に、『梅花草堂筆談』には「宋刻を仲介して見せてくれたものがあり、その文字の鉤画は刺繍のようで、凹凸がある。

そこで由来を聞いたところ、紹興守の家から出ており、その前は憲副の蔵書であるという。理由を聞いたところ、通行証明の費用を埋め合わせるために抵当としてされたか、あるいは売人に世に出ないよう命じていたか、そういうことであろうか」という」とある。

これらの宋本は、今日これを買い求めることは、本当に鳳毛や麟角のように希少である。近年、北京や上海でたまたま宋末から元初にかけての麻沙坊刻本が一点出現すると、商人は大金を動かすが、虎賁を中郎に代え、碔砆を和璧にあてるようなものであるが、英雄がいない時には青二才が名を成すようなことである。世間の事において、どうしてこのようなことがないと言えよう、ただ阮籍だけに廣武の嘆があるわけではない。（以上、私訳）

五代・唐の時代から清に至るまでの書物に関して述べている『書林清話』の中で、宋代の紙が特に注目され紙幅を割いて書かれている理由は、この時代に劇的な紙質変化があったという背景に基づくと考えられる。森本正和は、

宋代および元代（1286〜1368年）を通じて、木版印刷による書籍印刷にも竹紙は多くつかわれるようになり、やがて原料供給面でも制限のあった藤紙が淘汰され、麻紙も竹紙に取って代られ、宋元代以降の製紙の主流は、竹紙と樹皮紙が占めるようになる。[85]

と、中国での製紙原料の変化に関して述べている。多種多様の紙が存在している状況は、葉徳輝の言葉を借りるならば「文化の盛行」であり、このことを第一項の『御存商売物』と照合してみると、天明期はまさに文化的な豊かさを、その書物の内容にも紙質にも有していたといえる。

紙質へのこだわりは東洋に限定された感覚ではない。ロータ―・ミューラーは、

バロック時代、書簡の紙質は、宮廷での王との謁見に参上するときの服装と同等のものとみなされていた。便箋にほどこす金縁《きんぶち》は、衣服につける組紐《くみひも》のようなもので、さらに粉おしろいや香水をふりかけることもあった。またアラビアのカリフ帝国と同様、ヨーロッパの絶対主義時代の身分制社会でも、書き手と受け手の上下関係に対応して、使用すべき紙の判型が決められていた。相手が諸侯や高い身分の場合には大フォリオ判が、大臣や役所が相手のときは小フォリオ判が使われた。議員、女性、同じ身分の人に送る手紙には、自分と相手の地位の上下に合わせて、大四つ折判と小四つ折判を使い分けた。[86]

と記している。『黄金虫』における紙の人物暗喩は、『御存商売物』の擬人化に通じる感性があると考えられる。

以上のように本節であげた作品群は、紙による情報伝達が文字や画像の範囲にとどまらず、その紙自体も情報となっており、また紙質の変化は文化的変化として受け止められる具体例である。

第五節　漢籍複製の挫折——竹紙は何故生産できなかったのか

本節では、漢籍を印刷・出版していた日本と韓国において、竹紙が生産できなかったかという点に対して考察する。和刻本漢籍・朝鮮本と中国で刊行された舶載漢籍は、紙色も紙質も全く異なる。舶載漢籍が主として竹を原料とした竹紙で作られているが、中国では竹紙以前にさまざまな原料の紙が作成されていた。竹はいつ、どのようにして中国における一般的な製紙原料になったのか。久米康生『造紙の源流』[87]には

造紙原料として、もっとも豊富に供給されたのは竹で、これは唐代にはじまり、宋代には紙質が高まって盛行し、麻を主原料の地位から追い落とし、衰勢をたどらせるようになった。

とある。竹紙の紙質に関して森本正和は、

北宋（968〜1127年）時代初期の竹紙は裂けやすく、粘りがなく、紙質は劣っていたが、南宋（1127〜1279年）の時代には品質は明らかに改善され、特に滑らかで墨の発色が良く、筆当りが良好で、紙魚が食わない等の点から、書家に愛用されるようになっている。宋代および元代（1286〜1368年）を通じて、木版印刷による書籍印刷にも竹紙は多くつかわれるようになり（中略）宋元代以降の製紙の主流は、竹紙と樹皮紙が占めるようになる。[88]

と述べている。麻から竹へと主原料が変化した理由はいくつか考えられる。麻は衣料素材としても用いられるため、原料の重複は大量生産の妨げとなる。品質改良された竹紙は原料入手の問題において麻紙より優位であった。また竹が麻から製紙主原料の座を奪った時代は中国で印刷技術が普及した時代でもある。手書きの写本から印刷された書物へという、文字伝達における技術革新が竹紙の印刷適性と呼応したのである。実際に宿白『唐宋時期的雕版印刷』[89]掲載の南宋の主要出版地と王詩文『中国伝統手工紙事典』[90]掲載の竹紙主要産地はほぼ同じか極めて近隣に存在する。ローター・ミューラーは、

バークシャーの製紙工場がフールスキャップの生産を主としているのは、ニューヨークが近いからである。ニューヨークでは、全体に罫線の入ったフールスキャップが大量に使用されていた。[91]

と、アメリカにおける紙の需要と供給状況に言及し、また、

どの製紙所にも、需要と貿易の歴史があった。世界史的に見ると、テクノロジーとしての製紙術と、下部構造としての貿易路が密接に結びつくことによって、製紙業と遠隔貿易がともに発展していく[92]

というように、時代や国が異なっても、需要―供給という社会的構造は普遍的であることを示している。このこ

とを勘案すると印刷術の普及と一般化に伴う紙の需要拡大により、原料供給面および印刷適性向上により竹が主原料として選択されたと考えることが自然である。

このように製紙原理が確立された地、中国においても紙の原料となる植物は変化した。中国から朝鮮半島や日本に伝わった製紙技術も同じく主原料を楮として独自の紙を生産するようになる。

日本への製紙技術渡来は『日本書紀』に見られる高句麗の僧・曇徴の記事が初めであるが、ここには曇徴が製紙を伝えたという記載はなく、碾磑《てんがい》（＝石臼）を作ったことが記されている。曇徴以前に製紙技術が日本に伝わっていたのかもしれないが、植物繊維のパルプ化に不可欠な道具である石臼を導入したのが曇徴であると考えるのが妥当である。『延喜式』図書寮の記事に見られるように、原初期には麻も原料として生産されていたが、日本の紙はやがて楮が主原料となり、雁皮そして後には三椏が原料として使われることになる。しかしながら、日本でもタケは栽培されていたにもかかわらず、中国のように竹紙が主流とならなかった。朝鮮半島や日本において竹紙が主流とならなかった理由はいくつかあげられる。一つはパルプ化の問題である。竹から繊維を取り出すパルプ化の方法と、楮に代表される靭皮繊維を利用する植物のパルプ化とは方法が異なる。楮などは灰汁などでアルカリ液蒸煮し、石臼など物理的動力を利用して叩解する方法で、他の植物に比べると容易に繊維を取り出せる。これに対して竹をパルプ化する工程は発酵させて繊維を取り出すレチング（retting）法という時間がかかる方法である。同様のパルプ化工程は生の麻、つまり布や網などに加工されていない植物体そのままの麻をパルプ化する場合にも用いられる。中国の竹紙産地は長江下流部・揚子江流域であり、高温多湿の気候である。発酵を必須とする竹のパルプ化は、高温多湿地域では容易であろうが、日本や韓国の気候には不向きである。また楮などが主原料である場合、竹は既存パルプ化法と大きく異なるため、生産に必要な設備も新たに必要となる。中国に倣って竹紙の製造に転向することはリスクが多く不経済であったと推測できる。もう一つ、植生の問題が考えられる。植生は緯度と高度により決定付けられる場合が多い。揚子江流域は北緯三〇度前後であり、この地域のタケは日本の本州（関東以西の北緯は三十五度前後）に生育するタケとは種類が異なる。タケは古くは禾木科、現在はイネ科イネ目に分類される植物で、室井綽[93]は竹と笹とバンブーに分類している。地下茎があり生長後皮が脱落するものが「竹」、皮が腐るまで竹稈に付着しているものが「笹」、地下茎がなく稈が叢生する熱帯産のものが「バンブー」である。竹類は七十近い属があり、パルプ化するにも向き不向きがある。室井によれば幕末までの日本ではハチクが広く栽培されており、揚子江流域に群生し竹紙の原料とされたモウソウチクは近年日本で栽培されたという。原料となる竹の種類が異なっていたのであるから、中国の製法を真似ることで竹紙はできない。同様に日本より高緯度に位置する朝鮮半島では発酵環境と植生において、やはり竹紙生産は困難だったと考えられる。

第一項　竹紙原料モウソウチクの招来

本項では、幕末までの日本ではハチクが広く栽培され、揚子江流域に群生し竹紙の原料とされたモウソウチクは、近年日本で栽培されたという説に関して検証する。竹紙の原料となるモウソウチクの植生に関する『産物帳』の記述が図十二である。

モウソウチクは中国原産であり、日本への渡来に関しては渡辺政俊「モウソウチクの渡来　諸説」[94]の紹介に詳しい。渡辺によればモウソウチクの渡来時期・場所には琉球から鹿児島に移入されたという「鹿児島説」、宇治黄檗山万福寺管長が中国にわたり持ち帰ったとする「京都説」、および「日本竹林業歴史年表」所収の諸説を紹介しているが、決定的な説はない。

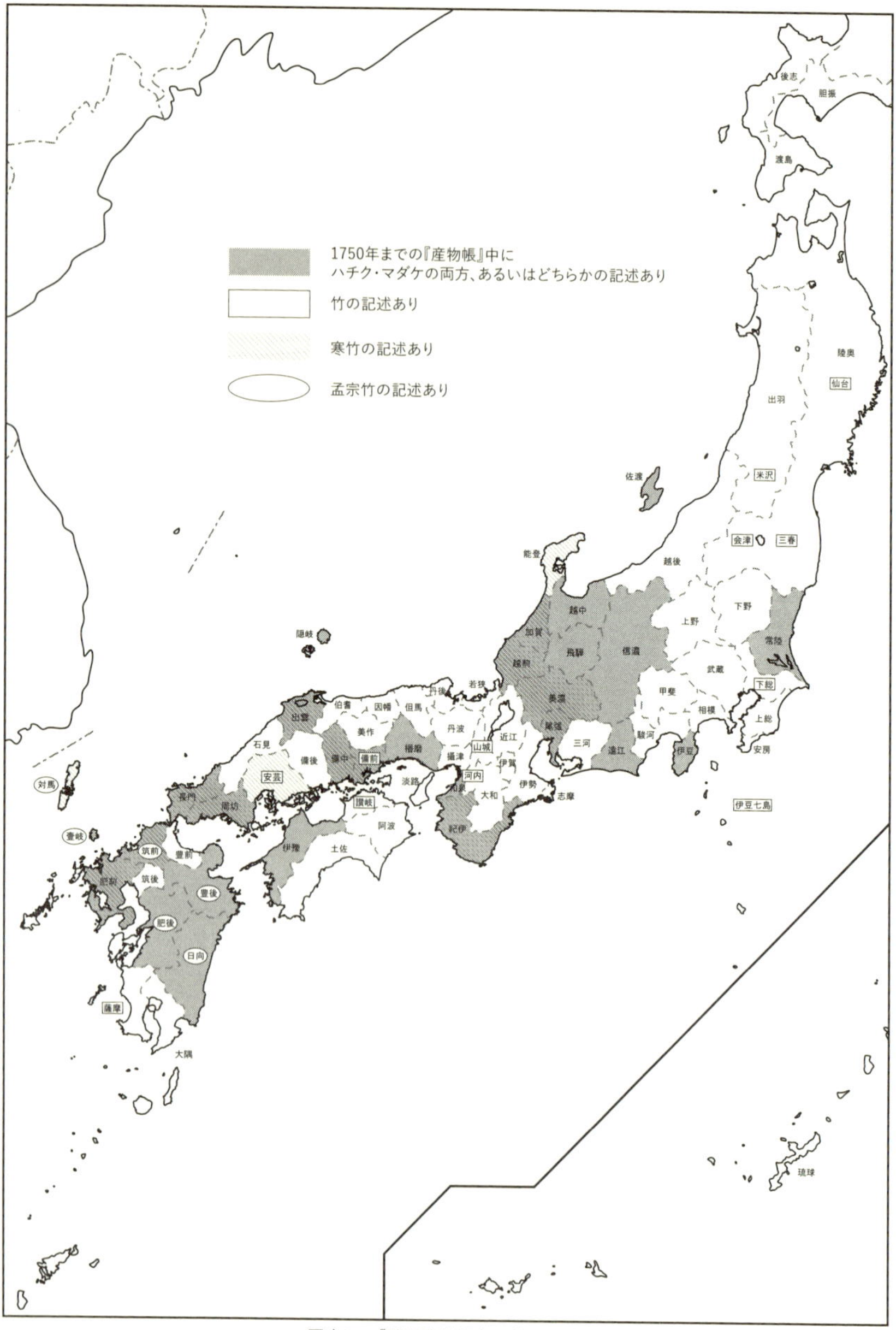

図十二　『諸国産物帳』の竹の記述

ここで『産物帳』記載のモウソウチクに注目すべき記述があるので個々を掲げてみよう。

『周防《すおう》産物《さんぶつ》名寄《なよせ》』に

寒竹　モウソウ竹共一種是ヨリ小ナルヲ孟宗竹と云

『先大津郡産物名寄帳《さきのおおつぐんさんぶつなよせちょう》』（周防国・萩藩）に

寒竹　小ニシテ黒キヲ孟宗竹ト云

『長門《ながと》産物《さんぶつ》名寄《なよせ》』に

寒竹　是ヨリ小ニシテ色黒ヲ孟宗竹ト云

という説明がある。また一七三四年以前に書かれた『産物帳』にも面白い記述がある。清国の冊封副使として琉球を訪れた徐葆光が帰国後の一七二一年に著し、本草家である田村藍水《たむららんすい》が一七六九年に訳した『中山傳信録《ちゅうざんでんしんろく》　物《ぶっ》産考《さんこう》』（琉球の『産物帳』）は挿絵に

孟宗竹　和名ワセダケ按其幹高犬餘其葉狭小而下垂甚可愛穀雨之節出笋　皮厚有毛

という解説が付されている。参考までに一七七〇年に田村藍水が著した『琉球《りゅうきゅう》産物志《さんぶつし》　付録』（この琉球は奄美大島のこと）にも挿絵に添えられて

孟宗竹　登按、竹二丈許、雪中生笋

という説明がある。これらの記述は貝原益軒『大和本草』（宝永七・一七〇九年）の「寒竹　冬筍生ス又孟宗竹トモ云色黒ク細シ」という記述とほぼ同じである。

現在我々が目にするモウソウチクは、これらの記述に相当する「小さく黒い」タケではない。一般的に高さ一〇～二〇メートル、直径二〇センチとされている。これに対して寒竹は、高さ二～三メートル直径は一セン

チ程であり、一般のタケと異なり晩秋から冬にかけて筍が生える種である。この寒竹の特徴は、『二十四孝』に登場する、病気の母に筍を食べさせようと雪を掘った孟宗の物語を髣髴とさせ、「孟宗竹＝寒竹」という図式を浮かび上がらせる。『産物帳』の記述を読む限り「孟宗竹」と呼ばれていた竹は「寒竹」ではないかと考えられる。現在のように精細な画像情報が当然のように往来している時代ではなく、同様に植物の分類も発達していない。植物の名称が地域により異なる、あるいは現在の呼称と異なるのは無理のないことといえよう。こうした例は、プラントハンターとしてイギリスの王立園芸協会より中国に派遣され、日本の開国を知り一八六〇（万延元）年に来邦したロバート・フォーチュンの著書『江戸と北京』[95]にも見られる。彼は日本の紙の原材料は「カミノキ（カジノキ）（Broussonetia papyrifera）」の樹皮であると述べており、コウゾという名称は使っていない。問題はその時、その場所にあった植物が、現在と同一種であるのかということである。この点から一七五〇年までの『産物帳』に見られる「孟宗竹」というタケは中国伝来の孝行譚が広く日本各地で読まれた影響により命名された他の種のタケで、現在我々が認識している「孟宗竹」とは異なる可能性がある。少し時代を遡った江戸初期の辞書に「孟宗竹」「寒竹」という語を確認すると、江戸初期の本草家・林羅山《はやしらざん》が著した『多識編《たしきへん》』[96]には「孟宗竹」も「寒竹」も記載はない。更に『日葡辞書』（岩波書店）には「Mosochicu　マゥソゥチク（孟宗竹）　この名で呼ばれるシナの竹」という記述がある。（中国語でモウソウチクは毛竹 maozhu あるいは南竹 nanzhu）中国経由で日本へ渡って来たイエズス会編集の辞書がこのように記している。以上を総合すると、江戸初期から中期にかけてモウソウチクが日本国内に全くなかったという確証にはならないが、当時「孟宗竹」と称されたタケは、現在我々が認識しているモウソウチクと一致すると断定もできない。

一方で、日本にモウソウチクが移植されたのも事実である。薩摩藩の儒者である五代秀堯《ごだいひでたか》が天保十四（一八四三）

年に著した『三国名勝図会《さんごくめいしょうずえ》』（薩摩・大隅・日向の地誌で物産を含む）には

江南竹　俗に孟宗竹といふ、浄国公御退老の後、此竹、琉球にあるを聞き給ひ、以謂《ヲモヘラ》く是我邦いまだ有さる所と、時に元文元年、三月、令を琉球に下し、此竹二十顆《カブ》を致さしむ（中略）頃歳《コノコロ》漢土に得て、いまた蕃衍せす、因て献ずるに二顆を以てすと（以下略）

という記述がある。これは現在、モウソウチクの「元文元年鹿児島渡来説」の礎となっている「仙巌別館江南竹記」の碑文（天保八・一八三七年建立）と同じである。「江南竹」は日本初の彩色植物図譜を著した岩崎灌園《いわさきかんえん》（常正《つねまさ》）の著書『草木育種《そうもくそだてぐさ》』（文化十五・一八一八年）には

江南竹《もうそうちく》　又雪竹《せっちく》とも云。本暖国の産なり。今所々に種《うゆ》。春早く筍を生ず。

とあり、我々がイメージする「春の味覚・タケノコ＝モウソウチク」に違わぬ説明といえる。図十二で示した通り、一七五〇年までの『産物帳』を見る限り、薩摩・大隅には「孟宗竹」というタケは見られない。しかしながら、一七五一年以降の『産物帳』を「孟宗竹」あるいは「江南竹」に注目して見ると図十三のようになる。

寛政四（一七九二）年に本草家の佐藤中陵《さとうちゅうりょう》（成裕）が著した『薩州産物録』には

孟宗竹　予カ得ル者圍リ二尺七寸三分也花瓶ニ作テ珍玩ス

とあり、やはり現在のモウソウチクに相似たタケが登場する。以上から一八〇〇年前後には各地にモウソウチクが移植されていたことがうかがえる。なお、モウソウチクに対して牧野富太郎は「孟宗竹の中国名」[27]において、

モウソウチクは元来中国の原産であるが、それが昔同国から琉球へ渡り、琉球からさらに日本の薩摩に伝わった、すなわち薩摩藩主の島津吉貴《しまづよしたか》（浄園公）が琉球からその苗竹を薩州鹿児島に致さしめたによるのだが、それは元文元年（１７３６）であった。それからこのモウソウチクで薩摩を起点として漸次我国各地に拡まっ

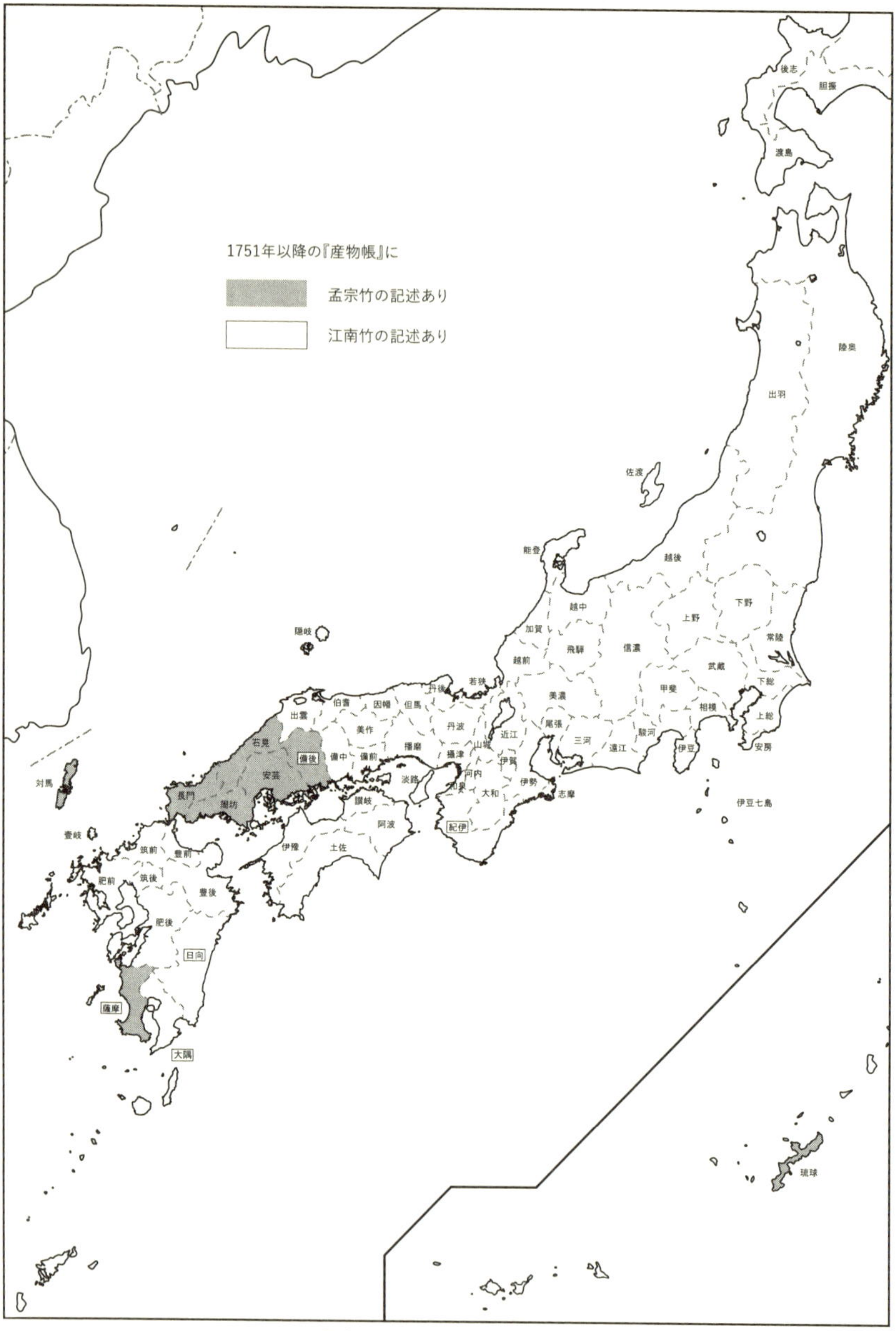

図十三　孟宗竹と江南竹の分布

て、やがて竹類の宗となった。

と説明し、

モウソウチクは孟宗竹と書く。これはもとより漢名ではなく初め薩摩での俗称であったのだが、今日ではこれが我国の通名となっている。

と説いている。牧野は江南竹をモウソウチクの中国名と慣用していることに異議を唱え、李衎《りかん》『竹譜詳録』や陳子『秘伝花鏡』をあげて「猫頭竹」とすることを唱えている。

以上を総合すると、漢籍の紙原料となるモウソウチクが、江戸期に現在と同じ範囲で分布していたとは考え難い。

第二項　薩摩における竹紙と漢籍

本項では、竹紙を産出していたとされる薩摩と漢籍に関して考察する。

『薩州産物録《さつしゅうさんぶつろく》』[98]には、

紙　上品ハ多ク琉球へ渡シ中国ニ入ル近年唐紙ヲ製ス然共多ク他邦ニ出スニ及ズ

と、竹紙を製造していた記述が見られる。また

唐本　儒書医書及小説ノ類数多来ス

と、漢籍が多く流入していた事実も記載されている。多くの漢籍に接していた薩摩で竹紙を抄紙していたのであるから、大陸渡来の漢籍と違わぬ書籍を作成できた可能性はある。竹紙の造紙方法に関しては、貝原益軒『大和本草』に中国の『天工開物』に製法が載っている旨が紹介されている。また佐藤中陵の『中陵漫録』（文政七・一八二六年）には「紙製」という竹紙製造に関する項目がある。原料は「毛竹」あるいは「苦竹《マタケ》」で、製法は「琉

球人甚だ骨折て此伝を得たり」とし、「余も此法に随て、奥州白川にて国主の命を得て製す」と記述している。江戸期の日本では、竹紙製造が試みられていたのである。だが、中国における竹紙生産地と気候環境が類似する薩摩でも「他邦ニ出スニ及ズ」という状況（文面からは生産量のことか紙質のことかは不明）であった。前項で述べた通り、発酵環境を考えると他所での竹紙製造は更に難しかったと推測できる。竹紙が楮紙のように生産・供給されなかったことは紛れもない事実であり、日本で紙質を含めた漢籍の完全複製は、原材料確保が困難であることから実現しなかったといえる。

第六節　紙質からみる『開版指針』と筒井政憲

本節で再度、『開版指針』と筒井政憲の関わりに言及する。第二章第二節第一項で述べた通り、筒井は長崎奉行を務めている。長崎奉行の職掌には外国貿易の管理と西国筋の大名の動静監視が含まれている[99]。竹紙の生産が難しいという事実を筒井が認識していたと仮定すると、第二章第四節であげた安政四年の「鎗奉行筒井肥前守政憲上申書」における意見、「此方にて難出来紙を用」いるという考え方の礎は、長崎赴任の経験から形成されたと考えられる。紙という物質が、原料となる植物が変わることで触感が変化すること、日本国内に生育していない植物を原料とした場合、容易に模造することができないという事実を筒井が認識していた可能性は十分にある。

また、第二章第二節第一項で触れたように、筒井は蘭学関係者とのつながりがあったことが明白である。ここで『厚生新編』[100]に着目したい。『厚生新編』は、フランス人宣教師のノエル＝ショメル[101]が一七〇九年に自費出版した『日用百科事典（Dictionnaire œconomique）』のオランダ語訳本のうち、一七七八年刊の七冊本を底本として日本語に翻訳した百科事典である。文化八（一八一一）年から幕府天文方の蕃書和解御用において翻訳が開始され、弘化二（一八四五）年頃まで継続したとされている。書籍として刊行されることはなかったが、写本が大名家に伝わり利用されている。この『厚生新編』第二十三巻[102]には「西洋緜紙抄造法《おらんだかみのすきかた》」という項目があり、文政三（一八二〇）年九月十九日に翻訳が完成した部分である。そして、この翻訳が完成していた文政三年には、筒井が長崎でオランダ芝居の観劇するに当たり、上演される芝居の筋書をあらかじめ蘭学関係者から日本語で入手していた時期である。洋紙の作成方法に関する情報は既に日本に入っており、筒井もその事実を知っていた可能性は否定できない。本章第五節で述べた竹紙とは異なり、原料となる衣類のボロが集まれば西洋の紙と同じ紙をつくることは可能であったはずである。事実、「西洋緜紙抄造法《おらんだかみのすきかた》」には以下の記述がある。

扨「パッピール」紙はP韻《べ》の部其條下に出せる品にて今譯するB韻《べ》よりははるか後に出せるの品なれども其順次をすゝみ、今先づ其棉紙造法のことのみを抄して譯せるは白布裁餘《しろもめんのたちくず》の布片《きれ》世上に多くありて得易きなれば左の法に従ひて試み製せんことを欲してなり。抑此西洋綿紙《おらんだかみ》は一種の品にして質堅靭にして色白く膠《にかは》を加へ製するの抄きかたなれば猶礬水《ドウサ》を爲したる紙のごとく汚染《しみ》ることなし。且其厚質なるを以て書寫印板ともに両面に記するの利用あり、誠に省嗇利便のものといふべし。庚辰仲夏こゝに附記す。

ここから、西洋と同様に両面への書写・印刷適性のある紙の製造を進めることは可能であったはずである。しかしながら、実際には楮原料の紙を加工して蘭書の印刷を行っていた。その理由についても、同じく『厚生新編』第六十九巻「雑集」[103]の「紙　和蘭「パピール」」に確認できる。ここには、

第七　欧邏巴紙の用方並に効能、此紙は其品に随て其用各々異なり、緻密の敗布にて製する処の紙は麁密黒白差等あり、是は書記に宜し。印板には宜しからず[104]

と、印刷適性に対する低評価が記されている。この記述に基づき、長崎では和紙を加工して印刷適性向上を試みていたと推測できる。

また、嘉永六（一八五三）年に、ロシア使節プチャーチンが長崎へ来訪した際に筒井政憲に同行し、使節を応接した箕作阮甫《みつくりげんぽ》は[105]『西海遺珠』[106]を著しており、第二巻に箕作にとって蘭学の師である宇田川榛斎《うだがわしんさい》（玄真《げんしん》）が翻訳した「綿紙造法」を所収している。これは『厚生新編』第二十三巻の記述にほぼ等しい。箕作は蕃書調所の教授に任命されており、蘭書の収集に熱心であり、蘭書の出版に心を砕いていた。[107] 蕃書調所における蘭書刊行にはさまざまな問題があり、本書はその問題を解決するための資料と考えられる。幕末の日本国内における書物に関わる流通・法令・手続き・印刷あるいは書写という作成方法が扱われている本書において、金属活字印刷の書物に関しては記述がない。これが蕃書調所設立以前であることを示し、かつ、蕃書調所での洋書刊行の布石であると考えられる。

以上の点から、筒井の判断により、活字印刷に適した料紙を作成する指示が下されたという仮説を述べたい。筒井が紙幣論で述べた紙質の違いは、地域環境による植生の違いに由来する。この点に対しては司馬江漢が[108]『地球全図略説』[109]で触れており、筒井は自身の経験は勿論、知識の応用として紙質に見識を備えていたとも考えられる。本章第三節第一項の料紙観察結果から、「印刷適性を向上させるために楮を原料とする和紙にサイジングを施す、あるいは両面印刷への印刷適性を考慮して填料を加えて裏写りを防ぐなどの工夫」すると考察した。礬砂引きともいわれるサイジングは、明礬をとかした水に膠の溶液をまぜ紙に塗布するという方法が書道や絵画では一般的である。しかしながら、書画に比べて書籍で使用する紙の分量は圧倒的に多く、印刷用紙全部に滲み止めを施すことは、当然ながら時間・労力・材料費という面で不経済である。こうした経費を決定できる人物、つまり、高コストの書物を刊行することの意義と必要性を熟知しており、かつ、長崎での蘭書刊行当時に政策の中心で決定権に関与していた人物、筒井政憲以外にありえないといえる。

[1]「第一部　十一　古書の鑑定と古紙（自著「歴代古紙聚芳」のための序）」反町茂雄『日本の古典籍　その面白さ　その尊さ』八木書店　昭和五十九年　二〇九〜二一四頁
[2] 林望『書誌学の回廊』日本経済新聞社　一九九五年　九四〜九五頁
[3]「料紙」小学館国語辞典編集部『日本国語大辞典』二版　十三巻　小学館　二〇〇二年　九四三〜九四四頁
[4] 日本規格協会『JISハンドブック　32　紙・パルプ』日本規格協会　二〇一五年　二九九〜三〇八頁
[5] 宍倉佐敏『必携古典籍・古文書料紙事典』八木書店　二〇一一年　三六九頁
[6] 宍倉佐敏企画編集『繊維判定用　和紙見本帳』紙の温度、二〇〇八年
[7] 日本規格協会『JISハンドブック　32　紙・パルプ』日本規格協会　二〇一五年　二八頁
[8] 磯貝明『セルロースの材料科学』東京大学出版会　二〇〇一年　七二頁
[9] 尾鍋史彦編『紙の文化事典』朝倉書店　二〇〇六年　二三二頁
[10] 潘吉星　佐藤武敏訳『中国製紙技術史』平凡社　一九八〇年　五頁（原著　潘吉星『中国造紙技術史稿』文物出版社　一九七九　三頁）
[11] 宍倉佐敏『必携古典籍・古文書料紙事典』八木書店　二〇一一年　五〇頁
[12] 紙パルプ技術協会編集『紙パルプの試験法』紙パルプ技術協会　一九九五年　二一四〜二一六頁
[13] 増田芳雄『植物の細胞壁』東京大学出版会　一九八六年　四頁
[14] セルロース学会『セルロースの事典』朝倉書店　二〇〇〇年　一頁
[15] 西嶋東洲『日本紙業發達史』紙業出版社　昭和十七年　三一〇〜三一二頁

［16］小栗捨蔵『日本の紙』早稲田大学出版部　昭和二十八年
［17］韓允熙・江前敏晴・磯貝明「和紙の抄紙技法と繊維配向の関係」『第55回日本木材学会大会（京都）研究発表要旨集』二〇〇五年
［18］川瀬一馬「（1）日本書誌學研究序説　五　書籍の形態に關する研究（其の三）料紙」『日本書誌学之研究』講談社　昭和十八年　一七頁には、「雁皮は我が本州全土に野生し、頗る優秀な製紙の材料であつて、其の纖維は細く強く長く、且つ光澤を有し、所謂木目が細かい為、漉く場合には、簀から纖維が漏れない様に、布を掛けて漉かなければならない。純雁皮紙の地肌に必ず布目の跡が見えるのは、この故である。」と、ガンピに関する解説があるが、植生分布に関しては誤りである。
［19］中村直次郎・榛原商店編『和紙雑考　見たまゝ聞いたまゝの和紙についての記録』榛原商店　一九六〇年　五頁ではガンピの植生分布関して「太平洋沿岸の暖流を受ける山地帯に野生し、その樹皮を用い雁皮紙を作る。」とし、また木村陽二郎監修『図説花と樹の事典』柏書房　二〇〇五年　一二八頁では、「本州の中部以南の暖地の山中に生える。」としており、日本全土に分布する植物ではないことがわかる。
［20］潘吉星『中國造紙技術史稿』文物出版社　一九七九年　六四〜六七頁
［21］「瑩紙」小学館国語辞典編集部『日本国語大辞典』二版　二巻　小学館　二〇〇一年　五七七頁
［22］潘吉星『中國造紙技術史稿』文物出版社　一九七九年　六四頁
［23］町田誠之『紙の科学　トイレットペーパーから情報処理まで』講談社　昭和五十六年　六二〜六三頁「ネリとして最もふつうに用いられるトロロアオイの根の粘質物は、化学的には、ラムノースとガラクチュロン酸とを成分とする長い鎖状の複合多糖類で、この主鎖に若干のグルコース、キシロース、アラビノースなどが何らかの形で結合した複雑な構造の高分子である。（中略）ノリウツギの内皮の粘質物もほぼ同様な多糖類で、これらの分子はガンピなどのじんぴ繊維に含まれるヘミセルロースと類似した構造をもち、またアサに含まれるペクチンとも近縁で、いずれもウロン酸基（カルボキシル基を有する糖単位）のために水によく溶けて粘液となるのが特徴である。」
［24］国立国会図書館百科編集委員会編集『国立国会図書館百科』出版ニュース社　一九八八年　三五二〜三五二頁
［25］神崎純一「幕末洋学事情と蘭書復刻」『日本の近代活字　本木昌造とその周辺』編集員会編著『日本の近代活字　本木昌造と

その周辺』近代印刷活字文化保存会　二〇〇三年　五三頁
[26]『洋學ことはじめ展　蘭學の諸系列と江戸幕府舊藏本』訂正二版　蘭學資料研究會　一九五四年　四八頁
[27] 神崎純一「幕末洋学事情と蘭書復刻」『日本の近代活字　本木昌造とその周辺』編集員会編著『日本の近代活字　本木昌造とその周辺』近代印刷活字文化保存会　二〇〇三年　六二頁
[28] 古賀十二郎『長崎洋学史』上巻　長崎文献社　昭和四十一年　七〇二頁
[29] 古賀十二郎『長崎洋学史』上巻　長崎文献社　昭和四十一年　七〇四頁
[30]『洋學ことはじめ展　蘭學の諸系列と江戸幕府舊藏本』訂正二版　蘭學資料研究會　一九五四年　一頁
[31]「打紙」井上宗雄他編『日本古典籍書誌学辞典』岩波書店　一九九九年　五四頁
[32] 西嶋東洲『日本紙業発達史』紙業出版社　一九四二年　三一一頁
[33] 登芳久『書肆・須原屋茂兵衛　江戸期最大の出版業者の盛衰』雄文社出版企画室　二〇〇四年
[34]「伊藤圭介」国史大辞典編集委員会編『国史大辞典』一巻　吉川弘文館　昭和五十四年　六九七頁
[35] 国立国会図書館百科編集委員会編集『国立国会図書館百科』出版ニュース社　一九八八年　三七二頁
[36]「北尾政美」日本古典文学大辞典編集委員会編集『日本古典文学大辞典』二巻　岩波書店　一九八四年　一三三頁
[37]「森島中良」日本古典文学大辞典編集委員会編集『日本古典文学大辞典』六巻　岩波書店　一九八四年　三二一～三二二頁
[38] 登芳久『書肆・須原屋茂兵衛　江戸期最大の出版業者の盛衰』雄文社出版企画室　二〇〇四年
[39]「当世書生気質」国史大辞典編集委員会編『国史大辞典』十巻　吉川弘文館　平成元年　一三四頁
[40]『明治文学名著全集』一巻　東京堂　大正十五年
[41] 関良一「『当世書生気質』序説─その形態と本質と─」『日本近代文学』二集　三省堂　昭和四十年　一～一二頁
[42] 韓允熙・江前敏晴・磯貝明「和紙の抄紙技法と繊維配向の関係」『第55回日本木材学会大会(京都)研究発表要旨集』二〇〇五年。繊維配向とは紙を形成する植物繊維の並び方のことで、抄紙工程での水流が深く関係している。多くの繊維が一定方法を向いている場合は「繊維配向が強い」、繊維の向きが一定ではない場合「繊維配向が弱い」と表現することが多い。
[43] 尾鍋史彦総編集『紙の文化事典』朝倉書店　二〇〇六年

[44] 岡田温「旧上野図書館の収集方針とその蔵書」 国立国会図書館総務部教養課『図書館研究シリーズ No.5』 昭和三十七年
国立国会図書館 一九九～二一二頁
[45] 山本信吉『古典籍が語る—書物の文化史—』 八木書店 二〇〇四年
[46] 櫛笥節男『書庫渉猟』 おうふう 平成十八年
[47] 稲垣達郎「解題」『明治文学全集 16 坪内逍遙集』 筑摩書房 昭和四十四年 三九五頁
[48] 「レーマン」『日本人名大辞典』 講談社 二〇〇一年 二〇六八頁
[49] 石本岩根著、滝沢寿一監修『石本岩根先生遺文集』 石本岩根先生遺文集刊行会 一九八〇年 六五頁
[50] 「パピール＝ファブリック」 国史大辞典編集委員会編『国史大辞典』十一巻 吉川弘文館、平成二年 六五八頁
[51] 「リュートルフ・レーマン小伝」『薬史学雑誌』Vol.1 No.1 一九六六年 二四頁
[52] 『和獨對譯字林』出版者である日比谷健次郎のご子孫・日比谷二朗氏宛の報告書による。
[53] 「和英語林集成」 小学館国語辞典編集部『日本国語大辞典』二版 十三巻 小学館 二〇〇一年 一二三二頁
[54] 「薩摩辞書」 国史大辞典編集委員会編『国史大辞典』六巻 吉川弘文館 昭和六十年 三九五頁
[55] 小宮山博史『日本語活字ものがたり—草創期の人と書体』 誠文堂新光社 二〇〇九年 七三頁
[56] 吉田光邦『お雇い外国人②産業』「7 紙をつくる」 鹿島研究所出版会 昭和四十三年 一九一頁
[57] 吉田光邦『お雇い外国人②産業』「7 紙をつくる」 鹿島研究所出版会 昭和四十三年 一九三頁
[58] 縁戚関係に関しては「足立日比谷家文書（仮称）」（個人蔵）による。
[59] 「往入2975 活版器械払下の件に付主船局伺」 防衛庁防衛研究所
注記「主船第二千七百十一号ノ二 活版器械日比谷晃へ払下ケ之義伺 府下平民日比谷健次郎妻晃ヨリ出願候活版機械之義代価金八百円ヲ以払下ケヘキ旨同人へ調度課ヨリ申談サセ候末談機械一見差許候云々ハ十月十八日付ヲ以御届仕置候処右一見之上代価四百五十円ニテ御払下相成度云々本人願書副別紙之通調度課長ヨリ申出候右ハ最前ノ見込代価ヨリ余程下落ニ及ヒ候得共此度談課長申出書面之趣モ有之且不用ノ品ヲ以人民有用ニ宛テ候義ニ付代価金四百五十円ヲ以御払下相成可然ト存候条此段一応奉伺候也 十年十一月十二日 主船局長 海軍少書記官石川利行 海軍大輔川村純義殿 伺ノ通 明治十年十一月十三日 活版機械御払

下之義ニ付伺 活版機械之義主船第二千三十二号ノ六ヲ以伺済之通リ日比谷晁へ申談役所内」

［60］「竹内貞基」 国史大辞典編集委員会編『国史大辞典』九巻 吉川弘文館 昭和六十三年 一三五～一三六頁
［61］「平野富二」 国史大辞典編集委員会編『国史大辞典』十一巻 吉川弘文館 平成二年 一〇七三頁
［62］「山東京伝」 日本古典文学大辞典編集委員会編集『日本古典文学大辞典』三巻 岩波書店 一九八四年 一三〇頁
［63］「御存商売物」 日本古典文学大辞典編集委員会編集『日本古典文学大辞典』二巻 岩波書店 一九八四年 六二五頁
［64］「黄表紙」 日本古典文学大辞典編集委員会編集『日本古典文学大辞典』二巻 岩波書店 一九八四年 一五八頁
［65］山東京伝全集編集委員会編『山東京伝全集 第一巻 黄表紙1』ぺりかん社 一九九二年
［66］『表装大鑑』 柳原書店 一九八七年 一六七～一六八頁
［67］塩田良平解説・山田博光注釈『日本近代文学大系 第一〇巻 国木田独歩集』角川書店 昭和四十五年 一六五頁
［68］正岡子規『子規全集 第十一巻 随筆一』講談社 昭和五十年 一三七～一三八頁
［69］山極圭司解説・佐藤勝注釈『日本近代文学大系 第二〇巻 木下尚江集』角川書店 昭和四十八年 二〇五頁
［70］瀬沼茂樹解説・山田晃注釈『日本近代文学大系 第十三巻 島崎藤村集』角川書店 昭和四十六年 四三～四四頁
［71］森鷗外・須永朝彦編『日本幻想文学集成 一七 森鷗外』国書刊行会 一九九三年 二二六頁
［72］「明治以降の紙の歴史年表」 尾鍋史彦総編集『紙の文化事典』朝倉書店 二〇〇六年 四八八頁
［73］森本正和『環境の21世紀に生きる非木材資源』ユニ出版 一九九九年 三七頁
［74］尾鍋史彦総編集『紙の文化事典』朝倉書店 二〇〇六年 二三頁
［75］紙の博物館『和紙と洋紙―その相違点と類似点―』紙の博物館 平成十六年
［76］「ポー」 小学館国語辞典編集部『日本国語大辞典』二版 十二巻 小学館 二〇〇一年 二六頁
［77］新村出編『広辞苑』六版 岩波書店 二〇〇八年 二四二五頁
［78］パトリシア・ピアス 高儀進訳『シェイクスピア贋作事件 ウィリアム・ヘンリー・アイアランドの数奇な人生』白水社 二〇〇五年
［79］尾鍋史彦総編集『紙の文化事典』朝倉書店 二〇〇六年 四八八頁

[80] 有田良雄「歴史と紙の役割」(16) 3．ヨーロッパの紙と印刷④」『紙パルプ技術タイムス』三十四巻六号　一九九一年　九六～九七頁

[81] 有田良雄「歴史と紙の役割」(17) 3．ヨーロッパの紙と印刷⑤」『紙パルプ技術タイムス』三十四巻七号　一九九一年　五三～五四頁

[82]「葉徳輝」近藤春雄『中国学芸大事典』大修館書店　昭和五十三年　三七一頁

[83] 近藤春雄『中国学芸大事典』大修館書店、昭和五十三年　三八四頁

[84]「宋刻書紙墨之佳」原文　葉徳輝『書林清話　附書林餘話』中華書局出版　一九五七年　一六一～一六二頁

「先文荘公水東日記十四云。宋時所刻書。其匡廓中摺行中。上下不留黒牌。首則刻工私記本板字數。次書名。次卷第數目。其末則刻工姓名以及字總數。余所見當時印本書如此。浦宗源郎中家有司馬公傳家集。往往皆然。又皆潔白厚紙所印。乃知古人於書籍。不惟雕鐫不苟。雖摹印亦不苟也。明高濂燕閑清賞箋論藏書云。藏書以宋刻為善。宋人之書。紙堅刻軟。字畫如寫。格用單邊。間多諱字。用墨稀薄。雖著水濕。燥無湮跡。開卷一種書香。自生異味。元刻仿宋。單邊。字畫不分粗細。較宋邊條闊多一線。紙松刻硬。用墨穢濁。中無諱字。開卷了無臭味。有種官券殘紙。背印更悪。宋板書以活襯紙為佳。而蠶繭紙、鵠白紙、藤紙固美。而存遺不廣。若粘褙宋書則不佳矣。孫從添藏書紀要云。若果南北宋刻本。紙質羅紋不同。字畫刻手古勁而雅。墨氣香淡。紙色蒼潤。展卷便有驚人之處。所謂墨香紙潤。秀雅古勁。宋刻之妙盡之矣。按天祿琳琅一。宋版周易十卷云。是書不載刊刻年月。而字法圓活。刻手清整。且於宋光宗以前諱皆缺筆。琴川毛晉藏書。於宋本印記之下復加甲字印。乃宋槧之最佳者。又二。宋版司馬光資治通鑒考異三十卷。元槧本。乾隆甲子御題云。是書字體渾穆。具顏、柳筆意。紙質薄如蟬翼。而文理堅緻。為宋代所製無疑。又宋版南華眞經十卷云。此書版高不及半尺。而字畫倍加纖朗。紙質墨光亦極瑩緻。乾隆御題云。蝿頭細書。紙香墨古。誠寶跡也。又三。新刊訓詁唐昌黎先生文集四十卷。外集十卷。遺文一卷。卷一下標臨邛韓醇四字。訓詁柳先生集。亦出醇手。書後有記。作於孝宗淳熙丁酉。稱世所傳昌黎文公文。雖屢經名儒手。余昔校以家集。其舛誤尚多云云。則醇為愈之裔可知。其家在臨邛。當即蜀中所刊。宋葉夢得以蜀本在建本之上。觀此書字精紙潔。刻印倶佳。洵不誣也。乾隆乙未御題云。字畫精好。紙墨細潤。天祿琳琅所貯韓集。當以是本為第一。又宋版姚鉉唐文粹一百卷。北宋寶元二年臨安孟琪刻。乾隆御題云。字畫工楷。墨色如漆。觀此知有宋一代文化之盛。物力之豐。與其工藝之精。斷非元以後所能得其仿佛。黄記。校宋本姚少監文集六卷。前録陸西屏寫

梅花草堂筆談云。有傳示宋刻者。其文鉤畫如繍。手摸之若窪窿然。故出紹興守家。其先副憲藏書也。問故。將質以償路符之費。且誡售者勿泄。有是哉。此等宋刻。求之今日。誠如鳳毛麟角之希見。近年京師、漚漬偶出一宋季元初麻沙坊刻。動估千金。虎賁以代中郎。碔砆可充和璧。時無英雄。豎子成名。世間事何莫不然。豈獨阮籍有廣武之嘆哉。」

[85] 森本正和『環境の21世紀に生きる非木材資源』ユニ出版　一九九九年　一六頁

[86] ローター・ミューラー　三谷武司訳『メディアとしての紙の文化史』東洋書林　二〇一三年　一二三～一二四頁

[87] 久米康生『造紙の源流』雄松堂出版　一九八五年　三三頁

[88] 森本正和『環境の21世紀に生きる非木材資源』ユニ出版　一九九九年　一六頁

[89] 宿白『唐宋時期的雕版印刷』文物出版社　一九九九年

[90] 王詩文　久米康生訳『中国伝統手工紙事典　抄訳』和紙文化研究会　二〇〇四年

[91] ローター・ミューラー　三谷武司訳『メディアとしての紙の文化史』東洋書林　二〇一三年　二六七頁

[92] ローター・ミューラー　三谷武司訳『メディアとしての紙の文化史』東洋書林　二〇一三年　四八頁

[93] 室井綽『竹を知る本』地人書館　一九八七年

[94] 渡辺政俊「モウソウチクの渡来　諸説」『竹』九十七号　竹文化振興協会　平成十八年　一四～一七頁

[95] ロバート・フォーチュン／三宅馨訳『江戸と北京　英国園芸学者の極東紀行』広川書店　一九六九年

[96] 中田祝夫・小林祥次郎『多識編自筆稿本刊本三種研究並びに総合索引』勉誠社　一九七七年

[97] 牧野富太郎『植物一日一題』筑摩書房　二〇〇八年　四九頁

[98] 佐藤中陵写　国立国会図書館所蔵（請求記号　854―83）

[99] 「長崎奉行」国史大辞典編集委員会編『国史大辞典』十巻　吉川弘文館　平成元年　五七八～五八〇頁

[100] 「厚生新編」国史大辞典編集委員会編『国史大辞典』五巻　吉川弘文館　昭和五十九年　四一三～四一五頁

[101] 「ショメル」国史大辞典編集委員会編『国史大辞典』七巻　吉川弘文館　昭和六十一年　七二一頁

[102] ノエル・ショメール、デ・シャルモット訳補、馬場貞由等重訳『厚生新編』（原題 Huishoudelijk wordenboek）厚生新編刊行会　昭和十二年　二七九～二八四頁

〔103〕ノエル・ショメール、デ・シャルモット訳補、馬場貞由等重訳『厚生新編』（原題 Huishoudelijk wordenboek）厚生新編刊行会 昭和十二年 八六四〜八六九頁
〔104〕ノエル・ショメール、デ・シャルモット訳補、馬場貞由等重訳『厚生新編』（原題 Huishoudelijk wordenboek）厚生新編刊行会 昭和十二年 八六八頁
〔105〕「箕作阮甫」国史大辞典編集委員会編『国史大辞典』十三巻 吉川弘文館 平成四年 三六七〜三六八頁
〔106〕国立子会図書館憲政資料室寄託本
〔107〕呉秀三『箕作阮甫』大日本図書 大正三年 一〇八〜一一一頁
〔108〕「司馬江漢」日本古典文学大辞典編集委員会編集『日本古典文学大辞典』三巻 岩波書店 一九八四年 二三五頁
〔109〕「地球全図略説」朝倉治彦他編『司馬江漢全集』三巻 八坂書房 一九九四年 二一頁
「日本の寒月ハ彼諸国にてハ我邦の夏月の如し、皆何れも甚の熱国なり、故に物産多し、五穀一年に二三度も耕し、草木ハ葉おちず、食物乏からず」（振り仮名省略）

結び　『開版指針』と書物の近代化——伏流の書誌学

本書では、『開版指針』という資料が伝えている文字情報と、書物素材の紙質というミクロの情報を併せて考察するという、既存の書誌学が主たる研究対象とする作品の本文研究とは異なる方法を用いてきた。文字や絵画という記録が二千年近くの永きにわたり、紙という媒体により時間と空間を超えて伝えられてきたことは紛れもない事実である。書誌学という学問領域において紙に注目することは、現時点では傍流的な研究である。しかしながら、そもそも歴史学の補助学と位置付けられた書誌学を文学の一つの分野とみなして論じることは、文学であるからこそ必要であり可能であると考える。本書のテーマはある意味で物質的メディア論という括り方が適切であるかもしれない。紙を物質として研究対象とする流れは、産業振興あるいは技術発展という国家的規模での問題に関連するために、科学的研究分野で恒常的に継続されてきた。一方で、紙の歴史的研究や文化的側面での研究は、二〇世紀に入りようやく始まり、未だ一般的な歴史認識を形成するには至ってはいない。紙の歴史に関する研究は、これまでその対象が主として製紙技術の変遷や技術発展を主とする歴史研究であり、紙自体の文化的歴史背景に目を向けたものではなかった。例えば、潘吉星『中国製紙技術史』[1]の「訳者あとがき」には本書の主な特色をあげてみたが、もちろん望蜀の感がないわけではない。例えば、著者の主要な関心が、紙の歴史の中でも技術史的な側面に集中しているため、社会経済史や文化史の側面にあまり触れられていない。また技術史を明らかにする著者の六つの観点のうち、文献上の考証は史料の博捜に感心させられるが、中には検討を要すると思われるのも含まれているようである。しかしながら、中国の紙の歴史、とりわけ製紙の技術史については、今日のところ最も水準の高い書物であると言ってよいであろう。

と、紙に関する研究が日本のみならず中国においても技術史偏重傾向があることを記している。

出版業と製紙業の関係性は、マーシャル・マクルーハンが『メディアの文明史』「序文」[2]において、

メディアは、実用的な基幹産物と同様の主要資源である。実際、もし鉄道がなかったなら、小麦や木材といった基幹産物は存在すると言われるわけにはいかない。印刷機や雑誌がなかったなら、木材パルプもひとつの基幹産物として存在することができない

と述べているように、産業としてのメディアがピラミッド的構造の存在であることを指示している。また同書[3]においてハロルド・イニスは、

知識の独占は、新しいメディアにまつわる争いを招来した。すなわち、中国からもたらされた〈紙〉である。織物原料から紙を作る技術の発見がこのメディアを可能にした。

と、紙の存在に言及している。日本の書誌学においては、川瀬一馬『日本書誌学之研究』[4]、橋本不美男『原典をめざして』[5]、山岸徳平『書誌学序説』[6]、長澤規矩也『図書学略説―付　近代図書館史綱要―』[7]、反町茂雄『日本の古典籍　その面白さ　その尊さ』[8]、藤井隆『日本古典籍書誌学総説』[9]、廣庭基介・長友千代治『日本書誌学を学ぶ人のために』[10]、川瀬一馬『書誌学入門』[11]などにおいて主として書物に使用される料紙に対して解説されているが、

紙質と書物の具体的な関係に注目した研究は多くはない。田中敬「図書の形態と用紙の品種」[12]では

図書の形態が變遷進化して來た迹を精細に調べて見ると、其の当時に漉出された用紙の品種と密接な關係を持つて居るものであるといふことに氣がつく。図書の形態は用紙の品質規格を外にしては考へることの出來ないものであるともいへよう。

と、早くから料紙と装訂の関係に言及しており、更に『粘葉考』[13]において冊子体の蝴蝶装と粘葉装および大和綴・袋綴の分類を料紙の使用法と綴じの違いによって行い、櫛笥節男はその田中の説を支持している。[14]近年ようやく、ニコラス・A・バスベインズ『紙　二千年の歴史』[15]やアレクサンダー・モンロー『紙と人との歴史　世界を動かしたメディアの物語』[16]など、紙の文化史的側面に注目した書籍が刊行されている。

本書の主眼は『開版指針』という書物を考察することであり、検討に際して料紙観察という新規の手法を用いた背景には、筒井政憲の大局観があるといえる。筒井は、学問所をはじめとし長崎と江戸の奉行など江戸の社会情勢を把捉する職についていた。国外・国内の情報に精通し、更に物質に関する知識さえも広く獲得している。筒井が目指していた出版の方向性は、明治期以降の出版システムに反映されている。前述した筒井の著作であるオランダ芝居観劇記「咼蘭演戯記」は『海表叢書』[17]解説によれば勝海舟旧蔵本であり、筋書の後に「時文政庚辰秋九月　鑾溪識」と筒井の跋文が添えられている。明治新政府設立に関係した勝海舟は、蕃書調所設立にも携わっており、筒井の知見を知る人物である。筒井政憲が考えていた政権による印刷方針は、紙幣という形態で明治政府に受け継がれ吸収されている。

情報を印刷するという行為についてローター・ミューラーは、

印刷機によって、「印刷に付す」という選択肢が生まれた。しかし、だからといってすべての手稿が印刷さ

れたわけではない。手稿、草案、覚書の類は、後世に残ることなく廃棄され、かりに残った場合でも、印刷されるのはごく少数である。〈印刷されるもの〉と〈印刷されないもの〉のあいだにある非対称性は、選択とも検閲とも言い換えることができる。手稿が印刷に付されることが「著者」であるための必要条件である以上、印刷にいたった手稿と、印刷されないままの手稿のあいだには、厳然たる区別が成立したと言及している。[18]印刷という行為自体を検閲と捉えると、『開版指針』は正しく天保の改革で実施されながらも有効な結果を得ることができなかった学問所改への反省に基づいている。徳川幕府は寛政の改革・天保の改革において出版統制を実施しながら、望まれた効果は長続きしなかった上に、天保期には武家による出版物が問題となっていた。寛政の改革時に昌平坂学問所において幕府の意を受けて行動していたのは、奇しくも筒井政憲の師・柴野栗山であった。[19]政権の威信にかかわる出版物刊行にあたり、筒井がどのような〈指針〉を目指したのか。その内容は第一章と第二章で考察した通りである。更に第三章第六節で述べたように、蕃書調所刊行の書籍は採算を無視し、新しい時代の書物を世に送り出そうとした形跡がある。幕末の出版物は、筒井政憲という人物によって既に近代化へと向かっていたといえよう。

ミューラーは紙を「物質」「蓄積と伝導の媒体」「紙の時代の内部からの視点」という三点から捉え、紙は、新しい生活様式を生み出すのではなく、既存の生活様式のなかに入り込んで、それを安定させ、発展させるのを得手とするメディアである。みずからデータを生み出すよりも、データを蓄積し流通させることに適したメディアなのだ。紙がメディア革命の主役にしてもらえないのはそのせいだ。紙は近代のメディア世界の内部にあるさまざまな文化技術に、無言の協力者として参加してきた。紙は他のメディアと結びついて効果を発揮することがほとんどで、学者や商人とも、官房にある地味な「小道具《スモール・ツールズ》」とも、また大規模な技術革新とも、良好な関係を維持してきたのである。[20]

と結論付けている。本書では、紙という物質自体に肉眼では可視化できない原材料の痕跡という「データ」が存在し、そのデータもまた情報の一つであること、そして、その情報は紙を使用していたすべての国家・社会において共有されていた事実を指摘したい。人間の営為であるメディアの内容を証明するのは、文字情報や画像情報に限られたことではなく、物質もその一端を担っているのである。ミューラーが述べるように、紙は「無言の協力者」であり、「データを蓄積し流通させることに適したメディア」であることは事実である。しかしながら、紙の上に書写・印刷された情報と電子情報とでは、手間・時間・費用という背景構造が全く異なり、同一の価値があると一概にはいえない。特に紙は、植物栽培から加工を経て製品として完成するまでに携わる人的・時間的・技術的などさまざまなコストという面から、時代によっては情報の質が全く異なる。ミューラーは「〈印刷されるもの〉と〈印刷されないもの〉のあいだにある非対称性は、選択とも検閲とも言い換えることができる」[21]と、印刷技術自体がもつ情報選択性に関して示している。紙が約二千年の年月をかけて培ってきた人間との信頼関係は、この情報選択能力に基づいている。紙の持つ個性は、第三章第四節で述べたように、時としてそこに記録される情報を保証あるいは保持する能力にもあらわれる。同じ字形あるいは書形であっても、印刷された情報と電子情報では、紙という物質が情報フィルター機能をもつために、情報の質は異なる。情報を発信する媒体として、紙が蓄積してきた信用性は簡単に失われるものではない。古から情報を伝えてきている紙という媒体は、人間が目で捉えることができる表層的な川の流れの部分と、地中に伏せる水流のような不可視的部分がある。触覚・聴覚・嗅覚で確認することが出来る、紙の多様性を電子媒体は有していない。本書では、紙の不可視部分を可視化する方法として、料紙観察という方法で考察してきた。紙という媒体が伝えている情報の歴史的価値と多様性、そして紙という物質が担ってきた役割に対して、電子媒体が普及している現在において再確認する重要性を述べることが、本書の存在意義であり、これをもって結論とする。

謝辞

本書は、江戸出版文化研究会・和紙文化研究会・『書林清話』読書会におけるこれまでの発表によるものである。各会にご参加の方々からご助言・ご教示賜ったことを、ここに深謝申し上げる。

また、資料に関して閲覧許可を頂いた諸機関に篤く御礼申し上げる。

なお、本書は独立行政法人日本学術振興会平成三十年度科学研究費補助金（研究成果公開促進費・課題番号18HP5041）の交付を受けて出版するものである。

［1］潘吉星　佐藤武敏訳『中国製紙技術史』平凡社　一九八〇年　四四七頁

［2］ハロルド・イニス　久保秀幹訳『メディアの文明史　コミュニケーションの傾向性とその循環』新曜社　一九八七年　XV頁

［3］ハロルド・イニス　久保秀幹訳『メディアの文明史　コミュニケーションの傾向性とその循環』新曜社　一九八七年　六八～六九頁

［4］川瀬一馬『日本書誌学之研究』講談社　昭和十八年　「(1) 日本書誌學研究序説　五　書籍の形態に關する研究（其の三）料紙」一五～一九頁（『日本書誌学概説　増訂版』講談社　昭和四十七年にも所収）明治以前の和紙の種類について言及している。

［5］橋本不美男『原典をめざして──古典文学のための書誌』笠間書院　昭和四十九年「一二、消息・贈答と詠歌」「一三、歌会と詠歌」「一四、詠草と色紙」（二四二～二九一頁）平安期の和歌に用いられた料紙について言及している。

〔6〕山岸徳平『書誌学序説』（岩波全書二〇一）岩波書店　一九七七年「第一部　書物の形態　第二章　紙」（二四～五四頁）紙以前の書写材料、中国と日本の紙の歴史、和紙の種類に言及している。
〔7〕長澤規矩也『図書学略説―付　近代図書館史綱要―』明治書院　昭和五十四年「第一篇　形態　第四章　紙」（三六～四一頁）中国と日本の紙の歴史と洋紙について言及している。
〔8〕反町茂雄『日本の古典籍　その面白さ　その尊さ』八木書店　昭和五十九年「第一部　十一　古書の鑑定と古紙（自著「歴代古紙聚芳」のための序）」（二〇九～二一四頁）古書の鑑定における紙質の問題に言及している。
〔9〕藤井隆『日本古典籍書誌学総説』和泉書院　一九九一年「第二章　書籍の料紙」（二五～五二頁）紙以前の書籍や原料による紙の種類、加工紙について言及している。
〔10〕廣庭基介・長友千代治『日本書誌学を学ぶ人のために』世界思想社　一九九八年「二　書物の歴史と形態　2　紙の出現以後」（四二～五四頁）中国・日本の紙について言及している。
〔11〕川瀬一馬『書誌学入門』雄松堂出版　二〇〇一年「二　古写本の年代の見分け方　（二）料紙」（一五～二二頁）、「七　古書の鑑賞　（十三）和紙のこと」（一七九～一八三頁）、「八　古写本の鑑定　（九）料紙の問題」紙の鑑定に関して言及している。
〔12〕和紙研究会編『和紙研究』三號　和紙研究会　昭和十四年　九頁
〔13〕田中敬『粘葉考』巖松堂書店古典部　昭和七年
〔14〕櫛笥節男『書庫渉猟』おうふう　平成十八年　一一八～一一九頁
〔15〕ニコラス・A・バスベインズ　市中芳江・御舩由美子・尾形正弘訳『紙　二千年の歴史』原書房　二〇一六年
〔16〕アレクサンダー・モンロー　御舩由美子・加藤晶訳『紙と人との歴史　世界を動かしたメディアの物語』原書房　二〇一七年
〔17〕新村出監修『海表叢書』巻二「崗蘭演戯記」更生閣書店　昭和三年　二五頁
〔18〕ローター・ミューラー　三谷武司訳『メディアとしての紙の文化史』東洋書林　二〇一三年　一四二頁
〔19〕白井哲哉「江戸幕府の書物編纂と寛政改革」日本歴史学会編『日本歴史』五六三号　吉川弘文館　一九九五年四月　七八頁
〔20〕ローター・ミューラー　三谷武司訳『メディアとしての紙の文化史』東洋書林　二〇一三年　三七九頁
〔21〕ローター・ミューラー　三谷武司訳『メディアとしての紙の文化史』東洋書林　二〇一三年　一四二頁

は

ま

や

ら

わ

た

な

さ

書名索引

目次・注・表十二〜十四に記載されるものは除外した。

や

ら

わ

ま

な

は

た

か

さ

人名索引

目次・注・表十二〜十四に記載されるものは除外した。

あ

著　者　白戸満喜子（しろと・まきこ）

青森県立弘前高等学校卒業。慶應義塾大学文学部国文学専攻卒業後、法政大学大学院にて日本文学（近世）を専攻。指導教官は松田修。原典・現物にこだわる研究姿勢を継承している。慶應義塾大学の無料公開オンライン講座 FutureLearn「The Art of Washi Paper in Japanese Rare Books（古書から読み解く日本の文化、和本を彩る紙の世界）」で講師を勤める。
主要論文は「紙維新」（日本文学協会『日本文学』50巻10号、2007年）、「料紙観察事例報告　和紙と洋紙のはざま」（和紙文化研究会『和紙文化研究』23号、2015年）など。

紙が語る幕末出版史

『開版指針』から解き明かす

2018（平成30）年12月21日　第1版第1刷発行

ISBN978-4-909658-05-0　C0095 © SHIROTO Makiko

発行所　株式会社 **文学通信**
〒115-0045　東京都北区赤羽 1-19-7-508
電話 03-5939-9027　Fax 03-5939-9094
メール info@bungaku-report.com ウェブ http://bungaku-report.com

ご意見・ご感想はこちらからも送れます。上記のQRコードを読み取ってください。

発行人　岡田圭介
編　集　岡田圭介
装　丁　岡田圭介
組　版　岡田圭介
印刷・製本　モリモト印刷

※乱丁・落丁本はお取り替えいたしますので、ご一報下さい。書影は自由にお使い下さい。